柳田《やないだ》布《ぬの》尾《お》山《やま》古墳（氷見市立博物館提供）
北陸最大の前方後方墳が、富山県氷見市にある柳田布尾山古墳だ。全長110mの規模は、全国で十指に入る。埋葬施設が乱掘で失われているのが残念だ。越中の前方後方墳は、規模が一回り大きいという特徴がある。

雨の宮古墳群
（中能登町教育委員会提供）
能登半島を横断する邑知低地帯北側の眉丈山系に連なる、36基からなる古墳群だ。1号墳から2号墳へと首長墳が継続して造られ、在地色の強い墓制から前方後円墳を軸とする墓づくりに移行していく様子を見て取ることができる。

手繰《てぐり》ヶ《が》城山《じょうやま》古墳（永平寺町教育委員会提供）
越前は、前方後方墳の分布が希薄な地域だ。越前の広域首長墳は、山上立地を原則とし、3期に大型前方後円墳が広域首長墳に採用される。本墳は、佐紀陵型の相似墳の1つとする考えが提示されている。

能美古墳群と和田山５号墳出土遺物
（能美市教育委員会提供）

前期から後期にかけて、とぎれながらも継続的に営まれた古墳群だ。100m 超の秋常山１号墳とともに、中期中葉の５号墳から多量の武器などを出土し画期となっている。

脇袋《わきぶくろ》古墳群と向山《むかいやま》１号墳出土遺物
（若狭町教育委員会提供）

脇袋古墳群は、若狭を代表する広域首長墳の奥津城であり、いずれも周濠・段築・葺石を兼備した大王墓型の墳丘をもつ。向山１号墳は、北川をやや下った丘陵上に立地する広域首長に付随した古墳である。前方部に埋納施設をもち、武器・武具を副葬する。

二本松山古墳出土冠
（東京国立博物館所蔵　Image:TNM Image Archives）

天神山７号墳出土耳飾
（福井市立郷土歴史博物館提供）

向山１号墳出土耳飾
（若狭町教育委員会提供）

金属工芸品

二本松山古墳（越前）から大加耶系額帯式冠が２点、天神山７号墳（越前）から、兵庫鎖と中空飾を組み合わせた三翼式の金製垂飾付耳飾が出土している。向山１号墳・西塚古墳（若狭）からも、同系の耳飾が出土している。

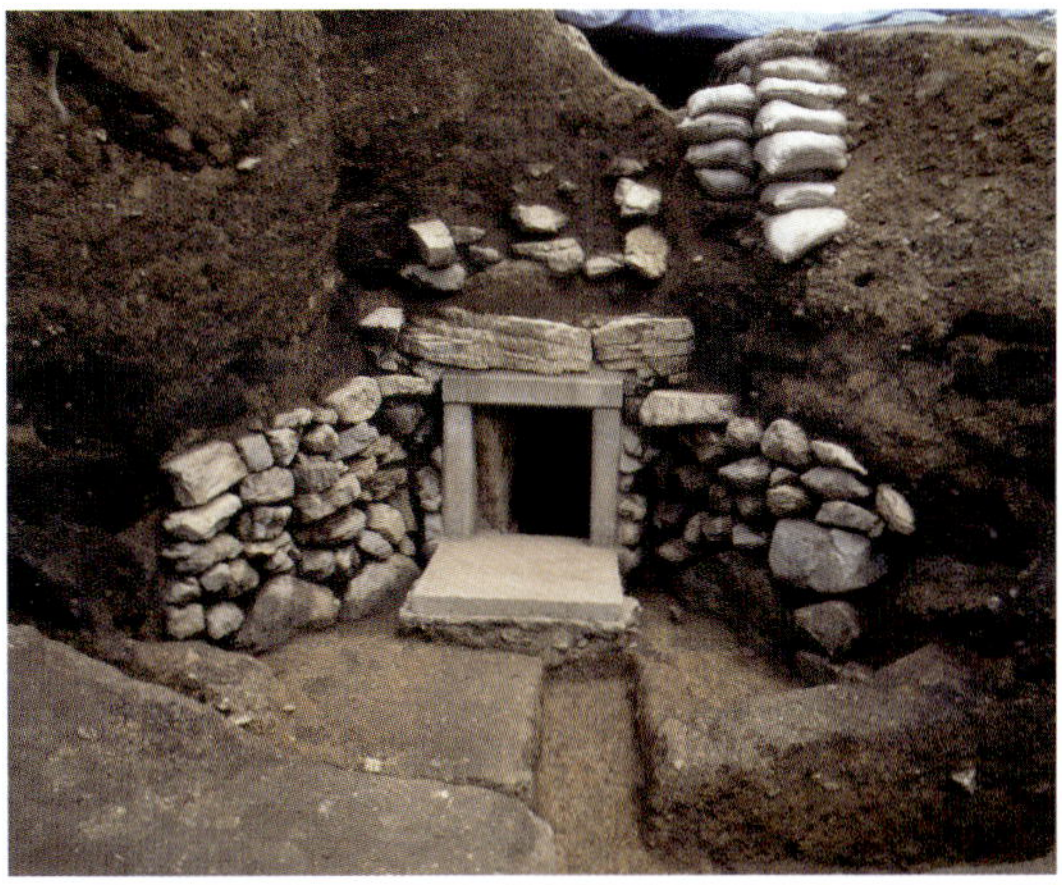

向山１号墳横穴式石室（若狭町教育委員会提供）

獅子塚古墳横穴式石室（若狭考古学研究会提供）

十善ノ森古墳横穴式石室
（2点。福井県立若狭歴史民俗資料館提供）

若狭の初期横穴式石室

北部九州型横穴式石室の属性をもつ。玄室は不整形な羽子板形、玄門部は両袖に立柱石を設置し、楣石を架構する。床面に梱石を、その手前に閉塞板（石・木）を置いて閉塞する。いずれも羨道部は短く、天井石を架構しない。

南加賀の切石積石室（小松市埋蔵文化財センター提供）

福井平野北部から南加賀にかけて、凝灰岩切石切組横穴式石室がある。後期中葉の神奈備山古墳が最も古く、終末期まで継続して造られる。切石積技術の淵源は不明で、多様な石室形態があるなど、技術の系譜関係を捉えにくい一群である。

須曽蝦夷穴古墳（七尾市教育委員会提供）

能登七尾湾にある７世紀中葉の首長墳は、双室墳でＴ字型石室という特徴と隅三角的持ち送りの石室構築技術から、高句麗系との理解があった。658年の能登臣馬身龍死亡記事との関係など、在地豪族の墓制を考える上で重要だ。

額見町遺跡住居跡 SI13（小松市埋蔵文化財センター提供）

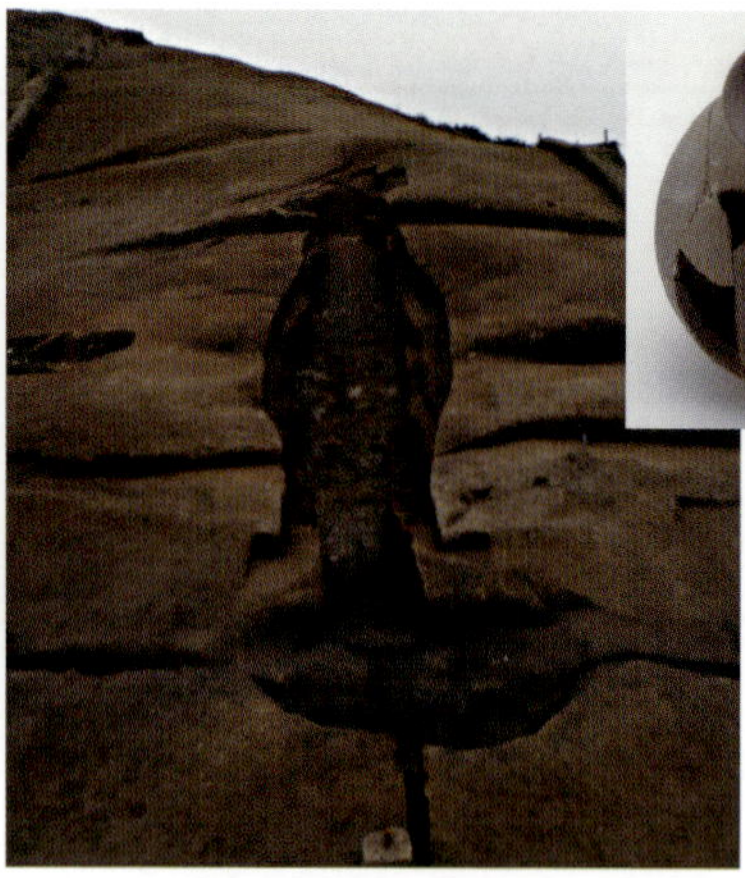

金比羅４号窯跡と窯跡出土「与野評」刻書土器
（2点。石川県埋蔵文化財センター保管資料）

須恵器生産とＬ形竈（温突）

7世紀の南加賀は須恵器生産が活発となる。額見町遺跡は生産に従事した人の集落と考えられ、多数のＬ形竈のある住居跡が住人の出自を暗示する。窯跡出土の人名を刻んだ土器は、「粟田直」が生産に関わることを示唆する。

石・玉製品の生産

弥生時代から管玉生産が盛んであった北陸だが、古墳時代前期には石釧などの器物製作を新たな生産拠点で始める。生産遺跡周辺には顕著な古墳がないので、生産契機・体制など解明しなければならない問題が多い。

片山津玉作遺跡出土石製品（2点。加賀市教育委員会提供）

浜竹松Ｂ遺跡玉作住居跡（白山市教育委員会提供）

宮留遺跡製塩炉跡（おおい町教育委員会提供）

宮留遺跡出土製塩土器
（おおい町教育委員会所蔵・
福井県立若狭歴史民俗資料館提供）

若狭の製塩遺跡

宮留遺跡は後期を代表する製塩遺跡で、7基以上の石敷き炉が検出されている。背後には、後期群集墳が30数基以上分布している。ヒガンジョ古墳群の被葬者が、宮留で製塩作業に従事していたことが推測される。

季刊考古学・別冊19

若狭と越の古墳時代　目次

序文　若狭・越の古墳研究の意義……入江文敏・伊藤雅文 10

総論　古墳時代における若狭・越の動態……入江文敏 11

第一章　古墳をとおしてみた若狭・越

前　期……髙橋浩二 22

コラム　雨の宮一号墳……伊藤雅文 33

中　期……菅原雄一 35

コラム　二子塚狐山古墳……戸根比呂子 43

後・終末期……伊藤雅文 45

コラム　南加賀の切石積石室―河田山・金比羅山古墳―……樫田　誠 53

群集墳と横穴墓……伊藤雅文 55

第二章　遺構・遺物をとおしてみた若狭・越

横穴式石室……小黒智久 61

コラム　須曽蝦夷穴古墳……北林雅康 69

石　棺……田邊朋宏 71

竈・温突（オンドル）……合田幸美 79
埴　輪……宮崎　認 87
コラム　日笠松塚古墳の周溝内木柱……永江寿夫 95
武器・武具……安中哲徳 97
装飾付大刀……野垣好史 105
馬　具……伊藤雅文 113

第三章　手工業生産からみた若狭・越

玉・石製品……浅野良治 119
鉄　器……林　大智 127
須恵器（窯）……入江文敏 135
土器製塩……入江文敏 144
コラム　若狭における土器製塩遺跡と集落・古墳……西島伸彦 151

第四章　ヤマト政権・朝鮮（韓）半島からみた日本海中部沿岸地域

文献からみた若狭・越……和田　萃 153
越前三尾氏について―継体大王との関連で―……山尾幸久 161
古代北陸における韓半島文物と移入背景……朴　天秀 167

■表紙写真■重要文化財　石川県矢田野エジリ古墳出土人物埴輪（小松市埋蔵文化財センター提供）

若狭と越の古墳時代

序　文

若狭・越の古墳研究の意義

入江文敏
伊藤雅文

近代以降の産業革命期以降、北陸をはじめとする日本海側地域は「裏日本」とされ、太平洋側を「表日本」とすることで対比されてきた。これは政治・経済が大都市圏などに集中し、情報や人の行動、交通や物流など多方面にわたって、そこを中心に回転したことによって、日本海側が外れた地域という認識が形成されたためである。それとともに、冬季における積雪が人間の諸活動を制限し、大都市への出稼ぎが恒常的に行なわれていたことなど記憶に新しい。日本海側地域は私たちの意識の中まで、「表」に対比されるマイナスイメージを保有した存在になっていたのである。

現在、この用語は日本海側を蔑視した表現として使われることはない。「日本海文化」が提唱されるに及び、各地域における多様な歴史性が認識されるようになっている。これはまた、地域における歴史認識と地域おこし活動が融合した姿で進んでいる。

この歴史性をより深く実証的に考究しようとしたときに、活用できる考古資料には障壁が立ちはだかっている。たとえば、古墳の存在がわかっていながら分布図さえない、あるいは近年の踏査や開発によって、ようやく古墳や集落遺跡の存在が明らかになった事例もきわめて多い。行政の調査体制が整備されていない頃が首都圏や京阪神などと比べて遅れた研究状況であったのも、研究者の数の少なさに尽きるのである。

ところが、埋蔵文化財調査体制が充実されるに及び、それまでの資料の空白が埋まっていき、かつ既存資料の再検討が行なわれ、日本海文化が提唱された一九七〇年代に比べていっそう充実した状況となってきた。たとえば、新潟県の阿賀野川以北の地域で高地性集落や前方後方墳が発見されたり、胎内市城の山古墳が発掘されるなど目を見張るものがある。それまでのイメージが払拭されて新たな歴史観が求められているのである。

そして、北陸道にくくられた若狭と越の様相は、かなり多様であったこともわかってきた。つまり、古墳を造る体制や思想などを受け入れるそれぞれの地域の人々が、どのような距離をもって接していたかという違いであり、古墳を造るための強力な意思の格差を各地域に見出すことができるのである。さらにまた、朝鮮半島と密接な関係にあったことも明らかにされ、中央と地方の関係を再検討する必要も生じてきた。北陸の新たな地域史像が構築される意義は、単なる地方史にとどまらず、倭国の古墳を造る社会とシステムを考えるうえにおいて重要な位置を占めるのである。

本書は、先学の業績に学びながら、これまで北陸で主流であった首長墳論に拘泥しない若手による古墳研究が新たなページを切り開き、その成果を取り込むことを意図した。あわせて、北陸の古墳の重要性を認識していただく目的をもって企画したものである。

総論

古墳時代における若狭・越の動態

入江文敏

一　はじめに

これまで本シリーズが対象とした地域は、近畿・毛野を始めとしていずれも古墳築造の盛行地であるとともに、古墳時代をとおしてきわめて充実した古墳文化をもつ地域であった。一方「若狭・越」は、日本海（北ッ海）に面した列島のほぼ中央に位置するものの、気候・風土の面から「暗く停滞したイメージが絶えずつきまとう地域」とみられがちである。このようにみなされた発端は、すでに律令期における畿内中央政権からの一方的な視点によるところが大きい。くわえて、何にもまして大きな原因は、近代以降資本主義経済による社会資本が、太平洋側に投資・優遇されて太平洋ベルト地帯を形成して発展する一方で、「裏日本」と呼称された日本海側の各地域が輪をかけて陽の目をみない地域にされてしまったことにある。[註1]これらの経緯から、古墳時代の評価においても長年にわたって注目されることの少ない地域であった。

しかしながら、この地域を基盤にして先史時代から現代にいたるまで連綿と生活をおくり、各時代に地域の特性を活かして列島各地、朝鮮半島（以下、半島と表記）・北方集団と交渉を果たしてきた先達がいたことも事実である。当該地域における古墳時代の復元は、『日本の考古学』古墳時代（上）や斎藤優による若狭・越前の研究を経て、その後の行政・大学による組織的な発掘調査や、一九八〇年代に「環日本海文化圏」について盛んに議論された成果として浮き彫りにされた。この日本海中部沿岸地域が照射されたことが契機となって、日本海側の各地域に対して負のイメージをもった観点は払拭され、それまで想定されていた若狭・越の歴史像とは異なった実像が次第に明らかにされてきたのである。[註2]

この間当該地域を対象にして、地域性の析出や他地域との交流、列島内での位置づけなどを目的にした研究会が開催されており、古墳や土器、手工業生産分野の全容が明らかになりつつある。本書は、それらの研究成果を取り入れてまとめた、「若狭・越の古墳時代」を網羅した初めての企画である。

若狭・越の領域　若狭・越は、地勢的な環境面からみると、冬場の降雪による自然環境が厳しいことや、必ずしも可耕地に恵まれた地域とはいい難いことが共通しており、日本海に面した南西から北東約五〇〇キロに及ぶ広範な地域を占める。

当該地域は、律令期の北陸道とほぼ一致する地域であり、西から若狭・越前・加賀・能登・越中・越後・佐渡の七国で構成されていた。現在の福井県・石川県・富山県・新潟県の範囲に相当する。北陸道は、ほかの六道より遅れて設置（六九二年頃）されるが、越が越前・越中・越後の三国に分立した時には、加賀・能登は越前国に含まれ、越中国は信濃川付近まで及んでいた。越への大和政権の波及については、文献史学の米沢康が越の歴史的展開について三段階の発展過程を示したことを嚆矢とする。(註3) その後、中司照世は、米沢説に遡及して古墳文化が古墳時代前期段階にすでに越後まで波及していること、古墳の様相が南西部と北東部に二分されることを提示し、当該地域の古墳時代の大枠を明らかにされた。(註4) 川村浩司は、土器の様相の研究をとおして中司説を補強している。(註5)

先史時代以来古墳時代にいたるまで、若狭は近畿・山陰と親縁であり、越前・加賀・越中は美濃・飛騨を経由して東海につながり、越後は東山道を経由して北関東と深い関わりをもっていたことは、土器を始めとして墳墓形態などの考古資料が示すところである。また、当該地域が日本海を介して連綿と交流を継続して、広範な地域と共通する文化圏を築いていたことも確かである。このことは、弥生時代前期の遠賀川系土器の東方波及や、後期の山陰から丹後の影響の下に日本海側に共通してみられる二重口縁の外面に擬凹線文を施し、体部内面をヘラ削りする共通の特色をもつ土器の分布から明らかであり、山陰系墳丘墓の四隅突出型墳丘墓が越前～越中間に分布することからも首肯できる。一方で、越後では、北方集団との交易の痕跡についても視野に入れておく必要がある。

古墳時代では、前期～中期にかけての舟形石棺の分布、中期～後期の陶質土器の搬入や北部九州系横穴式石室などの波及がある。文献による伝承では、『日本書紀』垂仁天皇条にある意富加羅（大加耶）王子の都奴我阿羅斯等、新羅の王子天日槍にまつわる渡来説話のほか、欽明天皇条にある北加賀の豪族道君氏が高句麗使人を隠匿した事件の記載などをとおして、半島との交流の跡を裏づけることができる。このように、地勢からみた場合には、若狭・越は列島内における縦横の絡みと半島との交渉窓口の一つとして存在しえた地域であるが、当該地域だけにみられる特性を一括りできるほどのまとまりは希薄である。

本書の構成と目指す観点　古墳時代の政治体制を評価する立場については、各執筆者間で統一をとっていないが、私自身は畿内中心の体制が一気にできあがったものではなく、段階的に成立したとみる立場である。列島各地域が、古墳時代をとおして独自性・主体性を表出しえた時期があったことを評価している。

近年における当該地域の古墳研究は、新潟県は新潟大学、富山県は富山大学による前期古墳を中心とした調査・研究、(註6) 石川県・福井県は行政が主担して進められてきた。古墳時代像を描写するにあたっては、多様な考古資料を羅列するにとどめることなく、以下の三つの観点でまとめることとした。①地域の特性を見出すことで、地方から大和政権の実態に迫ることを視座に置いて本書をまとめる。②若狭・越地域への大和政権の伸長過程と他地域との交渉の状況について、古墳の形態や副葬品を介在させて具体的に描き出す。③地域的分業の代表的な越前・加賀の「玉・石製品」、若狭・能登の「土器製塩」など、手工業生産を個別研究として取り上げる。

これらの観点から、主に古墳・出土遺物・手工業生産の特性を捉えて、「若狭・越の古墳時代」を列島の古墳時代史にまで昇華させることを目指すものであるが、東アジア世界の動態と深く関わっていたことを描写することにも意を注いだ。各分野を網羅することで、総花的な内容に陥ってしまうことが危惧されるが、まずは若狭・越の考古学的資料について情報発信することを第一義とした い。

個別事項の記述は、当地で古墳文化の展開や特徴的な遺物・遺構をテーマに取り上げて、地域性の析出を目的にして研究している諸氏に寄稿をお願いしたところである。考古学分野の執筆陣が、地元在住・出身の若手が中心であるところから、古代史研究の成果については山尾幸久・和田萃両先生、若狭・越の古墳に明るい朴天秀先生に参加いただけたことで、より重厚な内容をもつ特集号にしていただいた。

二　若狭・越に所在する首長墳の特性

古墳時代前期から中期の実相　古墳が、古墳時代の政治的な位置づけや文化的な特質を表出したものという前提に立てば、墳形・内部主体の構造、副葬品組成（埴輪・墳丘出土土器なども加味して）を析出して、編年作業や大和政権と地方首長間における関係の濃淡について究明することが可能となる。

古墳時代の政治連合の中心地が畿内にあり、その地に築造されている巨大古墳には、その首長連合の盟主が葬られていることは大方の認めるところである。三世紀後半から四世紀後半にかけての前期大和政権の盟主墳は、大和盆地東南部の勢力から佐紀・馬見古墳群の勢力へ、その後四世紀末から五世紀にかけての中期大和政権の大王墓は、大阪平野の古市・百舌鳥古墳群へと移動しながらも連綿と築造をつづけている。これらの古墳群は、それぞれ出現期・前期前半、前期後半、中期前半の時期に対応する。当該時期、列島各地で築造された大型古墳の被葬者は、大和政権の盟主と擬制的同族関係を結んで、その地域の支配権が認められた首長とみなされる。

出現期・前期　新潟シンポの成果として、当該地域における出現期・前期古墳の時間的位置づけについては、畿内の箸中山古墳（＝箸墓、集成編年一期、以下同じ）や椿井大塚山古墳（二期）などの定型化した古墳との時期差を考えなくてもよい、とする共通理解がなされている。[註7]

越では、前方後方墳と前方後円墳が混在して分布し、両種の古墳間で主体部・副葬品などの属性が必ずしも一致しない状況が認められる。この状況からは、当該地域はもとより列島全土へ向けての古墳文化の波及が一様でないことが理解できる。在地首長が、大和政権に列なる体制に志向する前提となるものは、大和政権からの一方的な強制力によるものではなく、あくまでも在地首長の主体的意志にもとづいて受け入れられたものと考えられる。このことは、畿内と比べて遜色のない古墳の出現や在地的な古墳の継起的な築造、あるいは在地的な属性をもつ古墳から、大和政権と密接な関係をもつ副葬品が出土する状況がみられることからの判断である。つまり、古墳文化の波及は一気に面的に広がるのではなくて、点的にネットワークが広がっていく状況がままみられるのである。

近時調査成果が公表された城の山古墳（胎内市、二〜三期、円墳、四八メートル）では、すでに四世紀前半段階に越北端まで靫・盤龍鏡・銅鏃を副葬した古墳が波及していることが明らかにされている。また、能登半島南部から神通川付近（能越地域）に稠密に分布する、前方後方墳（国分尼塚一号墳・雨の宮一号墳など）の墳丘規模・主体部・副葬品のあり方が、後者の代表的な事例である。

髙橋浩二は、古墳出現前夜から前期にかけての首長墳の編年的位置づけを、逐一根拠を示しながら当該地域全般について克明にまとめている。図2において、前方後方墳が弥生時代の方形墓から発展した在地性の強い性格をもつことや、分布の濃淡、前方後円墳の築造過程について一目瞭然に示した。古墳の出現期は、前方後円墳の出現と倭政権の差配による鉄槍などが副葬される段階とし、墳丘が大規模化して墳丘の三要素が兼備された三段階に、首長層の自律的な動きが牽制されて日本海ルートが倭政権に統制される存在になったと説明している。近年の動向である、大和（佐紀）政権との関わりを強調している。

さて、越における古墳出現期の研究は、全国的にみると実はもっとも進んでいる分野の一つである。前期には、わずかな鉄製品を副葬品にもち、せいぜい墳丘上での祭祀に使用された土器が出土する古墳と、副葬品に銅鏡・腕輪形石製品などを保有する畿内の影響下にある古墳が併存して分布する。古墳出現期においては、東日本は前方後方墳から始まる場合が多いことが周知されているが、西日本でも同様に前期古墳の古い段階を特徴づけるメルクマールの一つとされている。このことから、前方後方墳の形態をとるからといって狗奴国側の墓制と単純化する風潮に対しては批判があり、前方後方墳の評価については必ずしも意見の一致をみていない。東日本と西日本に所在する前方後方墳の規模や、分布の状況と主体部の構造に差異が指摘でき、東日本では二基一対で分布する事例、主体部が竪穴式石室ではなくて木棺直葬である事例が多くみられる。さらに、西日本では埴輪の樹立が知られるのに、東日本では墳丘上での土器祭祀が主流であり、当該地域においてはとくにこれらの傾向が著しいのである。若狭東部においても、松尾谷古墳（二〜三期）の発掘調査をとおして、前方後方墳丘墓の伝統を引き継いだ東日本的な地域色の強い前方後方墳地帯であることが明らかになっている。（註8）

能登・越中西部は前方後方墳の盛行地帯であり、国分尼塚一号墳（七尾市、二期・五二・五メートル）、邑知地峡帯の石動山麓の傾斜地に立地する小田中亀塚古墳（中能登町、二〜三期・六二メートル・陵墓参考地）、眉丈山尾根上に立地する雨の宮一号墳（中能登町、三〜四期・六七メートル）は、墳丘規模・副葬品ともに他地域における同時期の前方後円墳に比して見劣りするものではない。

越前は、ほかの越の地域と異なって前方後方墳の希薄な地域である。手繰ヶ城山古墳（永平寺町、三期・一二九メートル）・六呂瀬山一号墳（坂井市、四期・一四〇メートル）は、埴輪・葺石・段築を兼備した前方後円墳である。越前における古墳の立地は、山麓・山上に築造されることを原則としており、主体部にはいずれも笏谷石（福井市足羽山産出）製の刳抜式舟形石棺が埋納されている。

田邊朋宏は、越前で前期から後期まで採用される舟形石棺の分布・製作時期・埋葬形態などの先行研究を検証しながら、変遷過程を丁寧に記述している。岡林孝作の考えを参考にして、越前は木棺の用材選択が認められない地域であるうえ凝灰岩の入手が容易であることから、棺の堅牢性を高めるために石棺を採用したとしている。

舟形石棺は、政権中枢部と距離を置いた地方で盛行した専用棺であることから、石棺を共有する西日本の首長と継続的な交流があったことを示唆する。越前の広域首長は、墳丘形態が類似する古墳を含む丹後の三大古墳（蛭子山古墳・銚子山古墳・神明山古墳）の被葬者とともに大和（佐紀）政権下において重要視され、半島情勢への対応を迫られて派遣されていた蓋然性が高い。越前が越の入口部に位置していることから、越前の広域首長は大和政権から越全体を束ねる役割が期待された首長であったことが推測される。

以上のように、加賀以東においては、出現期・前期をとおして弥生時代の方形墓から発展した在地性の強い前方後方墳が盛行し、纒向形前方後円墳が波及している。越前では、三期に大型前方後円墳が広域首長墳に採用されている。大和政権の越への勢力伸張については、前方後円墳と前方後方墳とが混在している状況から解釈が可能である。先述したことに加えて、甘粕健のいう「前方後円墳をシンボルとする大和系の首長を配置する一方、前方後方墳をシンボルとする地元の首長連合による地域政権の独立性を認め、手厚く処遇したことの現れ」、とする見解[註9]で理解できるところがある。

さらに、越前・加賀の広域首長は、緑色凝灰岩製の（腕輪形）石製品の製品化に深く関与しており、大和政権からいっそう重要視された経緯から、飛び抜けて大規模な前方後円墳が突如として築造されているのである。列島においては、四世紀中葉以降の佐紀古墳群の形成とともに、（腕輪形）石製品の多量副葬が盛行する。[註10]当該時期における大和政権と半島の諸集団との政治的関係を知るうえで、大成洞墳墓群一三号墓（金海市）から出土している一五点の鏃形碧玉製品は重要である。河村好光は、この鏃形碧玉製品を片山津上野遺跡（加賀）ほか畿外三遺跡の玉作り集団が製作したものと認め、政権中枢部に集約された後搬出されたものとする。[註11]浅野良治は、石製品の未製品が管玉素材として使用された痕跡を見出している。石製品の未製品が出土するからといって、必ずしも石製品の生産が行なわれていたとはいえないとし、石製品の生産が、専業工房で独占されていたことを想定している。

中　期　列島各地の首長墳の分布と編年表を照らし合わせると、中期型前方後円墳の隆盛地が一目瞭然である。これらの古墳の被葬者は、中期前半に宋の皇帝から軍郡（将軍・郡太守）の称号を得て、大王の命によって半島に派遣された一族およびその後裔を含んでいる蓋然性が高い。若狭・越の広域首長は、派遣豪族のメンバーであったことが推測されるが、舟形石棺や初期横穴式石室の形態、埴輪の特徴・副葬品などに共通するところを見出すことで、豪族間連携（交流）の実態が判明しつつある。この派遣軍の実態については、『日本書紀』の記述にしたがった説、いわゆる倭人傭兵説があり、私はそれらの中間的な考えをもっている。

中期にいたって、突如として広域首長が勃興する地域、あるいは前期から継続して築造されている古墳群で、中期古墳が隆盛する地域がある。脇袋古墳群（若狭、五～八期）や二子塚狐山古墳（加賀、八期）は前者であり、継起的に築造されている松岡古墳群（越前）、秋常山一号墳（加賀、四期後半）・和田山五号墳（七期）を含む能美古墳群は、後者の範疇に含まれる。これらの古墳の中で、若狭のように継起的に盾形周濠・葺石・段築を兼備した大王墓（中期）型の形態をとる地域は、大和政権とより親縁な関係があったことを表出している。また、若狭・越前・加賀に所在する、列島内で普遍的に分布していない（偏在して分布する）半島系遺物を保有する古墳の被葬者の多くは、紀伊・吉備・北部九州などの派遣氏族と連合して、半島へ派遣された豪族であったことが推測される。

菅原雄一は、若狭・越の中期の古墳（群）を総覧した後、フィールドの能美古墳群の変遷を四段階に区分している。そこでは、中・小規模墳に視点をあてた地域研究の必要性を説いており、畿内の事例をモデルにして詳細に検討している。貴重なケース・スタディであるが、現時点では比較できる古墳群は当該地域には多くない。

この種の古墳群として、越前では天神山古墳群、若狭においては向山古墳群を提示できるが、後者の例は城山古墳（前方後円墳、七期）―向山一号墳（前方後円墳、七期）―向山古墳群（小型円墳）と、階層構成型古墳群の様相を示す。この時期、当該地域の広域首長墳の副葬品の中に伸長化した逆刺柳葉鏃が出土する傾向がみられることから、武装の共通性が指摘されている。[註12] くわえて、若狭・越では甲冑資料が三〇余基の埋葬施設から出土している。甲冑や付属具は、中期前葉の長方板・三角板革綴短甲の段階から出土するが、中期後半の横矧板鋲留式短甲の段階に出土数が一気に増加する。

中期後半の状況は、古墳の分布からは越前・加賀と能登・越中・越後の間に一線が画される。越前では、前期後半から後期前半まで前方後円墳の築造が継続されるのに対して、加賀は中期になって前方後円墳が隆盛し、その後はこれらの古墳を核として武器・武具を保有する円墳が序列化して群在する。つまり、広域首長墳を上位に置いた重層的な形態を表出しているのである。以上のような古墳の分布のあり方と武器・武具の保有形態からは、倭の五王時代の半島政策に伴う軍事的集団として、若狭・越の広域首長の一体化した姿が復元できるのである。

古墳の分布をとおして、越地域を加賀以西・以東というように大まかに二大別できることから、後期に越前北部と加賀が密接な関係をもつことになる前史が、このときすでに形成されていたことが窺えるのである。

林大智は、越における弥生時代中期から古墳時代終末期にいたる鍛冶・製鉄関連資料を整理した。そこでは、技術の画期と地域的な特性を明示することをとおして、鉄器生産技術とその源流の変遷を明らかにしている。とくに後期段階には、渡来工人が参画して鉄器生産とほかの手工業との複合化された生産体系が、倭政権主導で導入されたとしている。なお、合田幸美や入江も地方における古墳時代の手工業生産が、協業的な生産体系であったことを評価しており、同一の視点から記述している。

安中哲徳は、当該地域から出土している刀剣類・鉄鏃・甲冑の特徴を克明に抽出してその時間的位置づけを行ない、国単位ごとの特性をまとめている。たとえば、能美地域における甲冑集中、能登・越中では古い型式の短甲が配布されていることなど、地域ごとの差異を指摘している。

後期　以下、各執筆者の論攷に私見をまじえて、後期の状況を把握する。宮崎認は若狭・越前を中心にして、能登・越中の主要古墳で検出された埴輪の特徴と導入から終焉期にいたる動向を論じた。中期に遡及して、Ⅲ・Ⅳ期の円筒埴輪の底部にみられる剣菱形の切込みをもつ特徴的な埴輪と、継体大王擁立基盤地域の越前と加賀で普遍的にみられるV期埴輪の分布と系譜について、丁寧に記述している。

伊藤雅文は後期古墳をまとめる中で、継体大王の出身母体である越前北部・加賀に導入された尾張型埴輪の出自について検討し、梅本康広の考えを援用して発展させている。円筒埴輪の第一段がほかの段より高く、全高の約半分近くを占める特徴が淀川流域での尾張型埴輪に類似していること、この種の埴輪を焼成した二ッ梨窯跡群（加賀）の須恵器の主流が畿内系であることを考え併せて、淀川流域から当該地に埴輪・須恵器工人が将来したとしている。

小黒智久は、長年温めてきた自身の横穴式石室論をまとめた。若狭への北部九州系横穴式石室導入の流れは穏当である。畿内型横穴式石室導入期における石室の源流を、石室規模や袖の位置が左袖で一致することを基準にして、石上大塚古墳（天理市）に求めている。鳥越山古墳（永平寺町）の初期横穴式石室の時期については、腰石の存在などから年代観をＴＫ四七型式前後に下げており、横穴式石室の副葬品とされていた墳丘出土の石釧・須恵器・馬具などは、初葬（舟形石棺）後の儀礼で使用された供献品に比定している。

野垣好史は装飾付大刀を四期に分けて、分布状況と階層の面から出土古墳の様相を総括している。六世紀中葉を境に分布域が異なり、後葉以降は能登以東に分布する。装飾付大刀出土古墳が階層と連動していることが看取され、その変化に畿内政権との関係を見出してⅠ・Ⅱ期は首長墓型、Ⅲ・Ⅳ期は群集墳型に対応させている。大刀種別の違いが、地域・時期ごとに明確な差異があることを析出できるのは、当該地域における畿内型横穴式石室の導入・馬具分布の動向とも一致しており、六世紀中葉期以降の指標となる。[註13]

合田は、古墳時代中期から後期では竪穴住居に作り付け竈がほとんどみられない状況から、飛鳥時代に入って律令制が当地に受け入れられていく様相を、竈の変化をとおして明らかにしている。また、額見遺跡（小松市）にみられるオンドル遺構の直接的な源流については、七世紀の列島・半島で見出すことは叶わなかったが、製鉄技術を保有した渡来人の末裔によって、近江から越へと伝えられた蓋然性の高いことを指摘している。くわえて、継体大王擁立期以来の越・近江・大和の潜在的なつながりについても触れている。

以下、当該地域で継体大王擁立期にみられる考古学事象二点について私見を述べる。

①前方後円墳の隆盛[註14]　当該地域には、後期前半を中心として北部九州系の横穴式石室を内部主体にもつ前方後円墳が盛行するが、それらの中には半島の全南地方（栄山江流域）所在の前方後円墳と類似する古墳が存在する。前方後円墳の墳丘規模と時期の面からは、十善ノ森古墳・獅子塚古墳・二子山三号墳（若狭）、椀貸山一号墳（越前）、三湖台古墳群（加賀）、矢田高木古墳（能登）、朝日長山古墳（越中）などがその事例である。これらの古墳は、いずれも北部九州系横穴式石室（竪穴系横口式石室）や三湖台古墳群に特徴的な木材で墓室の骨組みを造り、粘土で補強した横穴式木室墓を内部主体としている。副葬品として、十善ノ森古墳は加耶・百済からの舶載品を副葬品にもち、獅子塚古墳は新羅系の角杯を、二子山三号墳（若狭）・蓑輪塚古墳（加賀）は、百済系平底壺をそれぞれ保有している。当該地域の古墳が、これらの舶載・外来系遺物を保有している背景については、雄略大王治世の反動によって大和政権が弛緩した状況下の現象と捉えており、若狭を始めとする当該地域の首長が政権を介さない対外交渉・豪族間交渉を行ないえた、地域色を表出しえた時期があったとする認識にもとづいている。

半島南西部の栄山江流域には、五世紀末～六世紀前半に帰属する前方後円墳一三基が稠密に分布しており、そのうち新徳一号墳（全南咸平、MT一五型式）、月桂洞一・二号墳・明花洞古墳（光州）など六基が発掘調査されている。墳丘の形状が残り、横穴式石室の形態が明らかな新徳一号墳と若狭・越に所在する前方後円墳とを比較すると、いくつかの点で共通するところが見出せる。

新徳一号墳は、前方部側に次世代の円墳を伴っており、この二号墳は陵山里型の横穴式石室を内部主体にもつ。ほかにも、杓山一号墳（全南咸平、MT一五～TK一〇型式、四六メートル）は、前方部側に隣接して二号墳（円墳）が築造されている。一号墳の墳丘裾南側一帯に群集墳を伴っており、群集墳の盟主墳でもある。このような前方後円墳に円墳が伴う形態をとるのは、当該地域の事例と一致する。

新徳一号墳と、当該地域に所在する横穴式石室に共通するところは、①玄室に腰石を据える。②玄門立柱で袖部を構築し、板石・木板で閉塞する。③「八」の字状の前庭部を付設する。④玄室内に赤色顔料を塗布する、などである。これらの要素は、いずれも当該時期の北部九州系横穴式石室の重要なメルクマールになるものであり、北部九州を起点に韓国全南地方と列島の東方各地へ波及していることがわかる（全南地方と当該地域は、前方後円墳が主体であることからより一層類似している）。

二基一対で分布する古墳の主体部の変遷については、新徳一・二号墳が北部九州系の横穴式石室から百済様式の石室へと転換し、若狭の前方後円墳は北部九州系の横穴式石室から畿内型横穴式石室へと転換している。このことは彼我ともに時の政権、つまり若狭の場合には大和政権からの衝撃があり、全南（慕韓）地方は百済政権に取り込まれた現象を表出していることになる。栄山江流域の前方後円墳は、若干遡及する時期のものを含んでいるが、六世紀前半期を中心に築造されている。このような限定された時期に、原則一基のみで築造を終えている現象は、該期の若狭・越における最後の前方後円墳の出現と終焉のあり方と共通する。栄山江流域に所在する前方後円墳築造の契機について、大和政権が直接関与していることを想定することは適当ではない。両地域において、形骸化した前方後円墳が同時期に築造されている現象こそ重要な課題が含まれている。[註15]

横穴式石室の東方波及の様相について河野一隆は、南朝―百済―畿内の右片袖式石室を採用する地域と、慕韓・北部九州系の横穴式石室を採用する地域との相克を基軸として展開していたのが、磐井の乱の鎮圧、大加耶の滅亡を経て古墳築造が大和の政治権力によって管理の対象になったとする。[註16]また別書においては、全南地方の前方後円墳に北部九州系の横穴式石室が採用されていることについて、加耶から百済へと交流ルートを転換する原動力として被葬者の政治的役割を評価しており、このことが列島に拡散していく北部九州型石室の意味を問うことにつながるとしている。[註17]

前者の視点については、かつて若狭をケーススタディとして取り上げ、横穴式石室の系譜が北部九州系石室から六世紀中葉に畿内型石室へと転換する背景を整理した際の視点と通ずるところがある。[註18]そこでは、六世紀を前後する時期を大和政権の外交上の弛緩の時期と位置づけ、若狭・越の豪族は独自のルートを確保して、北部九州・半島と独自の交渉を続けていたことを述べている。この時期、中国・朝鮮史料から倭の記載が消えていることからすると、百済系渡来人を被葬者とする高井田山古墳（柏原市）など考古学的な痕跡は残されているものの、彼地と倭との公的な交易活動は前代までとは異なった形態であったことが推測されるのである。

後期前半に若狭・越で復活・盛行した前方後円墳の性格について、列島の古墳時代史・東アジアの同時代史にまで昇華させて考察することで、地方から大和政権の実相に迫ることが可能となる。このこともまた、継体大王擁立期にみられた現象の一つである。

②口縁部外面に粘土帯をもつ円筒埴輪と形象埴輪　六世紀前半期に、淀川水系の三島古墳群（摂津）に真の継体大王墓とされる今城塚古墳（高槻市）が出現し、同じ淀川水系の山城には五ヶ庄二子塚古墳（宇治市）が築造される。両古墳は相似形墳といわれており、ともに二重の周濠をもつところ、横穴式石室基部の造成が大型石材を用いて構築されているところが類似する。また、大和古墳群中唯一後期に帰属する大型前方後円墳の西山塚古墳（天理市）は、継体妃の手白香皇女の墳墓である可能性が高いとされている。[註19] これらの三古墳を考古学の知見から結びつけられるものは、いずれも土室新池窯（高槻市）で焼成されたことが推定される埴輪が含まれていることである。

同様の観点からみると、若狭の帝釈寺古墳群（美浜町）の一・四号墳は、墳形・規模ともに未確定部分があるが、出土している円筒埴輪はいずれも口縁部外面に粘土帯を貼って肥厚させた形態をもつ。[註20] この種の埴輪が、中期古墳から出土した場合には古市古墳群と関連するものであろうし、後期前半期の場合は北摂の土室新池窯が関与している蓋然性が高い。若狭の事例は、後者の新池窯から技術が扶植されたことが推測できる。新免古墳群第三号墳（豊中市）や、淀川をはさんで対岸に位置する梶古墳群第二号墳（守口市）から動物埴輪が出土しており、この種の円筒埴輪を樹立した古墳には形象埴輪が豊富に伴う傾向があることが指摘できる。

人物埴輪や動物埴輪は、五世紀中葉には出現し、西日本では六世紀中葉まで製作される。帝釈寺古墳群では、一号墳から馬形埴輪・家形埴輪、四号墳からは二点の人物埴輪が出土している。人物埴輪のうち一点は、頭部の「横一文字髷」・「扁平髷」とよばれる髪形表現から力士形埴輪と推定されている。保渡田八幡塚（高崎市）と今城塚古墳（高槻市）では、埴輪群像が復元されているが、ともに力士形埴輪や動物埴輪が大量に出土している。もとより、真の継体大王墓である今城塚古墳と帝釈寺古墳群を同等に扱うことはできないが、帝釈寺古墳群においても殯宮中枢部の儀礼空間の形象埴輪群を省略化した形で、形象埴輪のいくつかが採用されていたことが推測できる。帝釈寺一・四号墳は、その代表的な古墳の一つであるが、近隣では近江の息長古墳群（米原市）所在の山津照神社古墳からは口縁部外面に粘土帯をもつ円筒埴輪、塚ノ越古墳からは大刀形埴輪が出土するなど、今城塚古墳に樹立された埴輪と共通するものが含まれている。これらの中・小古墳は、新免古墳群第三号墳・梶古墳群第二号墳を含めて築造契機を等しくするものと推測される。

継体大王の擁立基盤勢力を示す考古資料の一つとして、出身母体の三尾氏・江沼氏が盤踞する越前・加賀に導入された尾張型埴輪を介在させて議論されることが多い。帝釈寺古墳群の被葬者像についても同様に判断されることを、今城塚古墳と同種の葬送儀礼が採用されていることをとおして推察したものである。

以上のように、若狭・越地域は、六世紀前半には継体大王擁立基盤としての関わりが深い地域であること、六世紀中葉の欽明期は、若狭を中心として広域首長の横穴式石室の形態が北部九州系から畿内型に転換する時期であり、新型馬具・装飾付大刀なども連動して副葬されていることが再確認できている。同様に、土器製塩のより一層の盛行がみられるのも連動した現象と捉えられる。これら一連の現象は、磐井の乱に勝利した後期大和政権による中央集権化と、広域首長の官僚化が進められた結果を表出したものと判断される。若狭・越の地域は、後期大和政権中枢部の状況をつぶさに体現している地域といえるのである。

三　おわりに

旧国ごとに調査事例の多寡・粗密があって、項目の中には同一の俎上で議論できない分野をいくつか残している。くわえて、越後・佐渡については、二・三の項目の記述にとどまったこと、鏡・土師器などの遺物論や、集落論などの重要テーマが揃えられなかったことが課題として残された。十分に意を尽くせなかったところはあるが、当該地域の古墳時代の様相を具体的に提示できたことで、長らく所望されていた当該地域像の一端を明らかにしえたと思われる。

（註1）神立春樹「産業革命と地域社会」『講座日本歴史（八）』東京大学出版会、一九八五

（註2）近年における古墳時代の若狭・越を総括した論文（集）として、左記のものがある。
①中司照世「北陸」『古墳時代の研究』雄山閣、一九九〇
②『前方後円墳集成』中部編、山川出版社、一九九二
③中司照世「日本海中部の古墳時代」『新版 古代の日本』中部、角川書店、一九九三
④川村浩司『古墳出現期土器の研究』高志書院、二〇〇三
⑤小嶋芳孝「日本海対岸世界との交通」『日本海域歴史大系』古代篇Ⅰ、清文堂出版、二〇〇五
⑥北野博司「首長墳と群小墳の展開からみた北陸の古墳時代」『日本海域歴史大系』古代篇Ⅱ、清文堂出版、二〇〇六
⑦入江文敏「若狭・越地域における古墳時代の実相」『古墳時代の実像』吉川弘文館、二〇〇八
⑧伊藤雅文『古墳時代の王権と地域社会』学生社、二〇〇八
⑨堀　大介『地域政権の考古学的研究』雄山閣、二〇〇九
⑩入江文敏『若狭・越古墳時代の研究』学生社、二〇一一
⑪髙橋浩二「北陸」『講座 日本考古学 古墳時代（上）』青木書店、二〇一一
⑫伊藤雅文「北陸」『古墳時代の考古学（二）』同成社、二〇一二
⑬小黒智久「北陸」『古墳時代研究の現状と課題（上）』同成社、二〇一二

（註3）米沢　康「大化前代における越の史的位置」『信濃』一七―一、信濃史学会、一九六五

（註4）前掲註2③に同じ

（註5）前掲註2④に同じ

（註6）富山大学人文学部考古学研究室『北陸の古墳編年の再検討』二〇〇六

（註7）甘粕　健ほか『東日本の古墳の出現』山川出版社、一九九四

（註8）入江文敏「若狭地方における古墳の出現―北陸地方における位置づけ―」『松尾谷古墳』若狭三方縄文博物館、二〇〇六（前掲註2⑩所収）

（註９）甘粕　健編『倭国大乱と日本海』同成社、二〇〇八

（註10）（腕輪形）石製品は、研究が始まった当初から埋葬用の呪具で、大和政権によって管理・分配されたものと認識されてきた。この考えには、三浦俊明・伊藤雅文らがおおよそ与している。一方で、（腕輪形）石製品を受容する古墳の墳丘形態や規模の格差を越えた普遍的な広がりがあることなどから、大和政権から一元的に配布されたと考える必要はなく、加賀・越前の在地首長が製作や供給を担当していたのではないか、とする考えが蒲原宏行・北條芳隆・白石太一郎らによって示されている。河村好光は、前者の考えから後者の考えへと変更しつつあるようだ。

（註11）河村好光『倭の玉器』青木書店、二〇一〇

（註12）鈴木一有「北陸における甲冑出土古墳の様相」『下開発茶臼山古墳群Ⅱ』石川県辰口町教育委員会、二〇〇四

（註13）①入江文敏「若狭における「畿内型大型横穴式石室」の導入」『嶺南地方の考古学』二、嶺南地方の考古学を学ぶ会、二〇一二

②入江文敏「北陸地方における馬匹生産と馬具の様相」『郷土研究部活動報告』六、福井県立若狭高等学校郷土研究部、二〇一二

（註14）①朴　天秀「栄山江流域における前方後円墳の被葬者の出自とその性格」『考古学研究』一九四、考古学研究会、二〇〇二

②入江文敏「北陸地方における最後の前方後円墳―朝鮮半島所在の前方後円墳と絡めて―」『石川考古学研究会々誌』四九、石川考古学研究会、二〇〇六（前掲註２⑩所収）

（註15）関連することとして、小栗明彦は光州月桂洞一号墳出土の埴輪の源流を、尾張・北陸と共通する倒立技法の存在と絡めて考察している。

小栗明彦「光州月桂洞一号墳出土埴輪の評価」『古代学研究』古代学研究会、一九九七

（註16）河野一隆「刺激伝播と国際秩序―倭王権形成過程二つの画期―」『考古学研究』一九〇、考古学研究会、二〇〇一

（註17）河野一隆「古墳時代における境界」『史跡で読む日本の歴史』吉川弘文館、二〇一〇

（註18）入江文敏「若狭地方における首長墓の動態」『福井県史』考古編、福井県、一九八六（前掲註２⑩所収）

（註19）白石太一郎「巨大古墳の造営」『古代を考える　古墳』吉川弘文館、一九八九

（註20）①古川　登「福井県嶺南地方の埴輪について」『六呂瀬山古墳群』福井県教育委員会、一九八八

②中司照世「帝釈寺古墳群調査概要」『若狭歴民だより』一、福井県立若狭歴史民俗資料館、一九九三

③入江文敏「美浜の古墳時代」『わかさ美浜町誌』第六巻、美浜町、二〇〇九

付記　「若狭」は国名、「越」は地域の括りの表記である。本来ならば、両地域を括る「北陸道」とするのが適当であるが、畿内北縁に位置する若狭と東日本の越を区分して比較する意味があって、本書のタイトルを「若狭・越」とあえて併記することにした次第である。

第一章　古墳をとおしてみた若狭・越

前　期

髙橋浩二

[註1]越の地域的な実態の変遷について、古くは米沢が三段階の発展を論じ、[註2]続いて吉岡が四世紀末葉に始まる「畿内型古墳」の段階的出現を通じて倭政権の進出過程を検討し、[註3]さらに中司によって古墳時代前期にはすでに下越地方まで古墳の分布が拡大したこと、そして南西部の若狭および越前と北東部の越後との間では古墳時代になると地域差が著しく拡大したことが明らかにされ、[註4]若狭・越における古墳研究の枠組みが整えられた。本稿は、以降の調査や編年研究の蓄積を踏まえ、古墳の出現と変遷段階を整理し、それとともに地域勢力の自律性にも注意しながら、若狭・越における倭政権の拡張過程を再検討する。検討にあたっては、瀬戸内ルートと並んで主要な交通・交流・流通路であった日本海ルートの変遷にも注目する。

なお、本稿では前期古墳を四期に区分する前方後円墳集成編年[註5]（以下、集成編年）を用いる。これより古い時期の墳墓については、弥生Ⅴ期または弥生Ⅵ期とし、必要に応じてさらに細分する。土器編年については石川県漆町編年を併用する。[註6]

一　古墳出現前夜の首長墓

越では、弥生Ⅴ期後半からⅥ期になると、小規模な周溝墓や台状墓と比べて飛躍した規模と内容をもつ、首長墓と呼ぶにふさわしい大形墳墓が相次いで現われる。

初現期の代表例が福井市小羽山三〇号墓で、突出部を含めた規模三三×二七メートルの四隅突出型墳丘墓（以下、四隅突出墓）である。頂部中央に約五×三メートルの墓壙が存在し、長さ約三・六メートルの箱形木棺から刃関双孔の鉄剣一点、ガラス勾玉一点、ガラス管玉一〇点、碧玉管玉一〇三点のほか、赤色顔料が検出されている。また、墓壙上面からガラス管玉一点と石杵一点のほか、丹後系や山陰系などの五〇個体を越える精製の祭式土器が出土している。貼石はないが四隅突出という墳形や多量の祭式土器の出土に出雲の西谷三号墓などとの強い関連性がみられるほか、遠隔地交易で入手した刃関双孔鉄剣やガラス勾玉などを副葬する点でも重要である。

小羽山墳墓群では、続いて同じく四隅突出墓の二六号墓が現われる。突出部を含めた規模は四二・五×三四メートルである。頂部には埋葬施設が六基存在する。中央の一号埋葬は副葬品を欠くものの、約六・五×三メートルのとりわけ大形の二段墓壙で、長さ約二・三メートルの箱形木棺底面から微量の赤色顔料が検出されている。また、墓壙上面から約七〇個体の祭式土器などが出土した。ほかは木棺規模から、幼小児から成人までの埋葬が推測され、鉄鏃二点と翡翠勾玉一点、碧玉管玉一三点、赤色顔料が検出されている。多数埋葬は越では弥生Ⅴ期後半に普遍化するが、三〇号墓から二六号墓への変遷は、首長のみならず、その家族層までの析出化へすすんだ状況を表わす。

福井市原目山墳墓群は、一辺約二〇メートルの一号墓と一辺約三〇メートルの二号墓などからなる。原目山一号墓は頂部中央に約四×二メートルの墓壙一基があり、鉄刀二点、管玉三二三点、ガラス小玉七二八点が出土した。原目山二号墓の頂部には長さ二メートル前後の木棺を内蔵する五基の埋葬施設があり、このうち一号埋葬（長さ約五メートル）と四号埋葬（長さ約四メートル）は大形の墓壙をもつ。一号埋葬（鉄剣一点、ガラス小玉一一点）、二号埋葬（鉄刀・剣・鉇各一点と鉄鏃二点、銅鏃一点、ガラス小玉三八点）、四号埋葬（鉄刀一点）、五号埋葬（素環頭刀一点）から遺物が出土した。原目山二号墓南東側の三号丘と呼ばれる区域には一辺九～一〇メートルの方形周溝墓三基と無区画の土壙墓約六基があり、鉄刀四点が出土した。これらの各墓は出土土器（漆町四群期古相を前後する時期）から、弥生Ⅵ期後半に位置付けられる。三号丘の各墓と一号墓・二号墓とにおける墳丘の規模や構造などの差は、基本的には階層差を反映するとみられ、一号墓と二号墓は近隣集落を統括する二代にわたる首長の墓と判断される。二号墓は小羽山三〇号墓と同じく、特定個人のみならず、その家族層までもが階層的に分離されたあり方を示す。

永平寺町乃木山墳墓は福井平野東端の丘陵先端部に単独である。約三四×二四メートルの方形台状墓で、頂部に埋葬施設が三基存在する。中央の一号埋葬は、とりわけ大形の墓壙（約七×四・五メートル）をもち、その内部に木槨（長さ約四・七メートル）を構築して、箱形木棺（長さ約三メートル）を置く。舶載の素環頭剣と鉄刀各一点を副葬する。鉄刀（長さ約一・一メートル）は素環頭刀の環頭部を切落とした可能性が高く、原目山出土品と並んでこの時期では越最大級のものである。二号埋葬は約五×二・四メートルの墓壙内に、長さ約三メートルの舟形木棺を内蔵する。鉇一点と鉄刀四点が副葬される。出土土器は漆町四群期新相のもので、築造時期は弥生Ⅵ期後半に比定される。乃木山墳墓は原目山一号墓・二号墓に後出し、なお集団の墓域内にとどまる原目山一号墓・二号墓と比較して、より隔絶化のすすんだあり方を示す。

このほか、越前には永平寺町南春日山一号墓（約四三×三七メートル）と地籍図からその規模が推定される福井市塚越墳墓（約五〇×三八メートル）がある。塚越墳墓からは素環頭剣一点、鉄刀、碧玉管玉三点、朱塊の出土が報告されている。

弥生Ⅵ期には加賀以東でもようやく二〇メートル級の墳墓が現われる。津幡町七野一号墓は一辺約二〇メートルとされる方形台状墓である。頂部には墓壙長約四×二メートルの一〇号埋葬を中心に、これを囲んで埋葬施設一〇基がある。遺物は二号埋葬（ガラス小玉二点）、四号埋葬（勾玉一点）、五号埋葬（管玉三点）、七号埋葬（鉄鏃一点）、一〇号埋葬（素環頭刀子一点、管玉三一点）、一一号埋葬（鉄刀一点）から出土している。七野一号墓は鉄刀や素環頭刀子が副葬され、かつ中心埋葬が大形化し、同じ多数埋葬の墓の中でも原目山二号墓や小羽山二六号墓のあり方に一段と近く、四隅突出墓（一塚ＳＸ二一、突出部を含めた規模二五×二四メートル）と方形周溝墓、無区画の土壙墓・木棺墓が共存する白山市一塚遺跡（弥生Ⅵ期前半）と比べて首長墓としてよりすすんだ点が見て取れる。

富山市杉谷四号墓は方丘部の一辺二五メートル、突出部の長さ一〇～一二メートルの四隅突出墓で、越前の首長墓に匹敵する規模をもつ。弥生Ⅵ期後半頃に比定される。隣地には一八基の周溝墓からなる杉谷A遺跡があり、一〇メートル級規模の円形・方形周溝墓から素環頭刀二点と鉄剣一点、銅鏃一点などが出土している。杉谷四号墓の埋葬施設は未発掘だが、墳丘規模から判断して、ほぼ同時期の有力家族層の墓域である杉谷A遺跡と重層的関係で結ばれた、近隣集落を統括する首長の墓と考えられる。また、近在の鏡坂、六治古、富崎の丘陵上にも四隅突出墓またはその影響がみられる墓が六基あり、築造時期は弥生Ⅵ期の時間幅の中におかれる。これらの四隅突出墓などは各地区を代表する首長層の墓であり、特異なその形状は被葬者間の結び付きの強さを表わす。すなわち、この段階には越中でも数キロの間隔をおいて分立する集団間の結束がいっそう強化され、地域的まとまりの範囲が拡大されるにしたがい、杉谷四号墓のような、より隔絶化のすすんだ首長墓が登場するようになったと考えられる。

越中東部から東では、長岡市藤ヶ森一号墓・二号墓や同市奈良崎遺跡一号方形周溝墓などのような一二～一五メートル規模の墳墓が見られる。また、一辺約九メートルの方形台状墓である長岡市屋舗塚は、大形で深い墓壙をもち（長さ約四×幅二メートル、深さ一メートル）、北近畿の弥生墳墓に特徴的な墓壙内破砕土器供献の行為が見られる。新潟市八幡山遺跡SX一〇〇五（一辺約三メートルの方形周溝墓）からは鹿角装Y字式鉄剣が出土しており、注目される。

二　前方後方形周溝墓の出現と前方後方墳の変遷

越では、東日本のほかの地域と同様に前方後円墳と同時期か、それに先行して前方後方形周溝墓と[註7]、続いて前方後方墳が現われる。その変遷は次のように四つの段階に整理される[註8]。

漆町五～六群期に比定される初現期の類例としては、方形周溝の辺中央が掘り残された田中分類BⅠ型の野々市市御経塚シンデンST〇五（一辺九・五メートル）と、短小な突出部の前面に溝が巡らないBⅡ型の白山市一塚SX〇三（墳長一五メートル）・SX〇四（墳長一七メートル）や新潟市八幡山SX〇三S一四（墳長一四メートル）などがある。墓群構成から見ると、御経塚シンデン遺跡の場合は共存関係がやや不明確だが、BⅠ型の周りに同規模ないし比較的大形の周溝墓が複数見られる。一塚遺跡でも一対のBⅡ型の周囲に小形の方形周溝墓や土壙墓が群在する。また、加賀市小菅波四号墳は削り出しの短小な突出部をもつBⅡ型で、墳長一六・六メートルを測る。多数の外来系土器で構成される供献土器が出土しており、漆町五～六群期の中でも後半期に位置づけられる。頂部中央の一号埋葬から鉄鉇一点とガラス小玉五点などが、二号埋葬から鉄鉇一点、鉄鏃二点が、突出部から勾玉と管玉各一点が出土している。墳丘の周りには木棺墓や土壙墓が築かれている。

漆町七群期には、方丘部（後方部）長の1／2以上に拡張した突出部（前方部）の前面に狭く浅い溝が巡るBⅢ型の高岡市石塚二号墳（墳長二九・四メートル）や金沢市南新保一号墳（推定長三〇メートル）、同市戸水C遺跡ST一一（墳長二四メートル）などに加えて、周溝が全周するBⅣ型の戸水C遺跡ST一六（墳長約二一メートル）

が現われる。戸水Ｃ遺跡では、ＢⅠ・ＢⅡ型を含むグループとは場所を変えて相次いで築かれたＢⅢ型とＢⅣ型の隣に小形の方形周溝墓（方墳）が並ぶ。南新保一号墳は旧来の墓域の一画につくられる。能美市末寺山二号墳（墳長約三〇メートル）や五号墳（墳長約三一メートル）のように尾根上に古墳群を形成する例も見られる。

漆町八群期には、未だ低平な前方部のつくりながら、後方部に匹敵する規模の前方部長をもつ、墳長五二・五メートルの七尾市国分尼塚一号墳が出現する。後方部頂には約一一×六メートルの墓壙が存在し、長さ約四・七メートルの割竹形木棺の内外から夔鳳鏡一面のほか、銅鏃五七点、鉄槍二点や刀剣類ほかの豊富な副葬品が出土した。銅鏃はすべて有稜系で、縦方向の連続山形文様と下端に朱塗りの装飾をもつ靫に収められた状態で出土している。国分尼塚一号墳は墳丘形態こそ過渡的な様相を示すが、前段階と比べて墳丘規模が増大するとともに、長大な割竹形木棺に納められた副葬品、とりわけ装飾靫に収納された多量の銅鏃、槍の副葬は畿内やその周辺の前期前方後円（方）墳に特徴的なものである。三〇メートル級未満の比較的小規模な前方後方（円）墳は二〇メートル未満の方墳や円墳とともに築かれる傾向が強く、群構成の点では弥生時代の様相からさほど大きな変化はみられない。これに対して、国分尼塚一号墳は後続の二号墳（墳長三三メートル）とともに台地状独立丘最高所の平坦部を占有する。同様のあり方は富山市勅使塚古墳（墳長六六メートル）などにもあてはまる。すなわち、五〇メートルを越える規模の古墳は集団の墓域からの隔絶が明らかな一方、より小規模な前方後方（円）墳は依然として集団の墓域の中に留まる傾向が見て取れる。このことは前方後方（円）墳の被葬者の間にも階層差が拡大したこと、つまり階層分化がより一層進展した結果を表わす。このほか、若狭町松尾谷古墳（墳長約三五メートル）や新潟市山谷古墳（墳長三七メートル）、未発掘だが中能登町小田中亀塚古墳（墳長約六一メートル）や末寺山六号墳（墳長約五七メートル）なども同時期頃に比定される。

越において前方部が高丘化するのは集成編年で三期からと考えられ、そのもっとも発達した様相は、二段の段築と葺石が墳長六四メートルの墳丘を全周する中能登町雨の宮一号墳に見ることができる。雨の宮一号墳は粘土槨に長さ六・二メートルの長大な割竹形木棺を内蔵し、方形板革綴短甲や神獣鏡、多量の腕輪形石製品（車輪石四点・石釧一五点）および有稜系の柳葉形銅鏃、鉄鏃、刀剣類などの編年観から、築造時期は集成編年三期後半〜四期初め頃に比定される。前後する時期には、後方部に匹敵する長さと高さの前方部を備えた日本海側最大の前方後方墳である氷見市柳田布尾山古墳（墳長一〇七・五メートル）が現われる。このほか、未発掘だが勅使塚古墳に後続する王塚古墳（墳長約五八メートル）や加賀市吸坂Ａ三号墳（墳長約六一メートル）も各地を代表する古墳である。

三　前方後円墳の出現と変遷

初現期の前方後円墳のうち、埋葬施設や副葬品の内容がわかるものに次の古墳がある。

加賀市分校カン山（マエ山）一号墳は推定墳長三七メートルに対して、前方部の長さが約一二メートルと短小で、纒向型前方後円墳と指摘されるものである。直葬の割竹形木棺から、漢鏡五期の方格規矩四神鏡一面と舂口式で柄の突出部の造作が糸巻頂点型の鉄槍一点、袋状鉄斧一点、鉇一点、管玉七点が出土している。供献土器の編年から、漆町七群期、集成編年一期に比定される。

金沢市神谷内一二号墳は墳長二七・五メートルに対し、前方部長五・五メートルのやはり短小な前方部をもつ。直葬の箱形木棺から連弧文鏡一面と袋状鉄斧・刀子各一点、碧玉管玉二点が出土した。供献土器の編年から、分校カン山一号墳と同時期ないしやや後出する時期に比定される。

宝達志水町宿東山一号墳は墳長二一・四メートルに対して、前方部長が五・六メートルと短小で、纒向型前方後円墳と指摘されるものである。直葬の箱形木棺から、意図的な打撃で一部が破断された漢鏡五期の方格規矩四神鏡一面が出土した。分校カン山一号墳よりも一段階後出の漆町八群期、集成編年二期に比定される。

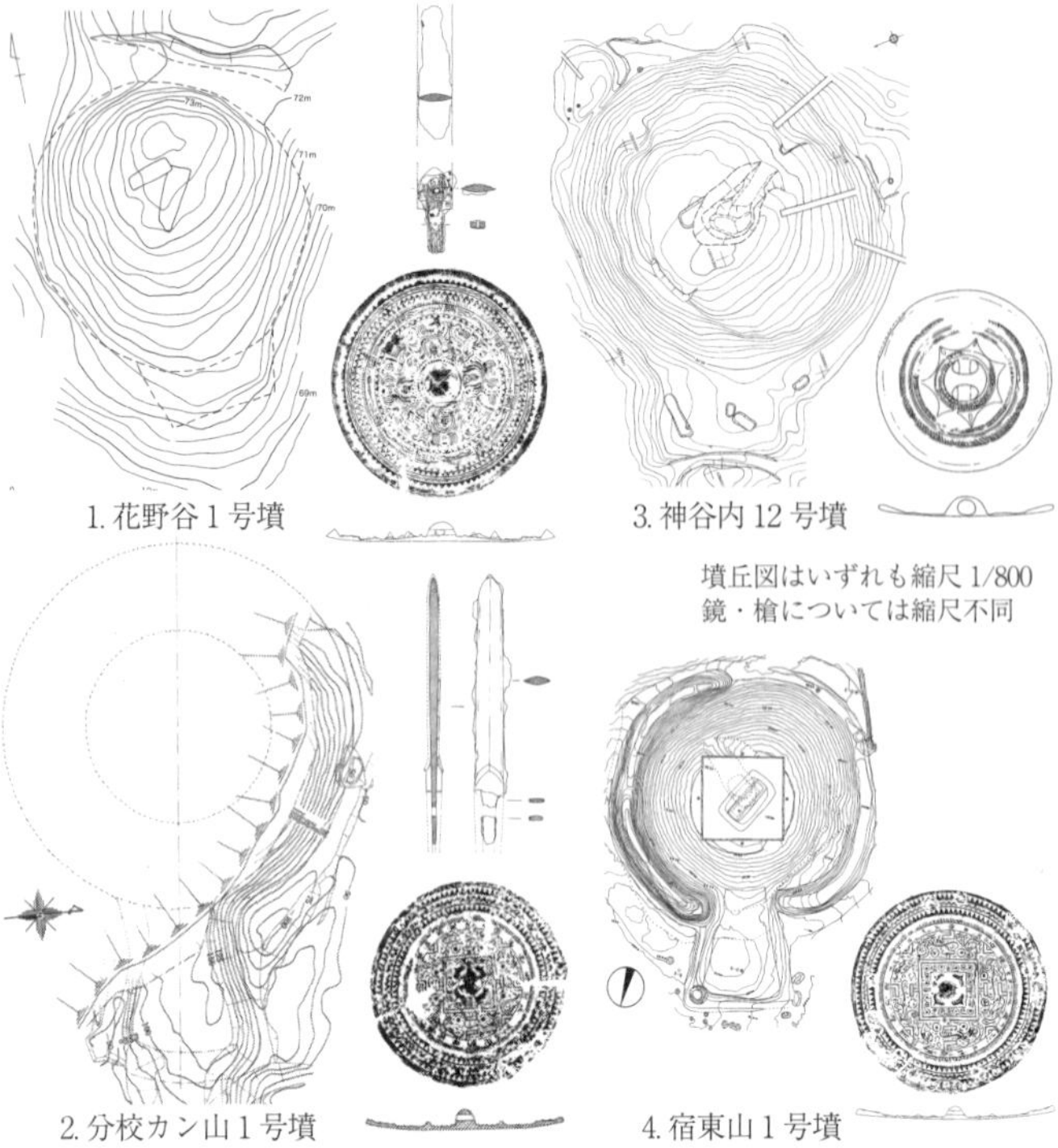

図 1　初現期における主な前方後円墳と鏡・槍

福井市花野谷一号墳は、直径二〇メートルの円墳ないし低平短小な前方部が付く前方後円墳である。長さ三・九メートルの直葬の割竹形木棺から舶載の三角縁四神四獣鏡と連弧文銘帯鏡各一面、鉄槍二点、短剣一点、柳葉形鉄鏃三点、刀子二点、翡翠勾玉一点、碧玉管玉二五点、ガラス小玉一四六点、瑪瑙小玉一点が出土した。副葬品と供献土器の編年観から、分校カン山一号墳とほぼ同時期に比定される。

このほか、富山市百塚住吉遺跡では突出部（前方部）が拡張した二基のAⅡ型前方後円形周溝墓（前方後円墳、墳長二一〜二四メートル）が、それぞれBⅡ型前方後方形周溝墓（前方後方墳）を伴ってつくられる。時期は漆町七群期頃に比定される。低平短小な突出部（前方部）形態から纒向型前方後円墳との関連性が推測される妙高市観音平一号墳（墳長約二七メートル）・四号墳（墳長約三四メートル）や、バチ形前方部をもつとされる弥彦村稲場塚古墳（墳長約二六メートル）などもこの頃の築造と考えられている。

小矢部市谷内一六号墳（墳長四七・五メートル）や福井市安保山二号墳（墳長三四メートル）は、これらの古墳と比べて前方部が拡張しており、また土器や後続の古墳との関係から、漆町八群期に対応する集成編年二期におかれる。墳長八三・五メートルの志賀町徳田燈明山古墳は、未発掘だが前期前半に編年されており、[註9]同時期ならば若狭・越最大級の規模をもつ。ただし、高丘化し整った形態の前方部をもつ上に、二段築成で葺石を備えており、筆者は若干後出する可能性を考えている。

集成編年三期には墳長約一三〇メートルで葺石・段築・埴輪（川西編年Ⅱ期）を備えた永平寺町手繰ヶ城山古墳が、そして四期には墳長約一四〇メートルで同じく外部施設を完備した坂井市六呂瀬山一号墳が、福井平野の九頭竜川をはさんだ丘陵上に突如現われる。両墳は、以後に続く笏谷石（緑色凝灰岩）製の舟形石棺を内部主体とする特徴的な埋葬方式を採用する点に自律性の高さが窺われる。[註10]また、手繰ヶ城山古墳は、部分的な採用に留まっていた外部施設をはじめて完備するだけでなく、佐紀陵山型の墳丘規格が推測される[註11]など畿内の大形前方後円墳の影響が見られる点でも注目される。

同時期には、笏谷石産地をかかえ舟形石棺の製作を管掌し、また舟形石棺の使用を通じて両大形前方後円墳の被葬者との強力な関係が推測される福井市足羽山古墳群の山頂古墳（約六〇メートル）、続いて稲荷山古墳（約三〇メートル）、龍ヶ岡古墳（約三〇メートル）などの円墳が相次いで築かれる。近在にはほかに安保山一号墳（墳長約三二メートル）や綾杉文様をもつ装飾靫二点が出土した鼓山古墳（墳長四八メートル）があるほか、福井平野と隣り合う武鯖盆地の朝日町経ヶ塚古墳（墳長約七四メートル）や同町朝日山古墳（墳長約五四メートル）などの中形前方後円墳も当盆地を基盤としつつ、福井平野を中心とする首長連合体制にも組み込まれた各地を代表する首長の古墳である。手繰ヶ城山古墳は、小水系を単位とする弥生時代以来の首長系譜が広域的に統括され、首長間の格差がいっそう拡大する過程で現われた、福井平野を中心とする首長連合体制の頂点に立つ最初の大首長の古墳である。そして、その出現は倭政権の拡張過程とも無関係ではなかったと思われる。

東へ目を向けると、能登では集成編年三期に、段築と葺石を備えた大形円墳（約六七メートル）で、三角縁神獣鏡と鍬形石一点の出土が伝えられる中能登町小田中親王塚古墳が、雨の宮一号墳に先行して現われる。越中では、大首長墳に匹敵する規模の柳田布尾山古墳の登場前夜に、先述の王塚古墳と並立して、小矢部市関野一号墳（約六五メートル）と氷見市阿尾島田Ａ１号墳（約七〇メートル）の六〇～七〇メートル級の古墳が三地域で鼎立する状況が想定される。柳田布尾山古墳の後続には、墳長約五〇メートルの前方後円墳ないし帆立貝形古墳で、石釧五点をもつ高岡市桜谷二号墳がある。越後でもこの時期には、五〇メートルを越える前方後円墳で、鼉龍鏡一面などの出土が伝えられる新潟市菖蒲塚古墳（墳長五三メートル）や二段築成の円墳である同市古津八幡山古墳（約六〇メートル）が現われる。日本海側北限の前期古墳である円墳の胎内市城の山古墳（約四〇メートル）は、盤龍鏡一面と刀剣、有稜系の柳葉形銅鏃六点、連続菱形文様の装飾靫、弓、翡翠勾玉ほか多数の玉類などが検出され、集成編年二～三期頃に比定される。

四　前期古墳の段階的変遷からみた若狭・越

上述のような弥生墳墓および古墳を各地方、段階ごとに整理したのが図2である。本稿は古墳の出現と変遷過程をその前史から理解しようとするものであり、弥生墳墓の展開を踏まえて、前方後方形周溝墓の出現からをⅡ段階、それより前をⅠ段階として便宜的に取り扱う。Ⅰ段階は四隅突出墓が各地に現われるⅠＡ段階と、墳丘規模の大形化が進行するとともに、鉄剣にかわって多数の鉄刀が副葬されるⅠＢ段階とに分けられる。そして、越において前方後円墳が

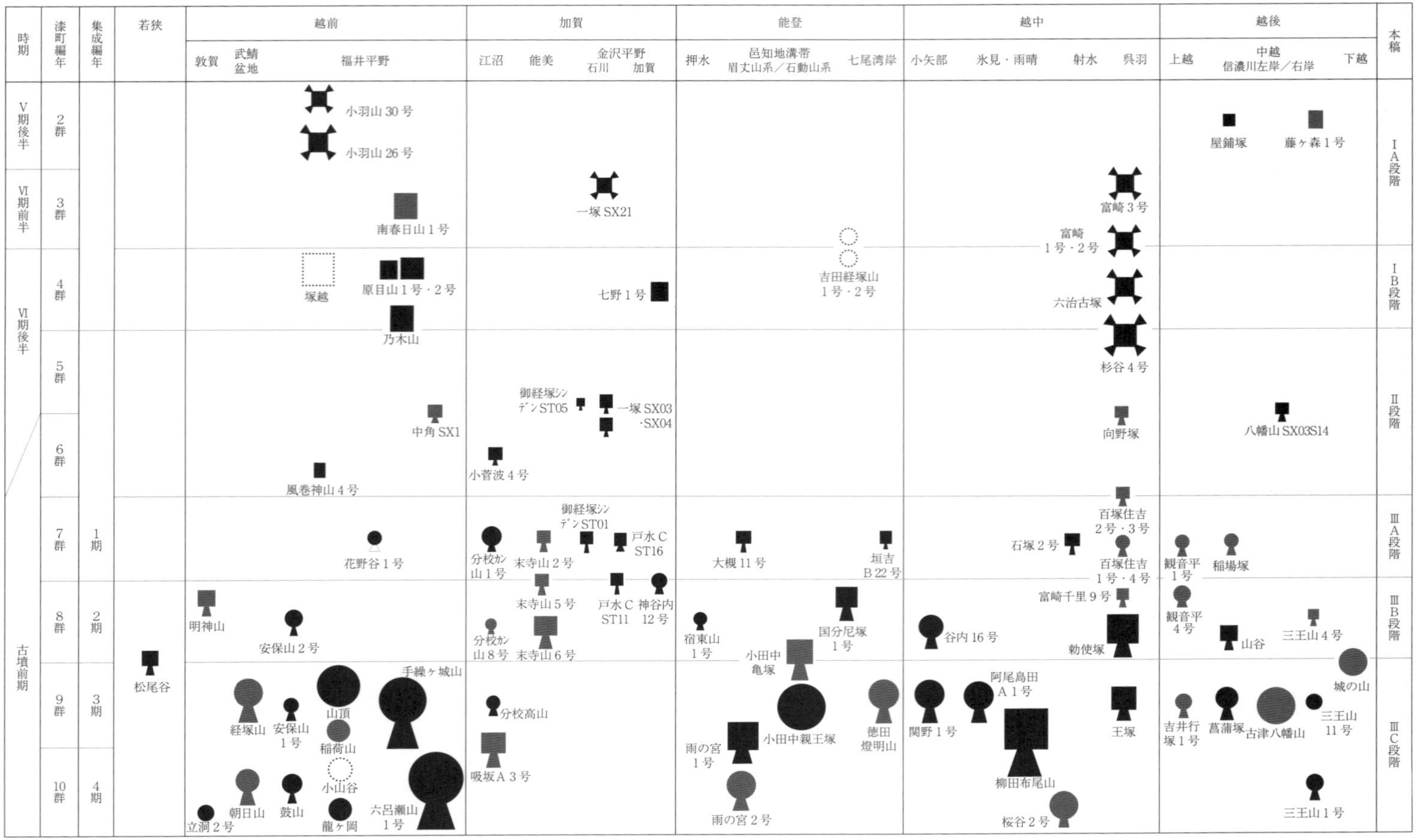

図２　若狭・越における主な弥生墳墓と古墳の編年（グレートーンは時期未詳、点線は時期・墳形ともに未詳のもの）

出現してからをⅢ段階とした上で、ⅢA、ⅢB、ⅢC段階に分ける。

　畿内の出現期古墳との編年対応については、箸墓古墳が帰属する布留〇式期は、田嶋によって漆町六～七群期と並行関係にあることが研究されている。また、箸墓古墳よりも古く編年される纒向石塚（古墳）やホケノ山（古墳）が帰属する庄内式期は、漆町五群期、さらには漆町四群期と並行関係にある。(註12)

　まず、若狭・越における古墳の出現をどの段階（時期）に求めるかということだが、本稿では前方後円墳が出現し、かつ日本海ルートを通じて獲得された鉄剣に続き鉄刀が副葬された段階から、倭政権によって差配された鉄槍などが副葬される段階へ変化することを重視して、Ⅲ段階におく。とりわけⅢB段階からは、墳丘規模が増大するとともに、五〇メートルを越える規模の古墳は、居住域や集団構成員の墓域から隔絶した丘陵高所の平坦面を単独ないし数基で占有する。乃木山墳墓などを例外にすれば、相対的に大形の墳墓でも周囲に小形の周溝墓や土壙墓・木棺墓が群在したⅡ段階までのあり方とは大きく異なるなど、定型化した古墳の出現期と評価する。

　四隅突出墓や大形の方形墳墓にかわって、濃尾平野に起源をもつ前方後方形周溝墓が首長層の墓域の中に現われるⅡ段階に大きな画期をおく理解もある。(註13)しかし、墓制を中心にみた場合、同時期の周溝墓や台状墓と比べて相対的には大形だが、三〇メートルを大きく越えることはない。また、副葬品の内容が分かる小菅波四号墳の様相が発展したあり方を示すとは言えない。墓群構成に関しても、前方後方形周溝墓は基本的には上位階層の被葬者の墓ではあるが、その被葬者といえども集団の墓域からの脱却には至っていない。むしろ、墳丘規模や副葬品（鉄剣・鉄刀の副葬開始）に着目するならば、次のようにⅠ段階における内容が重要視される。

　首長層の析出化がすすむにつれて集団構成員と首長層の墓域とがしだいに分離されていき、弥生Ⅴ期後半から始まるⅠ段階には、各地最大級の二〇～四〇メートル級の墳墓に葬られる者が、越前の小羽山三〇号墓を最初に東へむけて段階的に現われる。鉄剣そして鉄刀は越前から多く出土し、東へ移るにしたがって出土数が減少する。越中や越後では限られた墳墓群にのみ副葬が認められる。弥生Ⅴ期後半からⅥ期には集落遺跡でも鉄製品の出土量が急増し、一部では鉄鍛冶が開始されるが、それらは薄い鉄板づくりの小形の農工具類ばかりである。(註14)大形で重厚な素材を必要とする製品があまり見られないのは、限られた鉄製品と鉄素材は互恵交易によって漸次減少するためであり、このように製品や素材の確保が未だ十分ではない中で、日本海ルートを介して鉄剣・鉄刀を特権的に獲得し、それらを副葬する首長層の墓が越前を中心に各地に出現しはじめる。有力な首長たちの中には、出雲の西谷三号墓の被葬者勢力に代表される山陰地方などの勢力と同盟関係を結ぶ者が現われる。

　Ⅱ段階から現われる前方後方形周溝墓には、御経塚シンデン遺跡などのように、この段階から新たな墓域を形成する例が見られる。あるいは、一塚ＳＸ〇三・ＳＸ〇四などは前段階の墓域と少し距離をおいた区域につくられる。その被葬者像に関しては、濃尾平野あるいは若狭・越へのルート上にある勢力の進出や、それらの勢力と関係する在地首長の台頭が推測される。この時期にはホケノ山（古墳）と同類型の纒向型前方後円墳が北部九州から瀬戸内、そして東京湾東岸の千葉県市原台地に現われるが、若狭・越における出現は一段階遅れる。また、これ以前には、越前から南加賀を通って、北

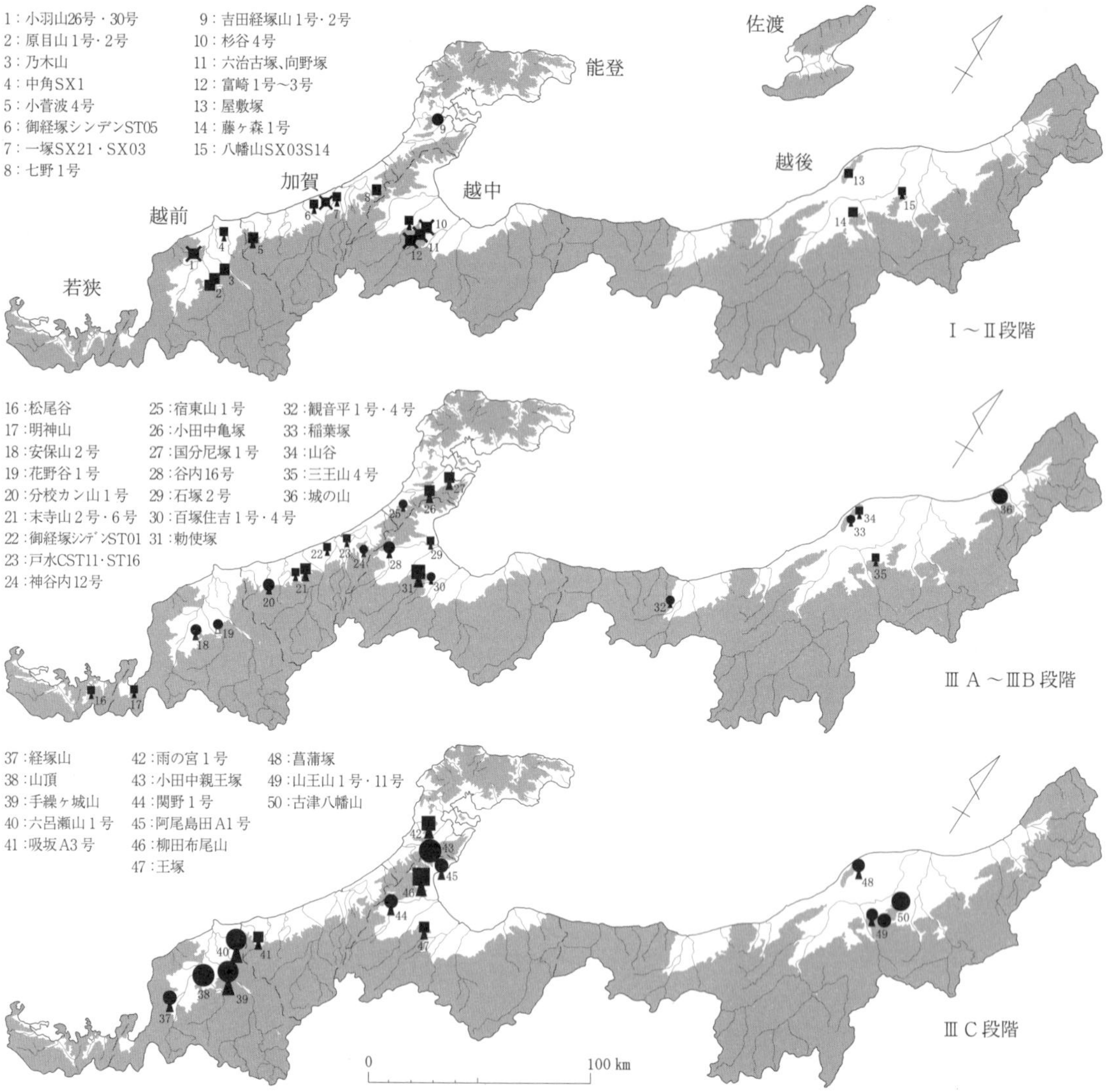

図3　Ⅰ～Ⅱ段階（上）、ⅢA～ⅢB（中）、ⅢC段階（下）における主な弥生墳墓・古墳の分布

加賀へすすみ、能登半島の邑知地溝帯を東へ抜けるルート上に、漢鏡五期の方格規矩四神鏡（分校カン山一号墳、宿東山一号墳）と連弧文鏡（神谷内一二号墳）、漢鏡七期第一段階の飛禽鏡（越前市岩内山遺跡D区土壙墓）や画像鏡（福井市風巻神山四号墳）、夔鳳鏡（国分尼塚一号墳）などが「畿内から一元的に分配されたものではなく、自然な流通によって[註15]」流入しており、倭政権による若狭・越への勢力拡充がすすむ前の、地域勢力の自律的な動きが見て取れる。

越では次のⅢA段階から前方後円墳が出現するが、時期未詳のものも含め、いずれも前方部が未発達で、墳丘規模は二〇～三〇メートル台にとどまる。この時期には箸墓古墳がすでに出現し、その影響を受けた古墳が各地に現われるが、越における定型化前方後円（方）墳の出現は遅れる。とはいえ、花野谷一号墳を含めれば、越前から南加賀、北加賀を通って越中に入り、上越方面へむかうルートの要所に割拠する有力な地域勢力が取り込まれ、その結果、纒向型前方後円墳を含む初現期の前方後円墳が現われるものと評価される。とりわけ、倭政権から地位の承認として地域政権の首長へ差配された三角縁神獣鏡や鉄槍が[註16]、花野谷一号墳や分校カン山一号墳などの越前と南加賀の古墳にはある一方、より東の地域ではそれらを欠く傾向がみられ、倭政権を中心とする地域支配体制がこの時期には越西部に及び、段階的に拡充されていった過程が読み取られる。

ⅢB段階には、若狭・越ではこの時期最大級の五〇～六〇メートル級の前方後円（方）墳が主に能登と越中に現われる。とりわけ、国分尼塚一号墳からは、長大な割竹形木棺から有稜系銅鏃が多量収納された装飾靫[註17]や鉄槍のような畿内やその周辺の前方後円（方）墳に特徴的な副葬品が出土しており、倭政権による地域首長の掌握がこの時期には越東部の能登と越中（越中東部を除く）へも強化されたことが見て取れる。装飾靫と有稜系銅鏃の供伴は下越地方の城山古墳でも確認されており、倭政権による地域首長の掌握が、中間地域を飛び越えて、短期間のうちに越北端まで拡充されていったことが窺える。

ここまでの古墳が大きくても六〇メートル級にとどまるのに対して、次のⅢC段階には墳長約一三〇メートルの前方後円墳で、墳形と墳丘規模をいっそう際立たせる葺石・埴輪・段築を完備した手繰ヶ城山古墳が越前に突如出現し、続いて六呂瀬山一号墳が現われる。手繰ヶ城山古墳に関しては、前述のように筆者は佐紀陵山型の墳丘規格の影響を推測している。また、能登では小田中親王塚古墳の勢力にかわって、長大な割竹形木棺から多量の腕輪形石製品および有稜系銅鏃、鉄鏃などに加え、方形板革綴短甲や新式の神獣鏡のような佐紀古墳群の勢力との連携関係を物語る副葬品[註18]をもつ雨の宮一号墳が現われる。ほかに、越中の柳田布尾山古墳やそれに続く桜谷二号墳などもこれらの古墳に比肩される規模または内容をもつ。同時期には大和盆地東南部から大和盆地北部の佐紀古墳群の勢力への政治的主導権の移動が指摘されているが[註19]、手繰ヶ城山古墳や雨の宮一号墳の登場が示唆するように、越では小水系単位に分立する地域勢力の統合を経て内部成長を遂げた首長たちが、倭政権内部における新たな勢力の後ろ盾をも得ることで、さらなる地歩を固めていったものと評価される。

以上のように、ⅢA段階（集成編年一期）を起点に、ⅢC段階（集成編年三期）にかけて倭政権による若狭・越への地域支配体制の強化が段階的にすすめられたことが具体的に見て取れた。このことを踏まえさらに検討を加えるならば、倭政権による拡張過程では、若狭・越における首長層の自律的な動きが牽制され、山陰地方などの勢力との同盟関係が阻まれるとともに、鉄剣や鉄刀などの主要な流通路であった日本海ルートは倭政権によって統制される存在へしだいに変化したことが推測されるのである[註20]。

（註1）越（高志、古志）は律令制以前の古称で、南西部の越前・加賀と北東部の能登・越中・越後に分けられる。なお、若狭は大形前方後円墳が多数現われる中期に対して、前期古墳は松尾山古墳など少数が見られるのみである。同様に佐渡には柳葉形銅鏃などが知られるが、相応な前期古墳は未詳である。

（註2）加賀・能登分国以前の越前（五世紀以前）、越後四郡分割以前の越中（五～六世紀）、そして対蝦夷基地としての渟足柵・磐舟柵の設置へ至る越後（七世紀）という変遷過程を示した。米沢　康「大化前代における越の史的位置」『越中古代史の研究』一九六五

（註3）吉岡康暢「高志路の展開」『古代の日本』第六巻、角川書店、一九七〇

（註4）中司照世「日本海中部の古墳」『新版古代の日本』第七巻、角川書店、一九九三

（註5）広瀬和雄「前方後円墳の畿内編年」『前方後円墳集成』近畿編、山川出版社、一九九二

（註6）田嶋明人「古墳確立期土器の広域編年―東日本を対象とした検討（その1）―」『石川県埋蔵文化財情報』二〇、二〇〇八

（註7）前方後方（円）形周溝墓の分類は、田中新史「市原市神門四号墳の出現とその系譜」『古代』六三、早稲田大学考古学会、一九七七に準拠する。

（註8）髙橋浩二「北陸の前方後方墳―柳田布尾山古墳の時期的評価をめぐって―」『石川考古学研究会々誌』四九、石川考古学研究会、二〇〇六

（註9）谷内尾晋司「能登半島における古墳の変遷と築造背景―小竹ガラボ山古墳の再検討から―」『石川考古学研究会々誌』四五、二〇〇二、三六・三七頁

河村好光「川田古墳群の検討」『石川県鳥屋町川田古墳群』二〇〇一、四四・四六頁

（註10）手繰ヶ城山古墳は、レーダ探査から舟形石棺の存在が推定されている。

（註11）髙橋浩二「手繰ヶ城山古墳の評価と意義」『手繰ヶ城山古墳―測量調査報告書―』富山大学人文学部考古学研究室、二〇一一、五七・六一頁

（註12）前掲註6、四四・四七頁

（註13）伊藤雅文「北陸」『古墳時代の考古学』二、同成社、二〇一二、一七九頁。なお、Ⅱ段階は土器編年では漆町五～六群期に比定される。この時期は東海系を中心に外来系土器が波及し、在地系土器と入れ替わる端緒の画期にあたることから、前方後円墳の出現に先駆けて、集落出土の土器様式に変化が起こっているものと理解する。

（註14）林　大智・佐々木勝「北陸南西部地域における弥生時代の鉄製品」『石川県考古資料調査・集成事業報告書　補遺編』石川考古学研究会、二〇〇一

（註15）岡村秀典『三角縁神獣鏡の時代』吉川弘文館、一九九九、一三四頁

（註16）豊島直博『鉄製武器の流通と初期国家形成』塙書房、二〇〇八、一三四頁

（註17）杉井　健「靫の構造とその成立背景」『雪野山古墳の研究』八日市市教育委員会、一九九六、一三二・一三三頁

（註18）福永伸哉「対半島交渉から見た古墳時代倭政権の性格」『青丘学術論集』一二、韓国文化研究振興財団、一九九八、二二頁

（註19）福永伸哉「古墳の出現と中央政権の儀礼管理」『考古学研究』四六―二、考古学研究会、一九九九、六四頁

（註20）日本海の七尾湾に面する七尾市万行遺跡から規則的に配置された総柱式の大形掘立柱建物三棟（平面積一四六～三一三平方メートル）が検出されており、その計画性や規模、建物構造などから、これが倭政権の直接経営による倉庫群の蓋然性が指摘されている。漆町六～七群期に比定されるこの遺構の時期は、越における初期前方後円墳の被葬者の活動期にあたり、倭政権による若狭・越への勢力拡充の開始と無関係ではなかったことが推測される。

＊紙幅の関係から弥生墳墓・古墳などの文献については割愛しました。

コラム

雨の宮一号墳

伊藤雅文

能登半島の中ほどに位置する中能登町雨の宮一号墳は、前期後葉に作られた全長六四メートルの前方後方墳である。(註1)北陸における五〇メートル以上の大型前方後円（方）墳は六二基を数え、発掘調査などによって墳丘構造・埋葬施設・副葬品が明確にされた古墳は少ない。前期古墳では七尾市尼塚一号墳があるにすぎず、北陸の前期大型古墳の様相を知る上で重要である。

墳丘は葺石を備えた二段築成である。前方部が下がり地形となっているために葺石列より下部が基壇状に造成されている。墳丘調査が及ぶ前はここを墳端と認識して全長六九メートルとしていた。前方部は短い形態で、しかも南側が墳丘主軸に対して斜交する。新潟市山谷古墳の墳丘と類似することが指摘されている。(註2)葺石には周辺石材のみならず、能登一円の石材が確認されている。

埋葬施設は墳丘主軸に直交して二基確認された。中央の第一埋葬施設（粘土槨）と、西にもう一基が並列して追葬されている（未調査）。墓坑の西が一段深くなって粘土槨が設けられ、長さ六・二メートル、幅七四～八〇センチ、高さ七八～八七センチを測る刳貫式割竹形木棺が収められている。木棺は、身と蓋の両小口に各々二箇所の突起を作り出し、棺内は三つに区画している。

中央区画に被葬者がおかれ、頭上部に剣（一）、石釧（六）、首飾一連、足元に車輪石（三）、石釧（二）、顔横に半円方形帯神獣倭鏡が配置され、遺骸保護の思惟がみてとれる。北区画には刀剣類と農工具および石製品、南区画には方形板革綴短甲と盾、その下部に刀剣類と銅鏃・鉄鏃がある。盾は靫の可能性もあるが、鏃下部まで漆膜が及んでいない点で明確にできない。

石釧は五型式に分かれ、器高の伸長化が進んでいる（図3-2）。鉄鏃・銅鏃いずれも一つの型式で構成され、鉄鏃が身長六センチの大型柳葉形、銅鏃は篦被のない柳葉形である。刀剣類はすべて鞘のない抜き身で埋納され、とくに短剣がどれも同大で厚みのない薄い作りとなっており、とても実用品とは思えない。これら武器類は、積年にわたって被葬者が入手したのではなく、埋葬するにあたってもたらされたものであろう。すなわち、方形板革綴短甲の入手と軌を一としたものであり、畿内の王権がその供給源と考えられる。

大型古墳の築造にあたっては、地域的特色の強い前方後方墳であっても、畿内王権との関わりの中で作られているのである。

（註1）中屋克彦ほか『史跡　雨の宮古墳群』鹿西町教育委員会、二〇〇五
（註2）甘粕　健「越後平野の首長系譜の理解と展望」『新潟市歴史博物館研究紀要』一、二〇〇五

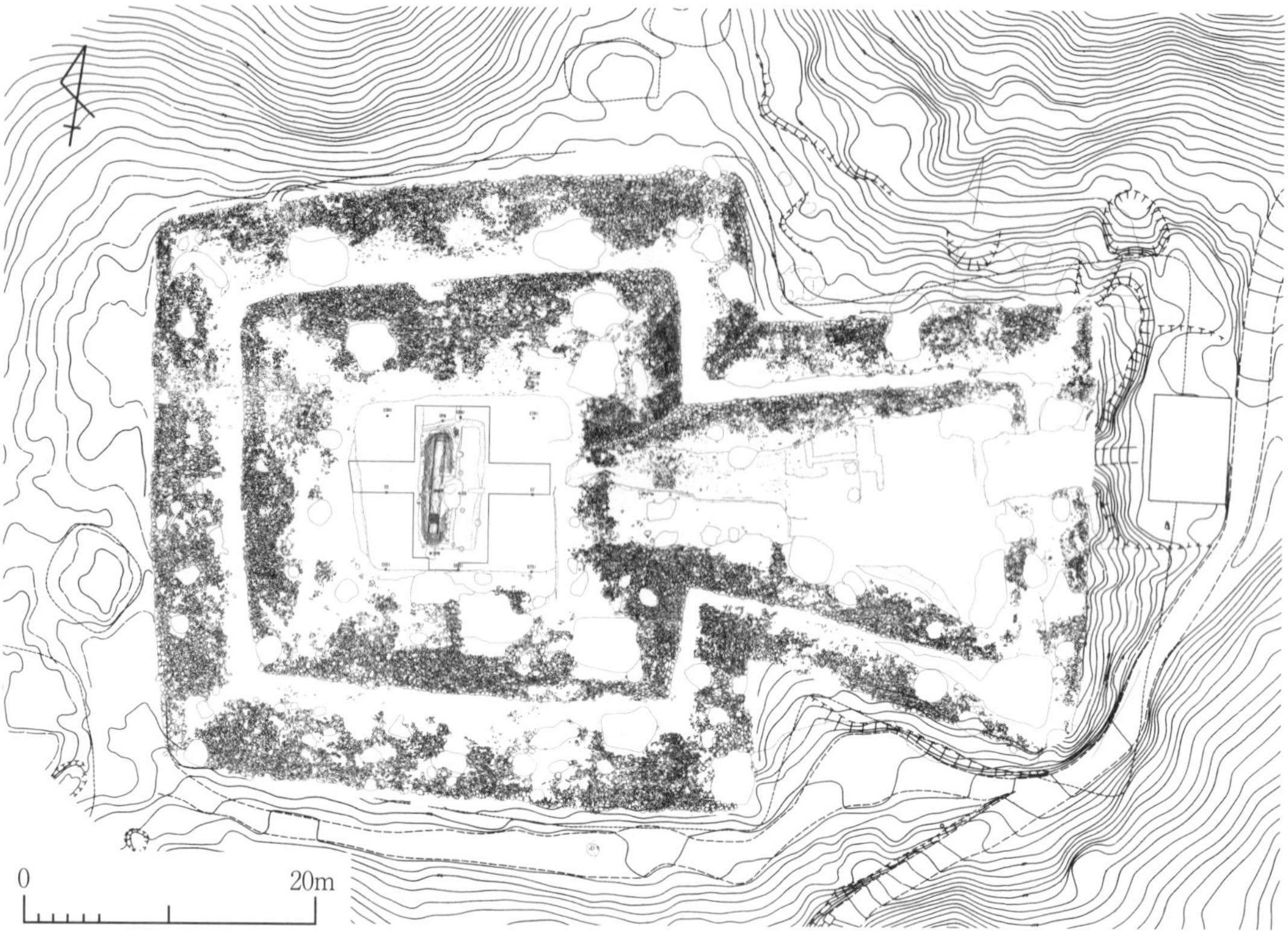

図１　墳丘と葺石・埋葬施設の合成図（S=1/600）

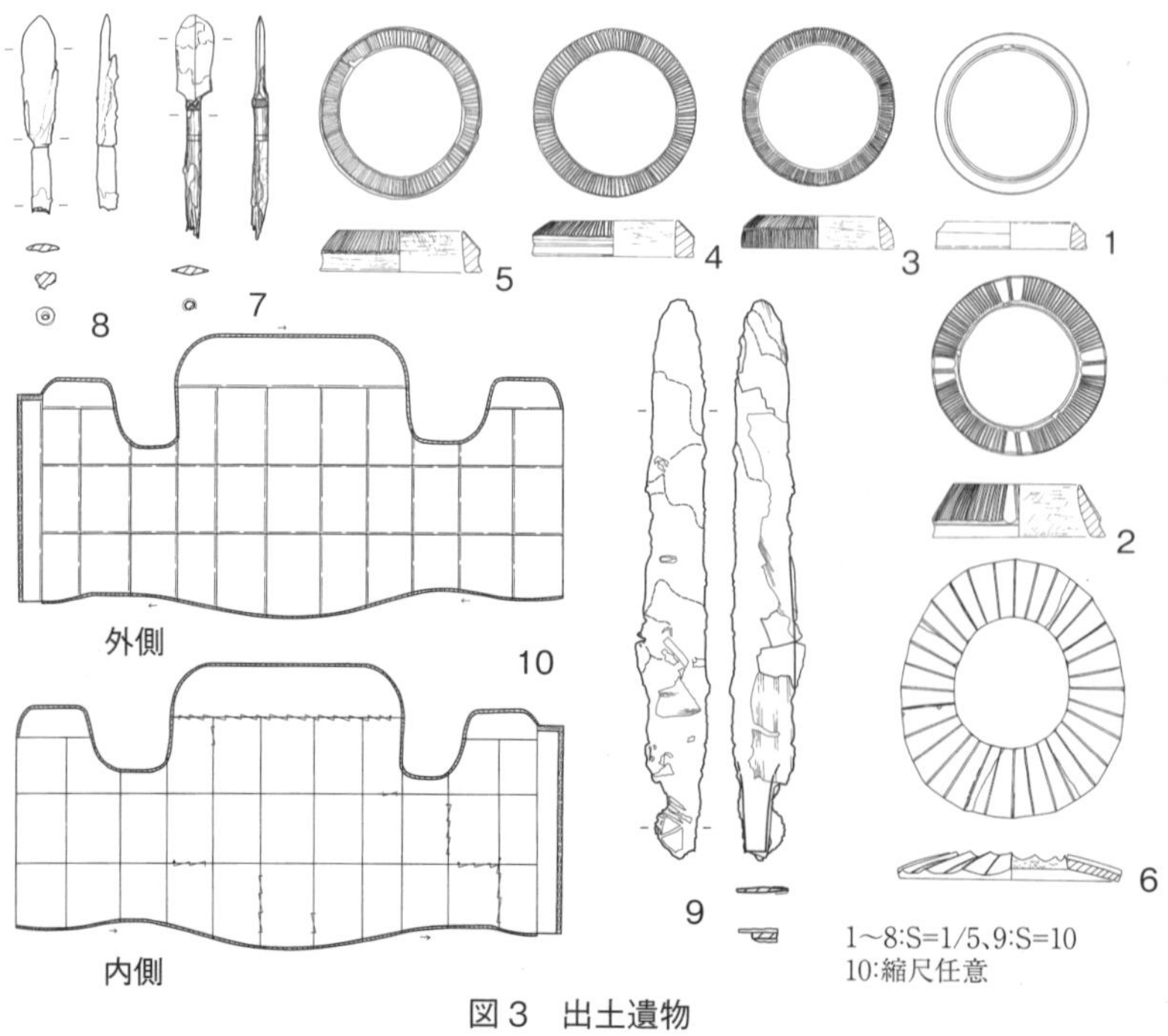

図３　出土遺物

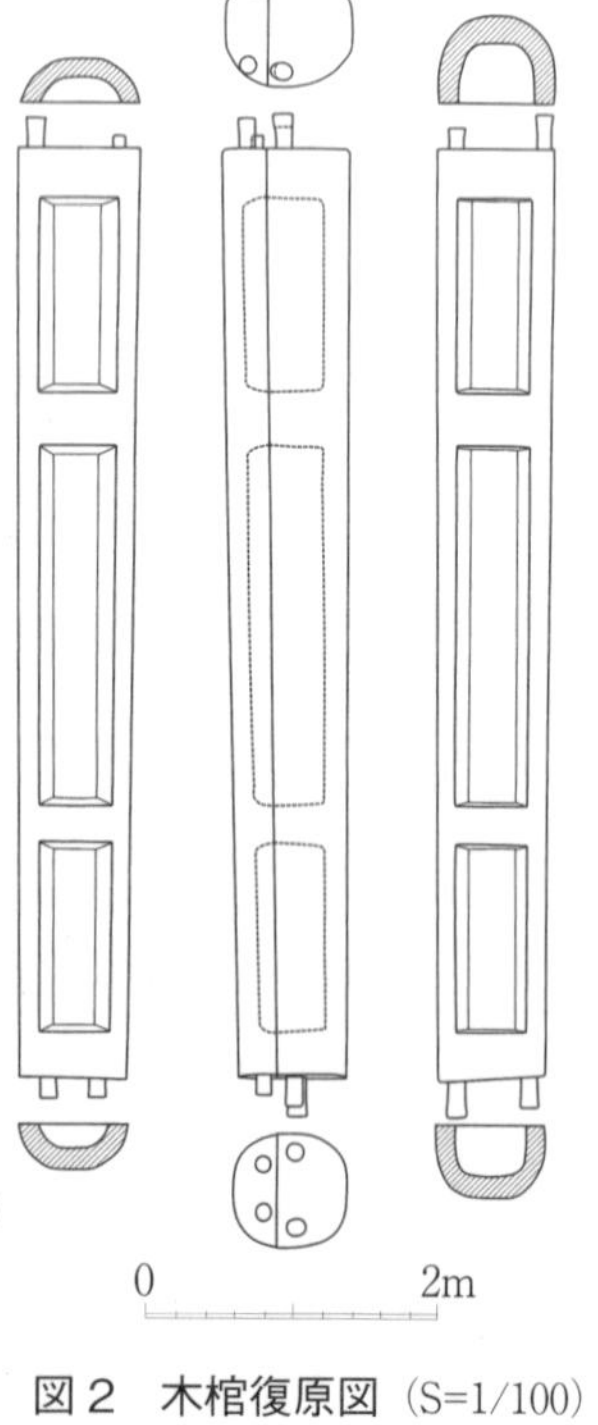

図２　木棺復原図（S=1/100）

中期

菅原雄一

一　はじめに

大型前方後円墳を中心とする首長墓の編年については、北陸においては早くから取り組まれ、近年においても総括的な研究がある。[註1]また、旧国単位の各地の様相や中期古墳を対象とした研究についても多くの蓄積された成果がある。[註2]本節ではそれらの諸成果に依拠しつつ、北陸における中期古墳の様相を概観してみたい。なお、本稿の古墳編年は前方後円墳集成編年に依拠し、時期区分については四期後半~八期までを中期とし、各時期を中期初頭（四期後半）・前葉（五期）・中葉（六期）・後葉（七期）・末葉（八期）と呼称したい。また墳丘規模については、四〇メートル未満を小型墳、四〇~八〇メートル未満を中型墳、八〇メートル以上を大型墳として区分する。[註3]

二　北陸における中期古墳の様相

（一）各地の様相（図1・2）

若　狭　前期古墳が希薄な地域であったが、中期前葉に至ると北川流域の上中古墳群において継続的に首長墓が築造される。その契機となる上ノ塚古墳は一〇〇メートルの規模を有する前方後円墳で五期に位置付けられる。以後、若狭では城山古墳（七期前半・六二・五メートル）、西塚古墳（八期前半・七四メートル）、中塚古墳（八期後半・七二メートル）と継続的に葺石と埴輪を備えた前方後円墳が築造される。こうした安定した首長墓系譜の継続は北陸においても特異な状況で、日本海に面した畿内周辺部にあたる地理的特性を背景としたなかで、北部九州型の初期横穴式石室（向山一号墳）や朝鮮半島系遺物（西塚古墳出土金製垂飾付耳飾、銀鈴、銅鈴など）に見る地域間交流の活発化あるいは朝鮮半島情勢を巡る軍事的役割の高まり、製塩遺跡の開始と隆盛など、中期以降、当地域の重要度が倭王権にとって増したことを物語っている。

越　前　中期初頭まで九頭竜川中流の丸岡・松岡地域において大型の前方後円墳が継続的に築造されていたが、中期前葉に入ると、突如として日本海に面した福井北西部において帆立貝形古墳である免鳥長山古墳（五期・九〇・五メートル）が出現する。築造場所の変化から新興勢力の台頭と見る評価と、その後に首長墓は再び松岡地域の泰遠寺山古墳（六期・六三メートル）へ移りながらも墳形（帆立貝形古墳）や埋葬施設（舟形石棺）を踏襲することから一連の系譜で捉える見方があるが、いずれにせよ越前において免鳥長山古墳の

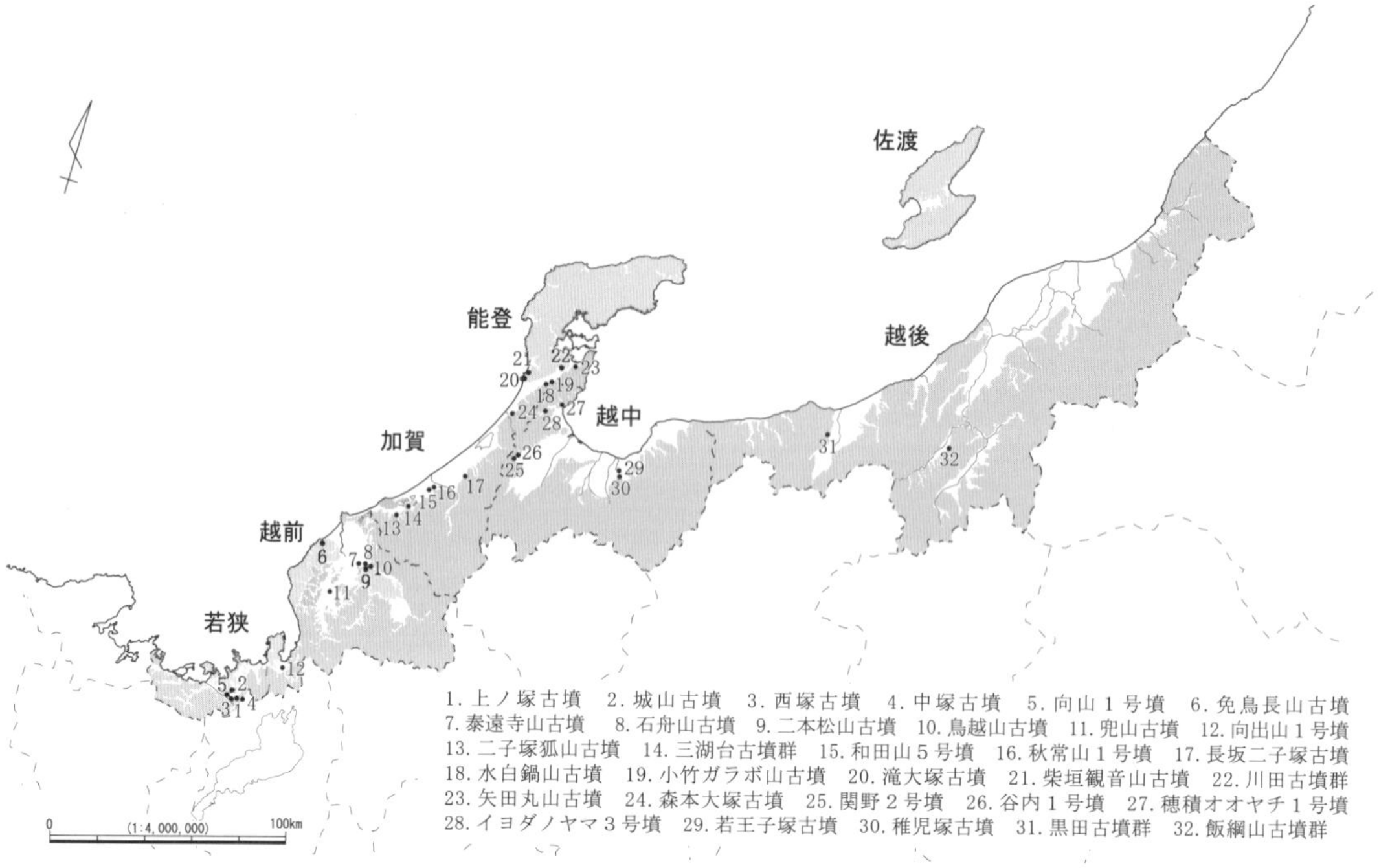

1. 上ノ塚古墳 2. 城山古墳 3. 西塚古墳 4. 中塚古墳 5. 向山 1 号墳 6. 免鳥長山古墳 7. 泰遠寺山古墳 8. 石舟山古墳 9. 二本松山古墳 10. 鳥越山古墳 11. 兜山古墳 12. 向出山 1 号墳 13. 二子塚狐山古墳 14. 三湖台古墳群 15. 和田山 5 号墳 16. 秋常山 1 号墳 17. 長坂二子塚古墳 18. 水白鍋山古墳 19. 小竹ガラボ山古墳 20. 滝大塚古墳 21. 柴垣観音山古墳 22. 川田古墳群 23. 矢田丸山古墳 24. 森本大塚古墳 25. 関野 2 号墳 26. 谷内 1 号墳 27. 穂積オオヤチ 1 号墳 28. イヨダノヤマ 3 号墳 29. 若王子塚古墳 30. 稚児塚古墳 31. 黒田古墳群 32. 飯綱山古墳群

図 1 北陸における主な中期古墳の分布

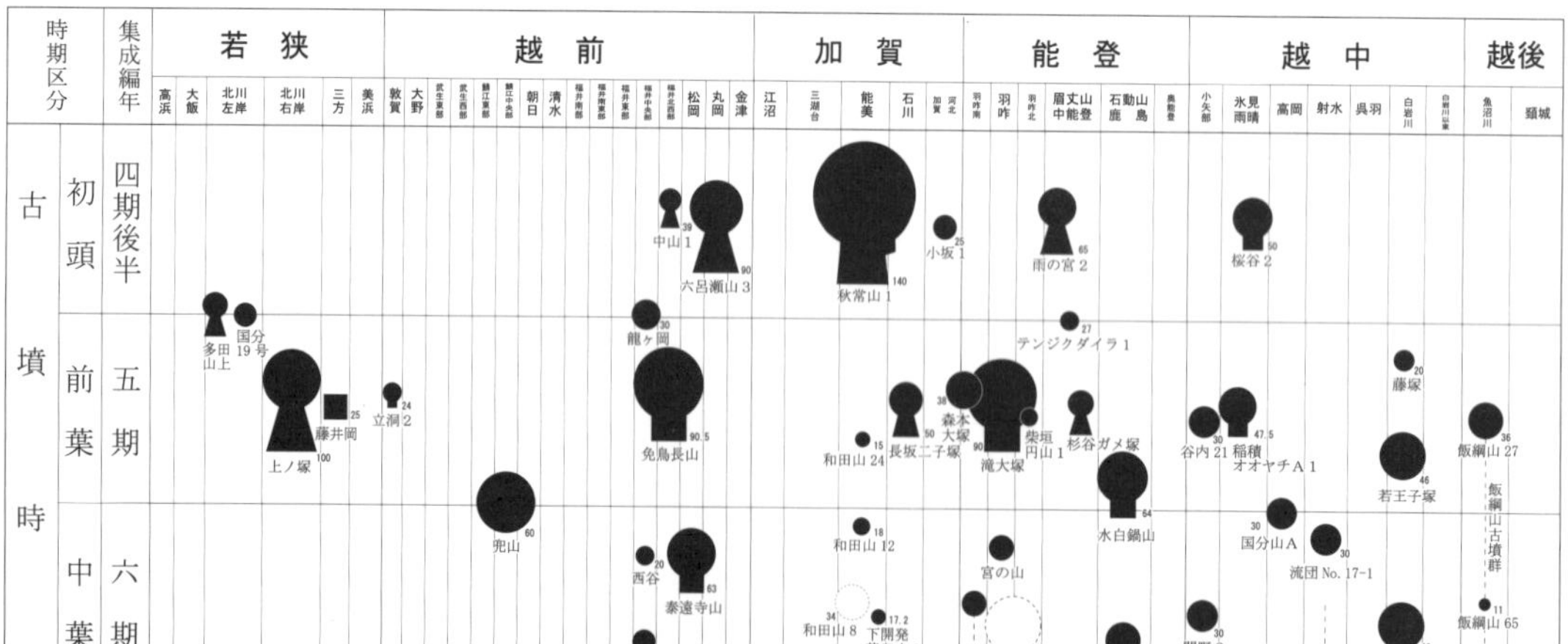

破線の古墳は時期が不確定、数字は墳丘規模（m）を示す

図 2 北陸における主な中期古墳の変遷

出現は当該期に一つの政治的変動があったことを示す。泰遠寺山古墳以降、松岡地域において石舟山古墳（七期・七九メートル）、二本松山古墳（八期・八九メートル）と首長墓が継続的に築造される。これらは前方後円墳を採用し、埋葬施設には舟形石棺を踏襲する。前期から後期にかけて越前は北陸のなかで比較的安定した首長墓系譜を継続させ、舟形石棺の踏襲には強い地域内の連携性が感じられるが、墓域や墳形の変化などに地域内部の微妙な政治的変動が読み取れる。松岡地域以外では、福井東部の天神山七号墳（七期・五二メートル）、鯖江中央部の兜山古墳（五～六期・六〇メートル）、敦賀平野の向出山一号墳（八期・六〇メートル）などの中型円墳が中期に新たに出現し、新興勢力の出現を背景とした重層的な古墳築造の様相がうかがえる。

加賀　能美地域において中期初頭に加賀最大の前方後円墳である秋常山一号墳（四期後半・一四〇メートル）が出現するが、以後大型墳の築造は継続しない。ただし、古墳の築造そのものが断絶するのではなく、墓域を和田山古墳群に移して小型円墳として継続する。五期には石川地域において長坂二子塚古墳（五期・五〇メートル）がそれまでの空白地域に前方後円墳として出現するが、継続的な首長墓の築造は認められない。六期に目立った古墳は見られず、それと表裏を成すかのように能美地域において古式群集墳である下開発茶臼山古墳群が出現する。七期に至ると能美地域において和田山五号墳（五五メートル）、八期には江沼地域において段築、周濠、葺石、埴輪を備える二子塚狐山古墳（五五メートル）が出現する。和田山五号墳の築造を契機に能美地域では小型円墳の築造が活発化し、二子塚狐山古墳でも、小型前方後円墳である二子塚一〇号墳（八期・二二メートル）を含む小型円墳より構成される古式群集墳を伴っており、階層構成型の築造のあり方を示す。また、中期末に至ると能美、江沼地域の境界に位置する三湖台地上に突如として前方後円墳や小型円墳群（三湖台古墳群）が出現する。江沼地域勢力の進出とする見方と、立地や須恵器・埴輪生産を新規に導入した集団であることから新興勢力の台頭とする見方に分かれる。

能登　中期前葉を最後に前方後円墳は姿を消し、帆立貝形古墳と中・小型円墳のみが見られる。前期古墳が集中していた鹿島地域では、帆立貝形古墳である水白鍋山古墳（五期・六四メートル）と小竹ガラボ山古墳（六期・四四メートル）が継続的に築造される。いずれも段築・葺石・埴輪・周濠を備えている。また、それまで古墳の空白地帯であった羽咋地域において、突如として帆立貝形古墳の滝大塚古墳（五期・九〇メートル）が築造される。以後、滝五号墳（五〇メートル?）、柴垣観音山古墳（七期・四三メートル）などの中型円墳が継続する。また、羽咋南地域の森本大塚古墳（五期・三八メートル）をはじめ広い地域において小型円墳の築造が見られるようになる。古式群集墳として注目されるのが、二宮川流域の川田古墳群である。部分的な調査のため詳細は不明であるが、一〇〇基を超す円墳より成り、築造開始は中期後葉頃と見られ、後期後半まで継続するようである。

越中　越中においても中期に至ると前方後円墳が見られなくなる。小矢部地域では谷内二一号墳（五期・三〇メートル）、関野二号墳（六期・三〇メートル）と小型円墳の築造が続き、氷見・雨晴地域では帆立貝形古墳である稲積オオヤチ一号墳（五期・四七・五メートル）が桜谷古墳群から墓域を変えて出現し、円墳のイヨダノヤマ三号墳（七期・二〇・五メートル）へと継続する。また、前期には古墳の希薄な地域であった白岩川流域において、段築と周濠を備えた円墳である若王子塚古墳（五期・四六メートル）と稚児塚古墳（六期・四六メートル）が出現する。

越後・佐渡　越後では大型墳の築造が見られず、中期初頭の空白期を挟んで、六期より古式群集墳として中・小型円墳の築造が開始される。前期には古墳の希薄な地域であった魚沼地域において飯綱山古墳群が出現し、なかでも二七号墳（五期・三六メートル）と一〇号墳（七期・四〇メートル）は、墳丘規模のみならず段築、後者では葺石や壺形埴輪まで備えるなど優位性がうかがえる。頚城地域においても、蛇行剣や初期須恵器を有する黒田古墳群をはじめ古式群集墳の築造が盛んである。佐渡では、中期古墳の築造は見られない。

(二)　北陸における中期古墳の特徴

前期からの変化として、それまで古墳の築造が低調であった地域に古墳が出現する点があげられる。旧国単位としては若狭が特徴的ではあるが、小地域単位においても越前の免鳥長山古墳、兜山古墳、加賀の長坂二子塚古墳、能登の滝大塚古墳、越中の若王子塚古墳など、新興勢力の台頭とも見て取れる古墳の出現が見られる。ただし、既存の地域において古墳築造が完全に断絶するわけではないので、こうした古墳分布のあり方は既存の勢力を温存しつつ、新たな勢力を含めた広い地域を取り込もうとした王権の意図が推測される。

墳形においては大型古墳をはじめとする主要古墳はすべて円形原理の墳形を採用する。前方後円墳、帆立貝形古墳、円墳がその墳形となるが、若狭においては前方後円墳、越前・越中・能登においては帆立貝形古墳が顕著に見られるなど地域ごとに違いが見られる。規模については中期初頭から前葉にかけては大型墳が認められるが、中期中葉は北陸全域において墳丘規模が縮小する。中期後葉以降、中型の前方後円墳が各地で復活するとともに築造数が増し、この時期以降築造が活発化する中小規模円墳を主体とする古式群集墳とともに、それまでの単独的な立地のあり方から階層構成を示す重層的な構造へと変化している。

北陸における中期古墳は、大型墳の築造状況から見れば西高東低とも見て取れる様相を示している。前方後円墳の築造が盛んな若狭、規模や墳形を変化させながらも大型墳の築造が続く越前、中小型の前方後円墳、円墳が主体の加賀、帆立貝形古墳や中・小型模円墳を主とする能登以東など、こうした地域差は、各地域、各時期における倭王権との関係やその支配方式、さらには地域側の受容など様々な要因があったと考えられる。大型墳の築造が低調であっても古式群集墳や中小型円墳の築造から王権の関与が皆無だったとは考えられず、資料的な制約は否めないが、今後はこうした中小規模の古墳にも目を向けた調査研究が鍵になると言えるだろう。

三　能美地域における中期古墳の具体相

能美地域とは、現在の行政区画でいうところの石川県能美市から小松市を中心とした範囲を指し、平安時代の加賀立国に伴い能美郡として設定された地域である。当地域には約二五〇基の古墳が確認されており、地理的環境や分布状況からも後の能美郡に繋がる領域性が認識できる（図3）。この地域において中心的な位置を占めるのが「能美古墳群」である。能美古墳群は、平野部に群在する五つの独立丘陵上（寺井山・和田山・末寺山・秋常山・西山）に分布する古墳群で、各丘陵の名称をもって支群名とし、全体をもって能美古墳群と総称している（図4）。

現在、能美古墳群では、六二基の古墳が見つかっており、南北一キロ、東西二キロの範囲にまとまる地理的特性を有しているとともに、前期から後期を通じて加賀を代表する首長墓が集中すること、首長墓の築造が時期ごとに丘陵間を移動するあり方を示すこと、中期後葉以降、中小規模の古墳群が階層構成をもって併存し連動的な動向を示す、といった一体性が強く見られる。また、多くの古墳について情報が得られるとともに、周辺に展開する中・小型墳についても調査が進んでおり、北陸における中期古墳の具体相を見ていくうえで、良好なフィールドである。

（二）中期における能美古墳群の動向

能美古墳群の動向は六段階の変遷で捉えることができる。本節では、主題である中期の様相を中心に概観していく。

中期初頭（能美古墳群二段階）　前期の能美古墳群は、和田山から末寺山への墓域の移動を経て前方後方墳が継続的に築造され、前期半ばの末寺山六号墳（五七メートル）で最大化を迎える（能美古墳群一段階）。中期初頭に至ると秋常山へ墓域を移し、突如として加賀最大の前方後円墳である秋常山一号墳が出現する。

秋常山一号墳は、全長約一四〇メートル、後円部高約二〇メートルの規模を測り、埋葬施設は未調査だが粘土槨と推定され、造出と葺石を伴う。（註4）築造時期は、墳丘形態と出土土器から、中期初頭（四期後半）頃と見られる。秋常山一号墳の墳丘は、整美された墳丘や中心点移動の工法、区画石列を有する葺石施工法など、倭王権より直接的に古墳築造技術がもたらされたと推定される。いっぽうで、周囲を尾根や丘陵に囲まれ墳丘の姿全体が見えない立地や、前方部長が全長の二分の一以下と短い点、埴輪が採用されていないことなど、細部には規制とも言える要素が認められる。墳丘規模から見れば北陸における大首長墓として位置付けられるが、一過性的な王権との強い結びつきがうかがわれ、次世代の首長に権力が引き継がれたことを示す大型墳が不在な点も、そのことを物語っている。

秋常山一号墳の出現には、地域内部における政治的変動も想定されるが、墳丘の特徴から見れば、当時の東アジア情勢や王権内部の動向を背景とした外的要因が密接に絡んでいたと考えられ、この時期に各地で出現する大型前方後円墳とともに全国的な政治的動向のなかで各地域の比重が墳丘に反映されたと推測される。

中期前葉〜中葉（能美古墳群三段階）　秋常山一号墳の築造以後、大型墳の築造は継続せず、墓域も和田山へ移動する。調査例が少ないため様相ははっきりとしないが、墳丘は小型円墳となり、築造は明らかな停滞期となる。それと表裏を成すかのように中期中葉には周辺において古式群集墳である下開発茶臼山古墳群の造営が開始される。

中期後葉（能美古墳群四段階）　和田山、秋常山、西山において古墳が築造される。それまで、首長墓が丘陵を違えながら単独的に築造されていた状況から、複数の丘陵で同時期的に古墳が築造されるようになり、造墓活動が活発化する。この時期築造された和田山五号墳は、全長約五五メートルの中型前方後円墳であるが、二基の粘土槨のうちA槨では眉庇付甲、三角板鋲留短甲、画文帯神獣鏡、石製三輪玉、中国貨幣、銅鈴など豊富な副葬品が出土している。

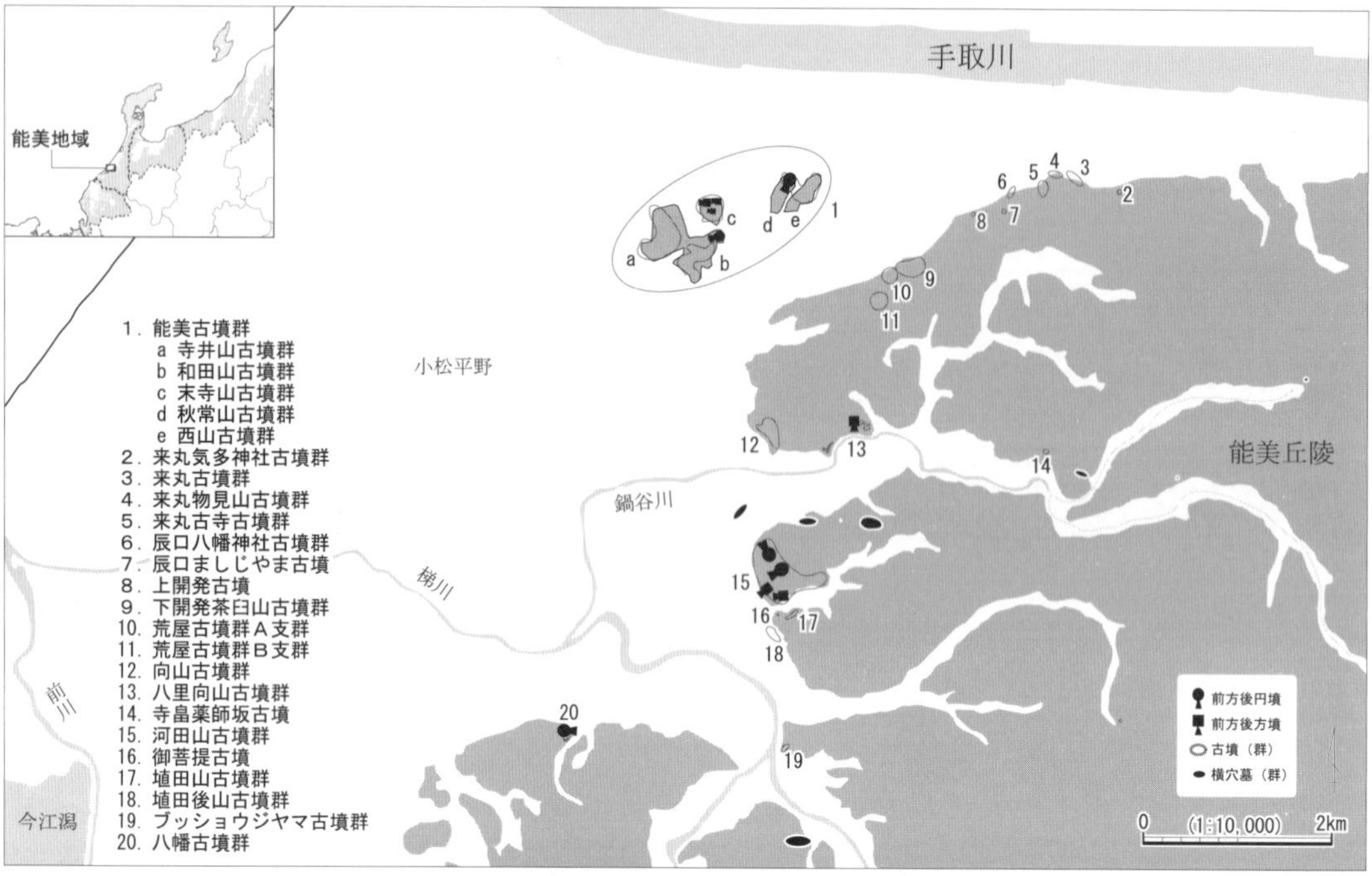

図３　能美地域における古墳分布

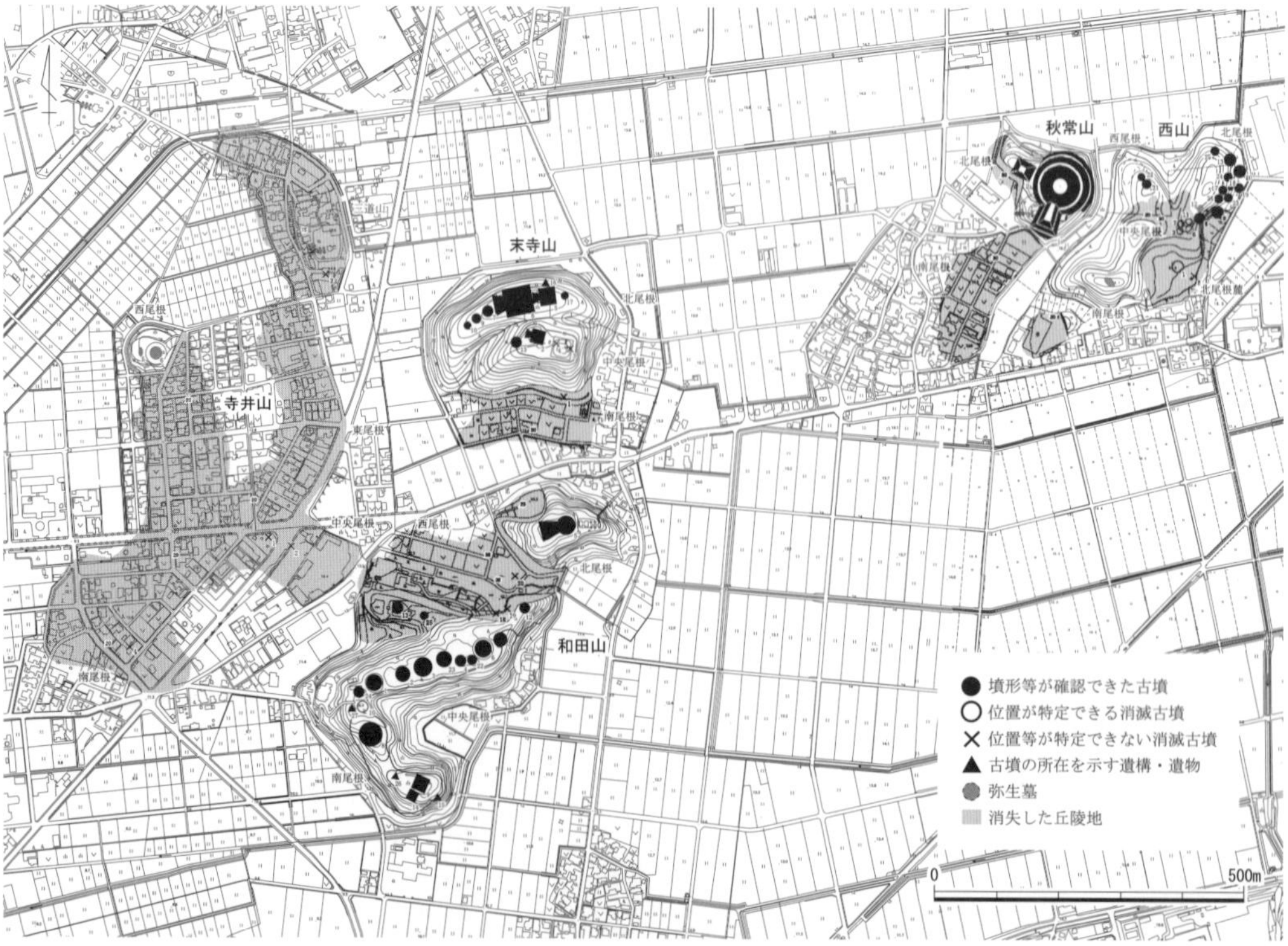

図４　能美古墳群分布図

また、この時期に各丘陵で築造される古墳は、前方後円墳である和田山五号墳を頂点に、中型方墳、小型円墳の順で階層構成を示しており、それまでの単一系列の単位古墳群から複数系列階層構成型への変化として能美古墳群最大の画期と捉えることができる。さらに、これら四段階以降に築造される各丘陵の古墳が、大型首長墓（末寺山六号墳・秋常山一号墳・和田山五号墳）に連なるかたちで展開している点は注目できる。こうしたあり方は、畿内における大型墳と隣接する群集墳との関係性に類似し、「大型古墳の被葬者は一族の祖であり、同族結合の要と意識された」[註5]可能性を示唆している。

さて、円形原理の墳丘が採用されるなかで、秋常山二号墳の方墳という墳形は特異なものとして注目される。当墳は、一辺約三〇メートルを測る二段築成の方墳で、秋常山一号墳の西側に隣接する。墳丘西裾において鉄製工具類を用いた祭祀の跡が確認され、また、能美古墳群では唯一、埴輪祭祀を採用している。埋葬施設は、粘土槨で、鉄柄刀子、針、竪櫛、臼玉、鉄刀が副葬されていた。築造時期は、埴輪や副葬品から中期後葉に位置付けられる。甲冑や鉄鏃などの武器・武具類を含まない点や、木棺規模から女性被葬者の可能性が考えられ、さらに墳形や墳丘祭祀の特異性からは宗教的な役割を担った被葬者の姿が想起される。

墳形には在来的な墓制の延長と捉えるよりも、大型墳に付随した「陪塚」的性格をもつ方墳の影響が考えられる。位置的な関係性から見れば付随する大型墳は秋常山一号墳となり、墳丘の主軸方向を揃えていることからも強い関係性がうかがわれる。しかし、両者は築造時期が離れており、直接的な関係性よりも系譜的な繋がりを主張した結果とも読み取れる。むしろ同時期の古墳として注目されるのは和田山五号墳である。先述したとおり、和田山五号墳から出土した卓越した武器・武具類からは、武人的性格の被葬者像が連想される。いっぽうで、秋常山二号墳の被葬者の姿は対称的であり、社会的な職掌をそれぞれ分担していた状況が推測できる。両者は時期的な関係以外共通性は見られず、位置関係や墳丘規模の差においても厳密な定義のうえでは陪塚とは言えない。しかし、そこには、秋常山一号墳の被葬者の系譜を引き、一定の自立性を保ちながら和田山五号墳の首長と地域経営を担った被葬者の姿が反映されているものと思われる。秋常山一号墳、秋常山二号墳と和田山五号墳の関係は、地域における陪塚のあり方や系譜関係の表出の仕方を考察するうえで興味深い事例と言える。被葬者の性格付けや各古墳の築造時期の認定には慎重を期す必要があるが、「聖俗二重制」のような地域社会における統治方式をさぐる視点として今後検討する必要があるだろう。

中期末葉〜後期前半（能美古墳群五段階） 寺井山、和田山、末寺山、西山において古墳が築造される。能美古墳群の半数近くがこの時期に集中しており、築造が最も活発化する。前方後円墳の築造は和田山五号墳をもって停止しており、すべて円墳化している。ただし、この段階でも墳丘規模、埋葬施設、副葬品において和田山古墳群の優位性は明らかで、前段階を踏襲した階層構成が継続している。

この時期、平野部を望む能美丘陵縁辺部では下開発茶臼山古墳群（一八基）をはじめとする一〇〇基を越える古式群集墳の築造が活況を呈す。群内で築造開始の契機となる古墳は比較的墳丘規模が大きく、豊富な武器とともに甲冑の副葬例が多い。しかし、その後に続く古墳は目立ったものがなく、素朴な武器や農工具を主体に、規模を縮小させながら後期前半のなかで造営活動を終える。有力墳が集中する能美古墳群にあっては、継続的に威信財である甲冑や馬具が副葬されるが、対照的に古式群集墳にあってその関与は最初だけで、以後は地域内の階層構造に取り込まれながら造墓活動が展開している点が特徴と言えよう。

（二）中期における能美地域の特徴

中期の能美地域は四つの段階で古墳築造の変遷を捉えることができる。中期初頭における大型前方後円墳の出現、中期前葉から中葉における古墳築造の停滞と古式群集墳の出現、中期後葉における前方後円墳の復活と階層構成型への変化、中期末葉以降の前方後円墳築造停止と古式群集墳を含む小型円墳の築造活発化が各段階の特徴と言える。北陸全体の動向と比較すると、中期中葉や後葉に共通性が見て取れるいっぽうで、中期初頭から前葉の様相には違いも見られる。

中期後葉の画期は、それまでの築造状況を大きく変えるもので、能美古墳群全体において最大の画期と言える。この画期を象徴する和田山五号墳は、王権の主導する朝鮮半島政策において主体的な役割を果たした加賀の広域首長墓と評価される。さらに、この時期以降古式群集墳を含む小型墳が同時に出現しており、能美地域全体において階層構成型の古墳築造のあり方が成立する。その背景として、有力墳をはじめ、群集墳開始期の古墳に甲冑を副葬する例が多く見られることから、この時期に倭王権の朝鮮半島政策に伴う軍事的な集団再編成が推定され、より下位の集団まで取り込もうとした王権の意図が読み取れる。さらに中期末葉に見られる前方後円墳築造の停止と古式群集墳の築造活発化は、前段階から続く和田山を中心とした集団再編成がより地域内部にまで進行したことを物語っていると言えよう。

四　おわりに

本稿では、能美地域という限られた範囲を分析の対象としたが、これまでの大型墳を主とした北陸の広域的な古墳研究から、中小規模墳を含めたミクロな地域研究の視点も今後は重要になってくるものと思われる。資料的な粗密ももちろんあるが、各時期の小型墳までを含めた検討から地域ごとの階層構造や統治方式のあり方まで構造的に復元し、その比較検討から北陸における古墳の特徴を見出していく必要がある。とくに中小規模墳の出現や造墓活動の展開が著しい中期にあっては、ミクロな地域分析に基づいた広域的な比較研究が重要となるだろう。

（註1）髙橋浩二「七　北陸」『講座日本の考古学　古墳時代（上）』青木書店、二〇一一、伊藤雅文「⑦　北陸」『古墳時代の考古学2』同成社、二〇一二

（註2）富山大学人文学部考古学研究室『北陸の古墳編年の再検討』二〇〇六、樫田　誠「北陸における古墳時代中・後期の様相」『渡来文化の受容と展開』埋蔵文化財研究会、一九九九、伊藤雅文「北陸の古墳時代中期首長墓について」『中期古墳の展開と変革』埋蔵文化財研究会、一九九八

（註3）広瀬和雄「前方後円墳の畿内編年」『前方後円墳集成』近畿編、山川出版社、一九九二、北野博司「首長墳と群小墳の展開からみた北陸の古墳時代」『日本海域歴史体系』第一巻、清文堂出版、二〇〇六

（註4）能美市教育委員会『史跡 秋常山古墳群』二〇一一

（註5）白石太一郎「大型古墳と群集墳」『橿原考古学研究所紀要　考古学論考』一九七三

コラム

二子塚狐山古墳

戸根比呂子

石川県加賀市二子塚町には、田んぼの真ん中に草木の茂る小山がある。これが狐山古墳だ。付近には分校《ぶんぎょう》古墳群、法皇山横穴群などもあり、現在は各町内会を中心とした保存会により、保存活用の取組みがなされている。中でも史蹟狐山古墳保存会は発見後まもなく発足し、現在に至るまで二子塚町民の手で守られてきた。いわゆる史跡公園としての整備は行なわれていないが、明治時代に植栽されたという彼岸花の群生地としても知られ、これもまた、古墳の別の側面としてその活用に寄与している。

狐山古墳が発見されたのは今から約八〇年前の一九三二年、土砂採取に伴い石棺が露出したことによる。前方部を東に向ける、長さ約五六メートルの前方後円墳である。周辺地の調査で、今は田畑や宅地となった二子塚町一帯に古墳時代中期から後期の古墳三七基が確認されており、本来一〇〇基以上の古墳群であったと推定されている。(註1)

発見の三ヶ月後に国史跡の指定を受けた狐山古墳は、半分露出した石棺に覆い屋がかけられ、保護措置が図られた。現在でも石棺の南外面を見ることができる。計一四枚の板石からなる組合式石棺で、内法長さ約二七〇センチ、幅約七〇センチを測る。(註2)また、トレンチ調査により盾形の周溝が確認されているが、段築、葺石の存在は不明確である。(註3)この際、埴輪一一四点が採集されており、径約二五センチの円筒埴輪のほか、朝顔形埴輪も含まれる。「B種ヨコハケ」の施された破片もあり、川西編年のⅣ期（古墳時代中期後葉）に相当する。(註4)

副葬品は発見時にすべて採集されており、出土状況の概略図も作成されている（図1）。副葬品の一部は現在の東京国立博物館、残りは現地収蔵庫にて保管されているため、現状では当時の記録と現物との照合が行き届いていない。発見時の記録を引用すると、画文帯神獣鏡一、帯金具一式（鉸具二、方形銙板《ほうけいかばん》二、心葉形銙板九）、銅鈴六、空玉《うつろだま》、勾玉六、管玉三五、小玉多数、鉄刀六、鉄剣三（うち一は鉄鉾か）、鉄鏃約九〇、冑一、短甲一、篠籠手一、小札多数、刀子五であり、(註5)このほか、近年の写真調査により、貝釧二も含まれることが判明している。(註6)このうち、心葉形銙板二、銅鈴四、勾玉四、管玉三〇、小玉三〇四、鉄刀六、鉄鉾一、鉄鏃約八〇、小札多数、刀子が、甲冑および鏡の複製品とともに、現地収蔵庫に保管されている。馬具を有さないが、鏡、武器、武具、装身具などが揃い、とくに帯金具や銅鈴、甲冑など、朝鮮半島系の資料を含むことが注目される。併せて、北陸では数少ない前方後円墳であること、盾形の周溝を有すること、埋葬施設に組合式石棺が用いられていること、さらに、丘陵地裾に古墳が築造されることの多い当地におい

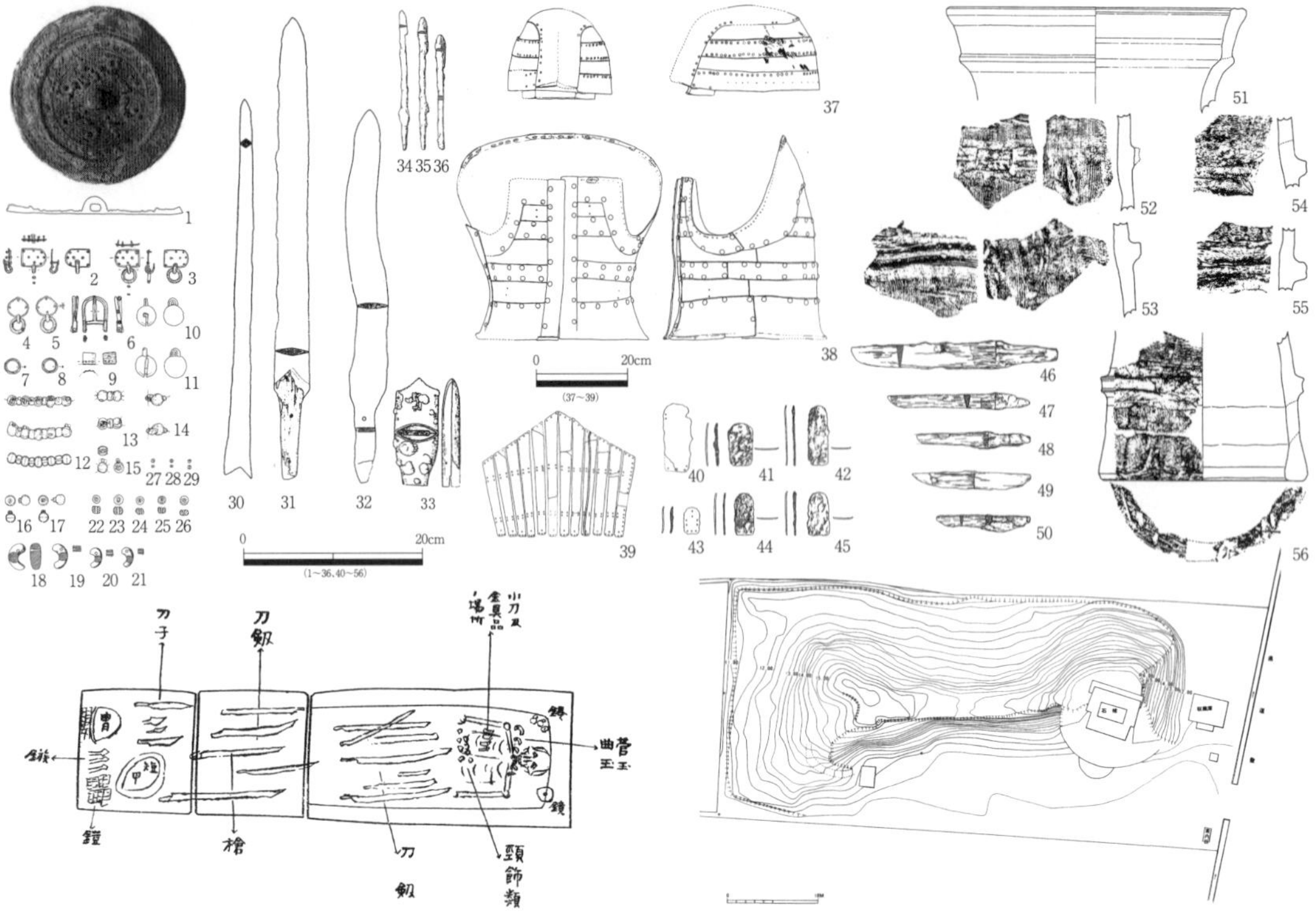

図１　二子塚狐山古墳の測量図と出土資料（註7）
（測量図：石川考古学研究会 1978、出土状況：上田 1932、副葬品など 1 〜 3、6 〜 17、22 〜 29、37 〜 38：伊藤 2001、4 〜 5、18 〜 21、39 〜 50：後藤 1937、51 〜 56：小嶋ほか 1978）

て、唯一、平野部に築造されていること、といった特徴は、畿内勢力との関わりの深さを連想させる。

同時期の周辺地域を概観すると、和田山古墳群（能美市）が造営されており、能美丘陵では和田山五号墳（前方後円墳、約五五メートル）が、これに後出して江沼平野では狐山古墳が現れた。ほぼ同規模で、副葬品にも共通項の多い両古墳は、各々の地域の中枢権力者の墓と考えられる。同時に、当該期の南加賀を語る上で、欠くことのできない古墳となっている。

（註1）石川考古学研究会『江沼古墳群分布調査』一九七八
（註2）上田三平『狐山古墳』狐山古墳保存会、一九三二
（註3）加賀市教育委員会『史跡狐山古墳周溝調査概要報告書』一九七四
（註4）小嶋芳孝ほか「金沢市長坂古墳群の研究」『石川県立郷土資料館紀要』九、石川県立郷土資料館、一九七八
（註5）前掲註2に同じ、ただし、次の文献では数量が若干異なる。後藤守一「加賀国江沼郡勅使村字二子塚所在狐塚古墳」『古墳発掘品調査報告』（帝室博物館学報第九冊）帝室博物館、一九三七
（註6）三浦俊明「二子塚狐山古墳出土の貝釧―狐山古墳の写真資料から―」『石川考古学研究会々誌』四九、二〇〇六
（註7）伊藤雅文「東京国立博物館蔵 加賀市狐山古墳出土品」『石川県考古資料調査・集成事業報告書』石川考古学研究会、二〇〇一。ほかは前掲註1〜6に同じ。

後・終末期

伊藤雅文

一　はじめに

本稿では、後期の指標を畿内型横穴式石室が地方に拡散する頃のおおむね六世紀以降とし、須恵器ではＭＴ一五型式以降とする。また終末期との区分は明確にしがたいが、七世紀以降とする。

近年、継体大王の墓と推定されていた高槻市今城塚古墳の発掘調査成果が明らかになるにつれて、その特異な石室下部構造や埴輪群像などから、大和・河内に継体大王墓が作られなかったこともあって、あらためてその画期が見直されてきている。かつては渡来系技術や文化が顕著になる中期後葉の画期が注目され、後期の区分にする考えも根強い[註1]。相次いで継起したこれらの画期をどのように考えるかによって、後期を区別する指標が異なるのである。

このような畿内王権の変革が北陸地方社会に及んだことは確実だが、それを古墳の変化から追うことは難しい。しかし、継体大王の母方である三尾氏は越前の首長であり、祖母方は南加賀の首長である江沼氏の祖とされているように、北陸各地の豪族が大王擁立勢力の一つであるがゆえに、その動きが北陸に与えた影響は大きかったと推測される。

二　中期との連続性・非連続性

都出比呂志は、畿内大型古墳系譜を整理して四世紀後葉、五世紀前葉、五世紀後葉、六世紀前葉の四つの画期を設定した。五世紀後葉の画期を雄略大王に六世紀前葉の画期を継体大王の登場に密接な関係を求めるなど、中央の王権の動きに対応していると考えている[註2]。都出の論は、継起する首長墳の理解をいわゆる輪番制ではなく系譜の違いであることを強調している点に重要な視座がある。

北陸ではこの動向に呼応する動きは読み取りにくいものの、後期になって古墳を作る動きが顕著になる地域がいくつかあるとともに、反対に大型古墳が作られなくなる地域もある。

これらの中で、若狭のみ若狭町上中古墳群が中期以来後期まで継続して大型古墳が作られ、上ノ塚古墳―城山古墳―西塚古墳―中塚古墳―十善の森古墳―下船塚古墳―上船塚古墳―丸山塚古墳と安定した首長系譜をたどることができる[註3]。細かく見れば脇袋古墳群から天徳寺古墳群に主要な墓域が移るなどの変化もあり、複数の系譜が並立する可能性もあるものの[註4]、巨視的に同一系譜とみてよい。

また、能登の羽咋南部の志雄地域および七尾湾岸においては、中能登町小田中親王塚古墳から、中期前葉の中能登町水白鍋山古墳そして後期の七尾市高木森古墳・同市三室まどがけ一号墳、同市院内勅使塚古墳と点々と築かれている様は、次代に連続する首長系譜を築くことはできないものの、これらの地域の首長が継続的に各地で勃興している状態を示すものである。

しかしながら、中期から後期に一見順調に継続するように見える地域においても、若狭町丸山塚古墳では、首長墳に採用されていた北部九州系横穴式石室が六世紀中葉に畿内型に変化するなど、いくつかの画期をもって変化しているのである。

後期になって古墳築造が衰える地域は、越前では松岡や足羽山など福井平野東部、加賀では能美市和田山古墳群などからなる能美古墳群や江沼盆地の古墳群、能登では中能登町雨の宮古墳群などの眉丈山麓の古墳群などがある。いずれも前期から中期にかけてそれぞれの地域を代表する大型古墳が築かれ、被葬者を「大首長」あるいは「広域首長」と認識されることが多い。

越前の松岡古墳群は足羽山の古墳群とともに笏谷石製舟形石棺を埋納する特徴があり、TK二三型式期の永平寺町二本松山古墳以降大型古墳は作られない。TK一〇型式期に永平寺町春日山古墳が築かれ凝灰岩製の石棺が横穴式石室に収められるが、長側に横口を持ちそれまでにない特徴をもつ石棺となっている。福井平野南部の鯖江市や越前市では兜山古墳などの中期古墳が認められるものの、後期のMT一五型式期の兜山北古墳がしられる程度である。敦賀地域もまた明神山古墳群から立洞二号墳、向出山古墳群が中期後葉に築かれたのち、首長墳は不明確になる。つまり、敦賀では衣掛山古墳群、福井平野南部では天神山古墳群、福井平野東部では酒生古墳群という横穴式石室からなる大規模な群集墳が築かれ、首長的な大型の古墳あるいは盟主的な古墳が群集墳中に埋没していくと思われる。

能登では雨の宮古墳群以降、中能登町良川北五五号墳、同杉谷ガメ塚古墳と中期にわたって前方後円墳が継続するものの、後期の前方後円墳は確認できない。わずかに横穴式石室墳が点在するが、越前のように群集墳を作ることはない。加賀の能美古墳群では和田山五号墳が中期中葉に築かれ、TK一〇型式に和田山一・二号墳が続くものの、墳丘規模の大幅な縮小となる。江沼盆地西にある加賀市吸坂古墳群などでは前期から中期にかけて営まれ、TK二三型式期の狐山古墳で大型古墳の築造が終焉を迎える。ただし石室と甲冑出土の伝承を持つ加賀市冨塚丸山古墳の内容が明らかとなっていないため、明確さを欠く。

能美古墳群と江沼の古墳群の間にある潟にかこまれた月津台地に、TK四七型式期の小松市御幸塚古墳が築かれたのちTK一〇型式の小松市矢田野エジリ古墳まで小型前方後円墳が累々と作られ、三湖台古墳群と呼称している。この地域の古墳や集落遺跡が皆無である点で、南加賀の後期古墳群がそれまでの未開の地に新たに形成されたことの意義はきわめて大きい。

さらに能登羽咋の古墳群も後期になって勢いをつける地域である。中期初頭には直径約九〇メートルの滝大塚古墳が作られるものの、MT一五型式期の羽咋市山伏山古墳までの間の明確な首長墳はない。羽咋市柴垣観音山古墳が山伏山一号墳に続き、五〇メートル級の前方後円墳が継続的に営まれる。氷見地域では約五〇メートルの前方後円墳である氷見市朝日長山古墳が作られ、小矢部地域でも小矢部市若宮古墳がMT一五型式期に作られていることからも、当該時期に単発的に出現する前方後円墳もまた、後期初頭の画期に影響を受けているものと考えられる。

三　継体擁立と北陸

継体大王は応神五世の孫と称し、ウシヒコ王とフリヒメの間に生まれ、父の死後に母の実家である越前坂井に戻り養育されたとする記事は有名である。フリヒメの母は江沼氏の祖アナニヒメという。越前から加賀にわたって婚姻関係にある首長が蟠踞していたことを示す。古墳の動きを主に埴輪で確認していく。

後期の埴輪は、若狭から朝日長山古墳や若宮古墳まで広い範囲にわたって出土し、古墳時代をとおして最も広い分布範囲となっている。後期の埴輪は、畿内中期の埴輪の系譜をひくもの、須恵器系のもの、および板状工具による底部押圧のある若狭に特徴的にみられるものの三つに分かれ、[註5]さらに三浦俊明によって整理された。[註6]三浦によれば、それぞれA・B・Cの群としてまとめ、遺跡の数で一：三：二の割合となって須恵器系埴輪（B）の急速な浸透を指摘している。須恵器製作技術によって作られた須恵器系の埴輪は、広義の「尾張型埴輪」や淡輪型埴輪などをさし、これらが同じ古墳に混在して出土していることを特色としている。

須恵器系埴輪は、越前では坂井市横山古墳群とその供給遺跡である坂井市鎌谷須恵器窯跡（埴輪併焼）、加賀では三湖台古墳群と小松市二ッ梨須恵器窯跡群（埴輪併焼）にあり、それぞれ同じ技術基盤に持つ別個の埴輪工人集団としている。つまり、特定の窯が特定の古墳群に埴輪を供給するために埴輪生産を行なっており、加賀の埴輪製品が加賀と能登の境界付近から出土している点で、広域に供給される状態を確認している。特定の古墳への埴輪の生産体制は、淀川流域の尾張型埴輪を出土する古墳で想定されており、梅本康広・東影　悠[註7]とも宇治市五ヶ庄二子塚古墳への尾張型埴輪の導入が淀川流域の特定諸古墳に供給される契機となったと述べている。[註8]その一方で尾張型埴輪の淵源の地を梅本は西三河も視野に含めた東海地域とし、東影は尾張地域としている。いずれにしても、継体大王の支持基盤となった地域の古墳からの出土が目立っている。

三湖台古墳群における明確な尾張型埴輪は、小松市矢田野エジリ古墳Ⅰ類埴輪である。ちなみに淡輪技法の埴輪をⅡA類、倒立技法のない底部在来形状の埴輪をⅡB類としている。[註9]これら埴輪のプロポーションはいずれもよく似ており、三条四段構成の中間二段に直交するように透かし孔を開けている。とくに第一段がほかの段よりも高く、全高の約半分近くを占めている。このような形態は淀川流域の古墳でも同様で、梅本は突帯の高さと間隔に一定の規格を認めている。[註7]しかし、尾張地域では見られないプロポーションでありながら、西三河にある岡崎市亀山一号墳に類似埴輪があり、先の梅本の根拠となっている。

図1に淀川流域の三条以上の突帯を持つ大型の尾張型埴輪と矢田野エジリ古墳の埴輪を並べた。これによると、おおむね同じ位置に突帯が対応することが明らかである。しかも矢田野エジリ古墳のⅡA類とⅡB類のみならず、朝顔形埴輪のプロポーションにも突帯の高さと間隔に対する規格が徹底しているのである。

以上より、北陸の尾張型埴輪は尾張地方よりも淀川流域の尾張型埴輪の大型品によく似ており、その規格を意識して作られていると

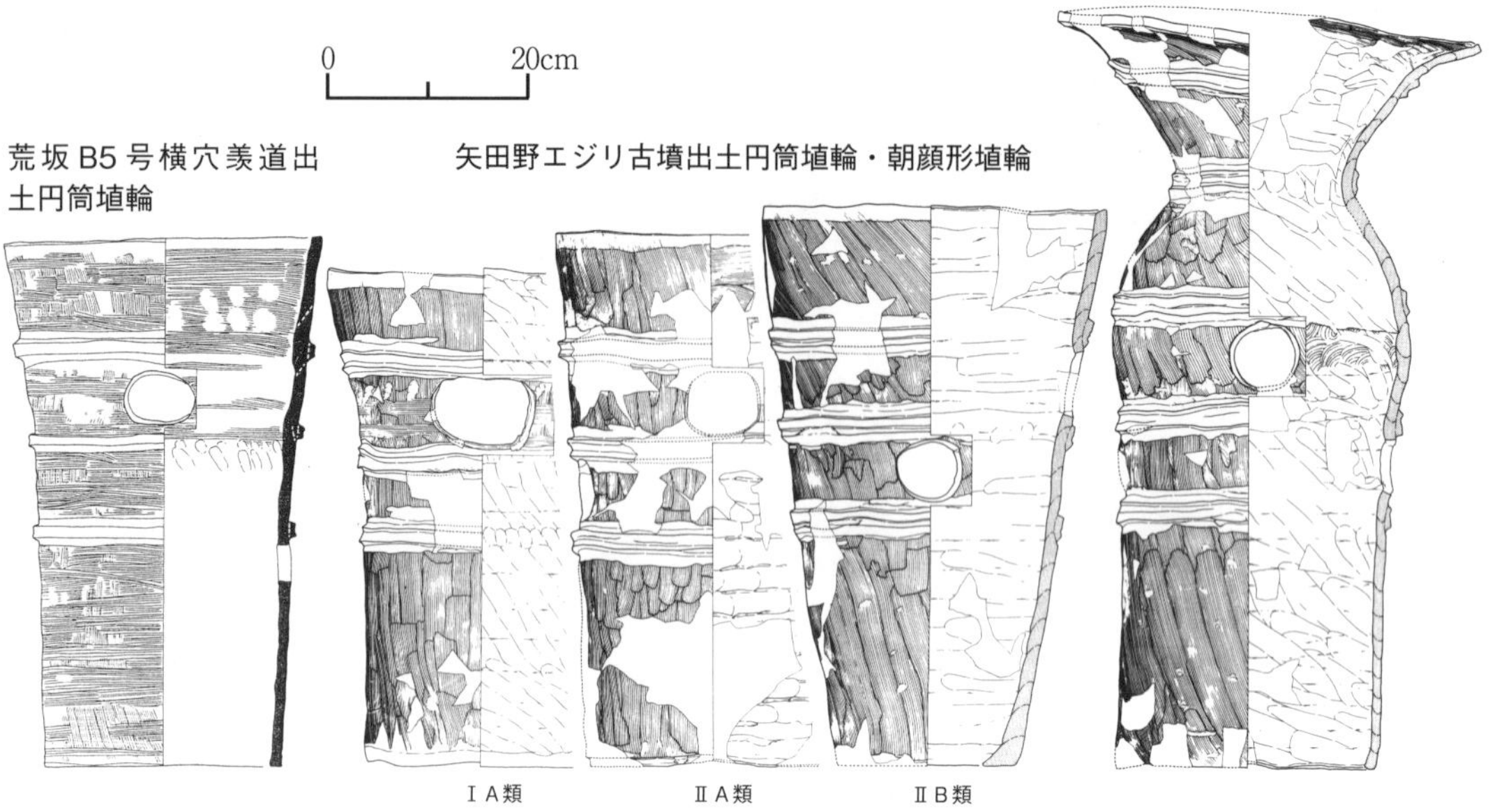

図１　矢田野エジリ古墳の埴輪と淀川流域の尾張型埴輪（S＝1/10）

いえよう。埴輪を併焼する二ッ梨窯跡群の須恵器は尾張系がわずかなのに対し主流が畿内系であることからも、埴輪技術が尾張以外に求めるのが自然であり、淀川流域尾張型埴輪を作る技術が北陸に及んでいると考えられる。さらに言を進めれば、淀川の諸勢力とのつながりの中で埴輪工人の招来が行なわれたのであり、須恵器などの諸産業も導入されたのであろう。

さて、南加賀には横穴式木室が多数分布する。もっとも古いもので小松市御幸塚古墳の五世紀末（ＴＫ四七型式期）で、六世紀前～中葉に作られたものが多い。総じて羨道が短い。玄室天井が合掌型と平天井型の二タイプが存在し、前者が主流である。粘土は玄室壁面下部に存在し、天井板・側板を抑える目的である。六世紀中ごろ以降には南加賀でも横穴式石室が作られ始め、横穴式木室と共存するが、石室墳から馬具が出土するのに対し木室からその出土がないことから、階層的な格差と認識できる。[註10]

横穴式木室は、東海地方から畿内北部にかけて分布し、南加賀では窯跡群を背後にひかえているために、須恵器生産との繋がりが指摘されている。[註11]東海ではその考えに否定的で、鈴木敏則は被葬者像を渡来系の工人、[註12]あるいは石室墳とは異なる職能集団と考えている。[註13]南加賀の木室墳は時期的に東海など他地域よりも一段階古い時期に作られているので、当地で考案された埋葬施設である可能性が高い。そうすれば、他地域における横穴式木室墳が埴輪などと同じように南加賀の首長の諸活動とともに六世紀以降の新たな首長間の関係のもとで成立したと考える。

四　副葬品から見た後・終末期

欽明一三年（五七〇）にコシに漂着した高句麗使に道君氏が天皇と偽称して貢物を横領した事件が『日本書紀』に記されており、北陸の研究者の多くは当地が独自に大陸との交易ルートを確保していたことを示す記事だとしている。(註14) 若狭における馬具の舶来などは畿内王権を介さない首長独自の対岸世界との通交と考えられるのに対し、それ以外の地域では朝鮮半島からの遺物に乏しいのが現状である。わずかに二本松山古墳の二つの冠や朝日長山古墳の天冠飾、点々と出土する角杯がある程度なので、頻繁な交流ではなく、北部九州と朝鮮半島南部でおこなわれていた密接な交流には遠く及ばない。

後期を特徴づける副葬品に馬具がある。若狭が馬具の出土量のみならず群集墳からの出土でも轡と鐙がセットで出土するなど、他地域に比べてより優れた内容となっている。越前では六世紀前〜中葉の首長墳の副

図２　馬具と装飾付大刀出土古墳分布図（S=1/20,0000）

葬品内容が明確でないので若狭と直接的な比較はできないものの、群集墳から馬具が出土することは少なく、福井市法土寺一六号墳から剣菱形杏葉を改造した鏡板を出土したように、豊かな装飾のある馬具が少ないのが現状である。加賀・能登にいたっては首長墳に馬具が入り、越中以東においては馬具の出土は皆無である。

　装飾付大刀は、六世紀には捩環頭大刀が若狭の若狭町丸山塚古墳や大谷古墳・越前のあわら市神奈備山古墳など大型古墳から出土し、加賀以東における中期の出土例は皆無に近い。このような分布は馬具の状況とよく似ており、轡、杏葉、鞍、鐙の金銅張の馬具セットを持つ古墳に大刀が伴い、馬具セットの一部しか副葬しない古墳には大刀が伴わない傾向にあるといえよう。

　これらは、副葬品を持つ被葬者の立場の違い、あるいは首長を支える集団規模の違いととらえることもできよう。そしてまた武装面からすれば、若狭・越前では騎馬の武人としての首長像が想定されるものの、加賀・能登においては指揮統率する集団規模が小さく、より戦闘において前線に近い位置にあるといえよう。

　七世紀以降になると、越前・若狭で大型古墳が不明確になるためか馬具や大刀の出土がまれになる。能登半島から上越地域にかけて双龍文環頭大刀などの出土が顕著になり、この装飾付大刀については十数メートルの規模に過ぎない比較的小さな古墳からの出土が多く、大型古墳からの出土は七尾市須曽蝦夷穴古墳がある程度である。上越では関川が山地から平野部に開析する平野の古墳から四本の大刀が出土しており、限られた地域にしては多数出土している意味は重大である。

　さらにこれらの古墳からは馬具の出土がないのも大きな特徴である。副葬品が武装を反映しているとすれば、大刀を持つ首長は騎馬の武人ではなく、馬を保有しない歩兵の武人として統括する役割にあるといえよう。

五　七世紀に編成された北陸

『日本書紀』に北陸の記事が載ることはまれだが、敏達朝以降散見するようになり、斉明朝における人の徴発や軍団の編成など頻繁に出るようになり、中央の政権によってにわかに注目されたかのようである。ところが先に記したとおり七世紀の古墳はごく限られた地域にのみ分布する。

　二〇メートルを超す大型古墳として七世紀第Ⅱ四半期に作られた須曽蝦夷穴古墳がある。一墳丘に二石室を構築するいわゆる双室墳で、基底には腰石をおき、それより上部には横積みの板状石材を積む手法で作られ、雄穴石室が「T」字形、雌穴石室が「逆L」字形を呈することや、奥壁に力石状に積み上げることで壁体を持ち送っている。これらの特徴から、「隅三角持ち送り技法を持つ高句麗系の古墳」[註15]と認識された。六世紀末に作られたと考えられる七尾市院内勅使塚古墳から時間的に連続することや「T」字形板石積横穴式石室が羽咋市ところ塚古墳に存在するなど、蝦夷穴古墳を能登地域の古墳築造の技術系譜でとらえることが可能であり、能登の首長が六世紀末以降大きな力を持ってきたことを示す。

　能登半島の後・終末期古墳は小規模な古墳が穴水町袖ヶ畑古墳や羽咋市滝古墳群などそれまで後期古墳の少ない地域に点在し、これらに装飾付大刀や珠洲市大畠南一号墳の畿内産土師器の出土があり、能登における首長勢力の増大にあわせて中小の氏族が新たに台頭してきたのである。

また、上越には七世紀に盛行する宮口古墳群などの群集墳が多数認められ、梨の木古墳や西俣二号墳などから六世紀後葉以降古墳築造が顕著となる。宮口三号墳などからアスファルトを塗った土玉やそれを丸めた玉が出土しており、天智八年の越国から燃える土と水の献上記事にかかわる遺物であろう。上越地域の動向は、能登半島の古墳の動態と呼応するものと理解され、同じ歴史的背景を共有するのである。

このほかにも、越前から若狭の敦賀半島を中心として石棚を持つ横穴式石室墳が多数分布するほか、韓国の稜山里型石室の天井構造に類似すると言われている南加賀の小松市河田山一二号墳の凝灰岩切石積石室など、それまでの在地の石室構造や首長系譜を引かない古墳が新たな地域に展開するのである。南加賀では河田山一二号墳以降八世紀初頭に小松市金毘羅山古墳に続く。金毘羅山古墳は前庭部が破壊されているものの唐尺で設計された横口式石槨である。壬申の乱で功のあった能美郡の豪族と思われるが、(註16)隣接する加賀郡主要豪族の道君氏が中央政界に一部転出しながら古墳の実態が不明なことと対照的である。

石棚を持つ石室が美浜町浄土寺古墳群や敦賀市穴地蔵古墳などで六世紀末～七世紀中葉を前後する頃に作られる。藏富士寛による第三の拡散期に対応し、丹後あるいは湖西地域とのつながりを重視している。(註17)石棚を有する横穴式石室墳は石室幅一メートルに満たない小規模な石室が多く、しかも単独立地するものが多いのが特徴である。敦賀半島の狭い谷水田に面するものもあり、被葬者と海との繋がりを十分に予感させる。しかも若狭で数少ない白鳳寺院である興道寺廃寺が同じ地域にあることから、古墳被葬者集団と有機的につなぐこともできよう。そして、それまで後期古墳分布域にない場所に作られていることを重視すれば、新たな集団が古墳を作ることができるようになったのであり、人の入植をも視野に入れるべきかもしれない。

このような六世紀末ごろから七世紀にかけて作られた古墳がそれまでの系譜を引き継ぐことがない様相で作られはじめることと、中央政権とのかかわりの変化が密接な関係にあり、新たな政治的関係が構築されたものである。これが『日本書紀』に記された「越国守阿倍比羅夫」による北方世界への侵攻や渟足柵戸の入植などにかかわるものと関連付ければ、中央政権による北陸地域社会が政治的に編成されたことを示すものであろう。

六　まとめ

北陸の後・終末期古墳の存在形態は、前あるいは中期古墳が若狭から越後にかけて広く分布するのに対して、かなり限定的だが地域によっては濃密な古墳状況にある点で大きな特色がある。それはまた、北陸の地域ごとに中央の政権とのかかわり方の違いと思われる。畿内社会を支える周縁地域としての若狭は常に中央の政権とつながりを持ち続ける位置にある。そして継体大王擁立地としての越前や南加賀などでは、大王擁立運動およびその影響を受けている時期において、運動を共有する首長間の連携によって在地首長が活性化され、より充実した古墳を作っているものの、越中や越後など首長の活動は明確でないといえよう。これから外れる首長たちの古墳築造は不明確と言わざるをえない。

そして六世紀末に作られた古墳以降において、それまで古墳が作られなかった地域で新たな古墳が作られ始め、さらに能登のように首長の力がより増大し、あるいは越前の水切古墳群で新たな地に大型古墳が作られる。これらは北陸在地からの動きとは考え難く、畿内王権による働きかけがきわめて大きかったものと考える。

これは、七世紀という年代を考えれば、国―評―五十里のような中央政権による公地公民の土地を媒介する直接的な支配関係を表象するものとしてとらえることができよう。

（註1）和田晴吾「古墳築造の諸段階と政治的階層構成」『ヤマト王権と交流の諸相　古代王権と交流五』名著出版、一九九四など

（註2）都出比呂志「首長系譜変動パターン論序説」『前方後円墳と社会』塙書房、二〇〇五（初出：『古墳時代首長系譜パターンの研究』一九九九）

（註3）中司照世「まとめ」『若狭地方主要前方後円墳総合調査報告書』福井県教育委員会、一九九七

（註4）入江文敏「十善ノ森古墳の研究」『勝部明生先生喜寿記念論文集』勝部明生先生喜寿記念論文集刊行会、二〇一一

（註5）川西宏幸「円筒埴輪総論」『古墳時代政治史序説』塙書房、一九八八（初出：『考古学雑誌』第六四巻第二・四号　一九七八・一九七九）

（註6）三浦俊明「北陸における須恵器系埴輪の生産」『考古学ジャーナル』五四一、ニューサイエンス社、二〇〇六

（註7）梅本康広「淀川流域の東海系埴輪とその製作動向」『埴輪論叢』六、埴輪検討会、二〇〇七

（註8）東影　悠「尾張系埴輪の製作技術と生産体制」『橿原考古学研究所論集』五、八木書店、二〇〇八

（註9）樫田　誠『矢田野エジリ古墳』小松市教育委員会、一九九二

（註10）伊藤雅文「横穴式石室の受容と展開」『古墳時代の王権と地域社会』学生社、二〇〇八

（註11）北野博司「箱形粘土槨の再検討と横穴式木室の関連性について」『北陸の考古学』石川考古学研究会、一九八三

（註12）鈴木敏則「横穴式木室考」『三河考古』四、三河考古刊行会、一九九三

（註13）田村隆太郎「副葬鏃群からみた遠江の横穴式木室墳」『㈶静岡県埋蔵文化財調査研究所設立二〇周年記念論文集』二〇〇四

（註14）小嶋芳孝「日本海対岸世界との交通」『日本海域歴史体系』第一巻古代篇一、清文堂、二〇〇五

（註15）駒井和愛ほか「古墳文化」『能登―自然・文化・社会―』九学会連合能登調査委員会、一九五五

（註16）伊藤雅文「北陸の横口式石槨」『古墳時代の王権と地域社会』学生社、二〇〇八

（註17）藏富士寛「石棚を有する横穴式石室墳」『浄土寺古墳を考える』美浜町教育委員会、二〇〇四

コラム

南加賀の切石積石室
—河田山・金比羅山古墳—

樫田　誠

一　概要

石川県南加賀地域の丘陵地では、切り出し加工に容易な凝灰岩がかなり広域で産出する。大型の自然礫より獲得しやすく、現在まで確認されている十数基の横穴式石室のほとんどが凝灰岩切石を用いている。県下でも南加賀地域に限られた現象であり、六世紀中葉の横穴式石室導入と同時に、切組み技術が発揮されていることも注目される。ここでは、横口式石槨を含めた終末期の三例を紹介する。

二　河田山古墳群の切石積横穴式石室

小松市北東部の丘陵地に立地する河田山古墳群は、西に梯川の沖積平野を望む五つの尾根筋に、総数六二基の中小古墳が密集する。古墳時代前期にはじまる造墓は五世紀末で一旦終息し、空白期をはさんで七世紀後半代に三基の横穴式石室墳が構築される。

河田山一二号墳は、古墳群最高所となる南端の急峻な尾根頂部南向き斜面に築造されている。一辺約一四メートルの方墳で、山側をコの字に周溝がめぐる。前面には二段の外護列石をもち、斜面を成す墓道の両側列石と連結する。石室は、奥壁に大きな一石を据え、側壁は、基底石に大きめの石材を用いて上へ、手前へと大きさを減じる。L字あるいは部分的に斜めの切組みが認められ、掘り方裏込めの版築状況から、側石一段毎に上面の調整が行なわれていることがわかる。側壁三段目に残存している石材が内側に強く弧を描いていることから、アーチ形天井の可能性が指摘された。壁から独立した二組の門柱石によって、玄室は二つの空間に区分され、一応前室を持つ構造と考えている。前門に接して幅を狭める一石分の長さの切石積みがみられ、両袖を成すが、羨道は天井を持たないものと考えられる。玄室長三七〇センチ、同幅二二〇センチ、前室内法長一〇〇センチ、奥壁から袖までの全長は五四〇センチである。出土遺物は、鉄釘と、足金具が一点、そして須恵器・土師器片のみである。

河田山三三号墳は、一二号墳の北に隣接する尾根の末端頂部にあり、墳丘の流出が著しいが、一辺約一一メートルの方墳である。石室は南向きに開口する。奥壁にやや大型の石材を据え、さらに片側と上にサイコロ状の切石を積み上げて幅と高さを確保している。側壁も小振りの直方体切石が主体を占め、L字の切組みもみられる。また、四段目の石が内傾する。玄門部で小さく二段階に玄室の幅を狭めて両袖を成す。切石を縦一列に積んだだけの玄門（羨道）から、自然石を二〜三段に積み上げた前庭側壁が大きく「ハ」の字に開く。玄門部に梱石状に切石が置かれ、その手前に同サイズの石が平置きされて階段状を成す。本来、梱石とともに閉塞石の役割を担っていたものが落下した状態と考えられる。玄室長は梱石までで三三六センチ、玄室幅二〇〇センチ、玄門部幅は一二六センチである。出土遺物は、鉄釘および須恵器片・土師器片のみである。

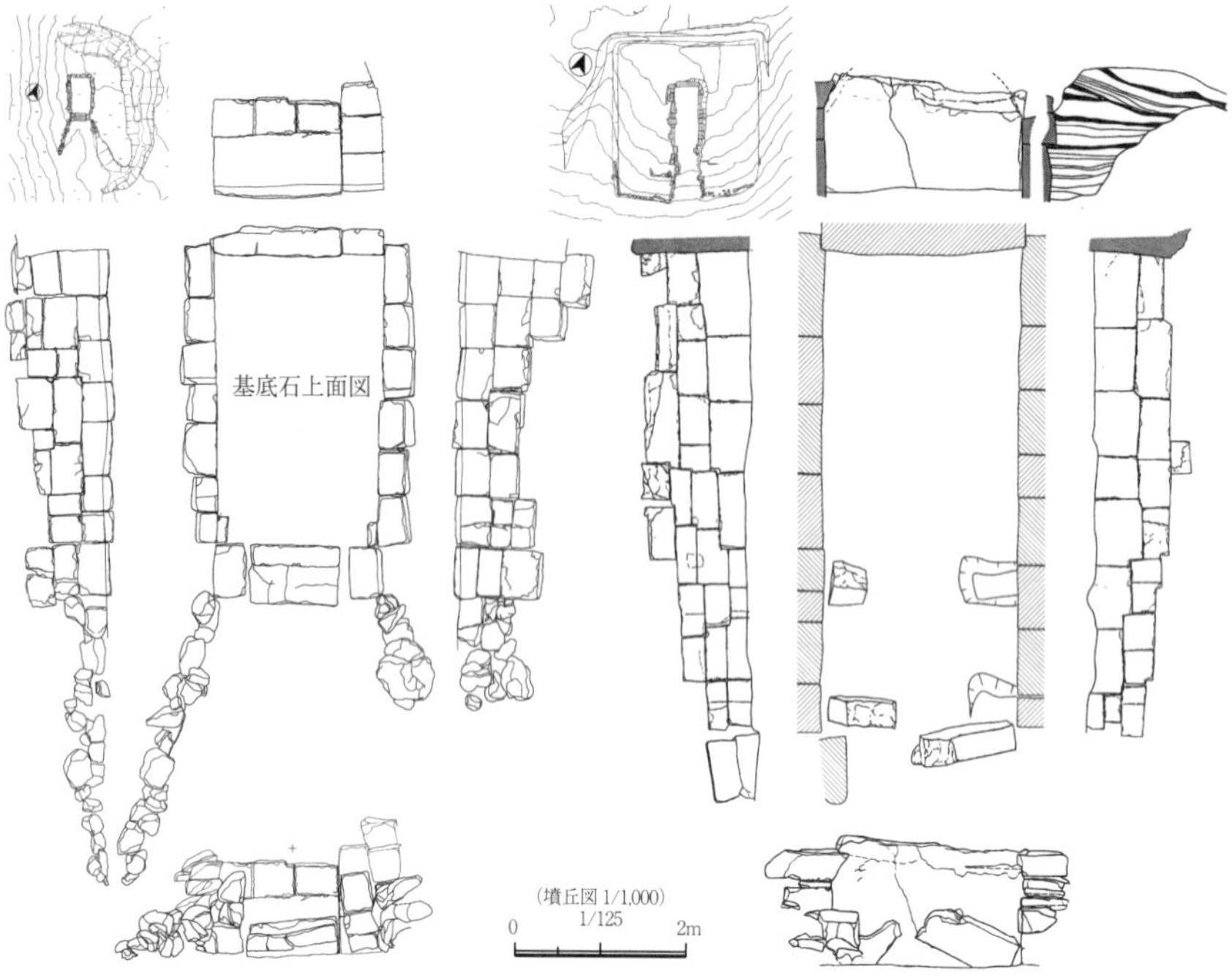

図１　河田山古墳（右：12 号墳、左：33 号墳）

三　那谷金比羅山古墳の横口式石槨

小松市南部の丘陵地には、六世紀前半から平安時代にかけての須恵器窯が密集し、南加賀古窯跡群と総称している。古墳は、その南端域に近い一支群、七世紀代の金比羅山窯跡群内で発見された。須恵器窯が展開する尾根の裾部南向き緩斜面に立地し、山側のみに周溝をめぐらせた径約八メートルの円墳である。そのほぼ中心部に凝灰岩の横口式石槨が構築されている。石槨は、奥壁と両側壁とともに大型の一石でつくられ、底石を囲む。底石は大きな一枚石を置き、横口部で凸型に加工された短い底石二枚が対置される。奥の一枚が槨部に収まり、凸部の対置によって左右に想定される玄門立柱を挟む構造である。槨部の内法は、長さ一七三センチ、幅八七センチ、完存する奥壁高は八九センチである。前庭部付近で出土した須恵器の小片等から、八世紀初頭頃に比定されている。

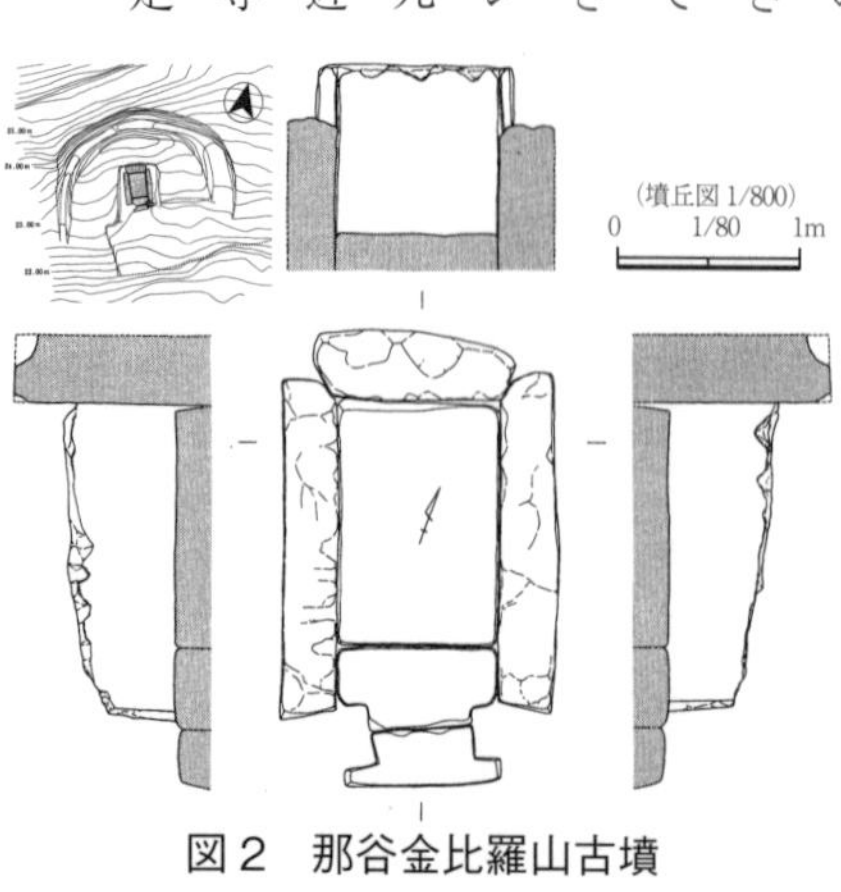

図２　那谷金比羅山古墳

引用参考文献

小松市教育委員会『河田山古墳群発掘調査現地説明会資料Ⅱ』一九八六
浜野伸雄「那谷金比羅山窯跡群の調査と金比羅山古墳の発見」『拓影』一三、石川県立埋蔵文化財センター、一九八三

群集墳と横穴墓

伊藤雅文

一　はじめに

北陸における群集墳の認識は浅く、研究自体も少ない。これは、横穴式石室からなるいわゆる後期群集墳が若狭や越前に顕著に認められる以外は希薄であることや、横穴墓が後期群集墳と分布を異にして遍在すること、およびこれらの発掘調査例が少ないことによるものであろう。

群集墳研究は、和田晴吾が畿内地域の事例から古式群集墳、新式群集墳、終末式群集墳と類型化し、畿内王権による有力家父長層の掌握が共同体の家族単位から次第に個人単位に細別化されて下級官人となる過程ととらえる。(註1)また、広瀬和雄は畿内の大型群集墳を分析し、畿内王権による群集墳造営主体が直接的に掌握される政治的関係を指摘し、墓域の賜与を通じてそれらの直接的関係が樹立したものとみた。(註2)

北陸における群集墳研究の嚆矢は、石部正志による『若狭大飯』の考察である。(註3)石部は、若狭における製塩遺跡に留意しつつおおい町に存在する一七〇基の後期古墳が「短時間に爆発的に流行して、すぐに廃絶に向かったのは、(中略)かなり激しい政治的・社会的変動期の産物である」と指摘した。その主たる担い手を漁業や製塩などそれまで古墳を築きえなかった人々とする考えは、近藤義郎の群集墳の理解に大きく影響されたものである。(註4)

田嶋明人が加賀市法皇山横穴墓群の発掘調査を通して造営主体の単位群を抽出し、さらに横穴式石室の群集墳の事例と比較検討し、三〜四基からなる単位群が「密接な連体性」を持つことや限られた時間内に造営される特徴から、その主体者を後の郷戸主ないしは親近者や後の房戸主となるような有力家族層ととらえた。(註5)また水野正好は、古墳時代前期から後期にかかる福井市酒生古墳群の事例を紹介し、一つの系譜で各一基の首長および有力家族の築造から、その中の複数造営主体者が生み出され、さらに有力家族によって群集墳が形成される過程をモデル化した。(註6)

入江文敏は北陸でも群集墳が多く分布する福井県の事例から、六世紀中葉に築造を開始し、若狭の後期群集墳も越前と同じ築造過程にあると考えている。その主体者を有力家父長層とし、畿内王権による直接支配を受け、副葬品目から軍事的色彩をあぶりだしている。(註7)

なお、中期に盛期となる群集する小古墳からなる古墳群を初期群集墳とするほか、調査事例の資料的制約から、横穴式石室を主体とする群集墳を後期群集墳として一括する。

二　初期群集墳と後期群集墳

　水野正好が検討した福井市酒生古墳群を見てみよう。現在総数三三五基からなる古墳が七支群に分かれ、そのうち成願寺山支群（一〇六基）と八郎山支群（二六基）、天神山支群の二〇基程度と、これら以外の古墳が横穴式石室を内部主体とする後期に属するようである。[註8] 成願寺山支群は主に尾根上に古墳が連珠するように立地し、方墳や五〇メートル以下の前方後円墳を含むことなど、古墳前期から中期に営まれている。また、中期前葉の大型円墳である天神山七号墳を含む支群には後期の横穴式石室が混在し、中期から後期への築造過程が明確でない。その一方で、行塚、高尾、篠尾の各支群の主体は横穴式石室のようだ。これらをつなぐ古墳は少なく、新溜古墳が六世紀前葉と推測される舟形石棺を持つ程度である。

　酒生古墳群と足羽川対岸にある福井市御茸山古墳群は八〇基程度からなる古墳が尾根上に並び、西の谷筋に約五〇基の杣脇古墳群がある。福井市史ではこれらを有機的な関連をもって認識するが、杣脇古墳群がＴＫ二〇九型式の須恵器を主とすることからも、横穴式石室への連続性は認められない。このように、後期の群集する小古墳の集合体が中期以降の古墳の系譜で理解される地理的状況であっても、両者の間には深い断絶が存在するのである。

　石部正志がいう弥生時代の共同体を維持する「古式群集墳」[註9]すなわち、五世紀後葉に築造の盛期をむかえる典型的な初期群集墳は存在するのであろうか。

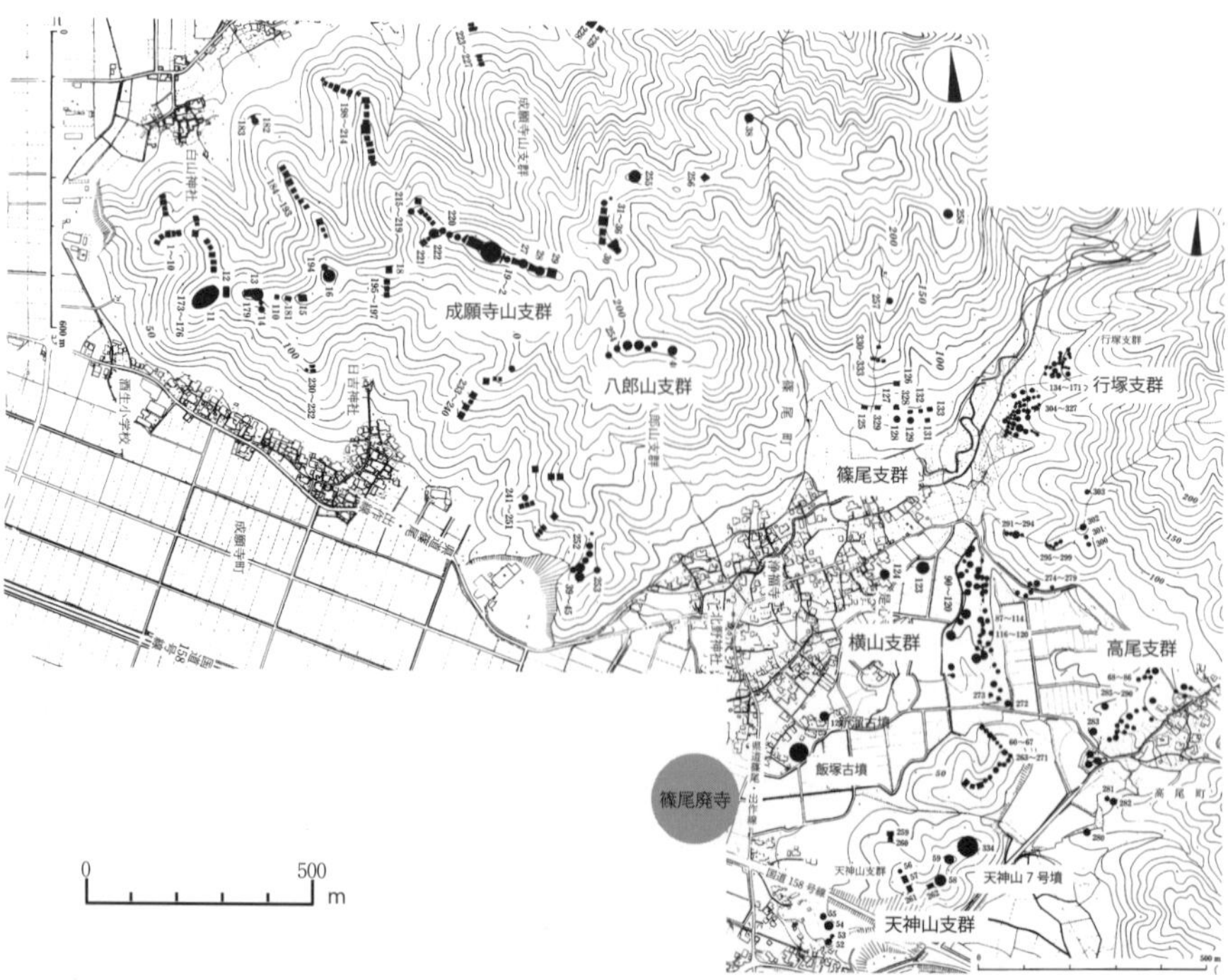

図1　酒生古墳群全体図（註9より改変）

　能美市下開発茶臼山古墳群は加賀地域最大の前方後円墳を擁する能美古墳群の西約一・五キロに位置する三支群二七基からなる群集形態の古墳群である。古墳群の形成が五世紀前葉（ＴＫ七三型式）

に甲冑を副葬する九号墳が盟主的位置で築造され、五世紀中～末葉（TK二一六～四七型式）に築造のピークがある。三浦俊明は能美古墳群との密接な関連を指摘し、和田山五号墳築造と下開発茶臼山古墳群の盛行が連動し、加賀市狐山古墳とその周囲に展開する東田古墳群に表象されるような首長との結びつきの強いという南加賀の特色とした。[註10]三浦はこれらを群集墳ととらえるものの、畿内王権とのかかわりについては大型古墳の首長層を介した間接的関係であるとした。能美古墳群周辺に後期群集墳は存在せず、中核をなす和田山古墳群の造営時期にほぼ重複するように下開発茶臼山古墳群や西山古墳群が継起しており、これらが複合する社会的関係を示すものと理解できよう。とすれば、畿内的な初期群集墳と弥生時代以来の集団関係を表出する中小首長層の古墳造営の関係は、慎重に見極めねばならない。

いっぽう五〇基超からなる南魚沼市飯綱山古墳群は、首長墳として二七号墳が五世紀前半に築かれたのち一〇号墳が続き、その周囲に一〇メートル前後の小円墳が取り巻く。一〇号墳では毛野地域に共通する壺形埴輪が樹立され、あるいは近隣の蟻子古墳群から初期須恵器が出土するなど、五世紀後葉にかけて盛行するようだが、本古墳群の被葬者集団は、毛野の首長とのつながりが想定され、[註11]初期群集墳的様相を持つ古墳が必ずしも畿内王権と直接的な関係の下にあったかどうか慎重に検討しなければならない。

「初期」あるいは「古式」群集墳の概念が畿内中枢部の状況から帰納されたために、とくに和田晴吾によってその担い手を王権内部の階層秩序の中に取り込んだ理解となっており、北陸をはじめとする地方におけるその状況把握が難しいのが現状であろう。

三　後期群集墳と横穴墓

横穴墓も群集墳の一類型であると明確に指摘したのは石部正志である。[註9]北陸では、横穴式石室を主体とする群集墳が横穴墓群よりも早く築造をはじめ、その盛行期もやや新しくなるが、両者が同じ地域あるいは同じ古墳群内に混在する傾向にないことや、それぞれが限定される地域に分布すること、数基を単位とするグループが古墳群の最小単位として継続して追葬されることから、いずれも同じ歴史的背景をもった築造の可能性を考え、ともに群集墳と理解する。

横穴式石室を主体とする群集墳は若狭、越前、能登の一部と越後上越地域に多く分布し、横穴墓は加賀などに点在しているほかは、能登半島基部から先端にかけて数多く分布している。一見してこれらが排他的関係にあるかのように見えるし、また若狭から上越にかかる地域に面的に群集墳が展開しているようにも見える。二〇〇〇基を超すと推定される北陸の横穴墓群は六世紀後葉（TK四三型式）に築造を開始するようで、多くが七世紀前葉（TK二〇九型式）に広範に展開し、中葉（TK二一七型式）から末葉にかけて消滅していく。[註12]

一方横穴式石室を主体とする群集墳は、七尾市中島ヤマンタン古墳群で六世紀中葉（TK一〇型式）、福井市漆谷古墳群や同法土寺古墳群でも同時期に古墳群の造営が始まっている。鯖江市天神山三ツ禿古墳群ではもう少し早く六世紀前葉（MT一五型式）であることから、群集墳の形成がもう一段階遡る可能性がある。そして、七世紀前葉におおむね古墳の造営を終えるようである。

このように、築造開始時期には横穴式石室を主体とする群集墳と横穴墓と数十年の開きがあるものの、おおむね同時期に終焉をむかえるようだ。そして群形成開始時期のずれが横穴式石室墳と横穴墓という墓制の違いとなったと断定できないものの、それぞれが築造をはじめる契機が異なることが推測される。

横穴墓は、北部九州あるいは山陰地域から伝播したとされる。能登半島先端に位置する珠洲地域は推定五〇〇基をこえる横穴墓が群集し、それらを分析した田嶋明人は、構造上の類似を出雲地域に求め、さらに富山県氷見地域の横穴墓との関連も指摘している。[註13] また能登半島基部にあたる志雄地域の横穴墓群は豊前地域との類似が認められ、加賀市法皇山横穴墓群では小さな前室を有する複室構造の特徴があるなど、北部九州石室に形態的な淵源が求められる。[註12]

日本海沿岸の交流ルートにのって北陸にもたらされた横穴墓は、能登半島を中心とする地域に展開する。調査例は少ないが、人骨が良好に残っていた高岡市江道横穴墓群では改葬されており、一方で改葬されていなかった高岡市頭川城ヶ平五号横穴墓もあり、前者が時期的に新しい可能性もあろう。

改葬という面からすれば、横穴式石室の群集墳では確認できず、七世紀以降における葬送思想が横穴式石室と横穴墓と異なる可能性が高い。しかも横穴墓群は谷奥の奥まった場所に作られることが多く、より幽玄な雰囲気のあるところにあり、横穴式石室とは異なる立地にある。そのために横穴式石室と横穴墓を同列にあつかう論文が非常に少ないのであろう。ただし、小浜市検見坂古墳群で横穴墓と横穴式石室が混在したり、天理市竜王山古墳群でも同様の状況を呈するのは、ある時期墓作りにおける墓域を共有する思想的土壌が作られた可能性を想定することも許されよう。

そして、七世紀を中心とする横穴墓は能登半島を中心に造営されており、この時期は越前で横穴式石室の築造が下火になりつつある時期にあたるが、上越でまだ群集墳築造が盛んである。これらが個々の歴史事象でない可能性をかつて指摘したが、[註14] 七世紀における

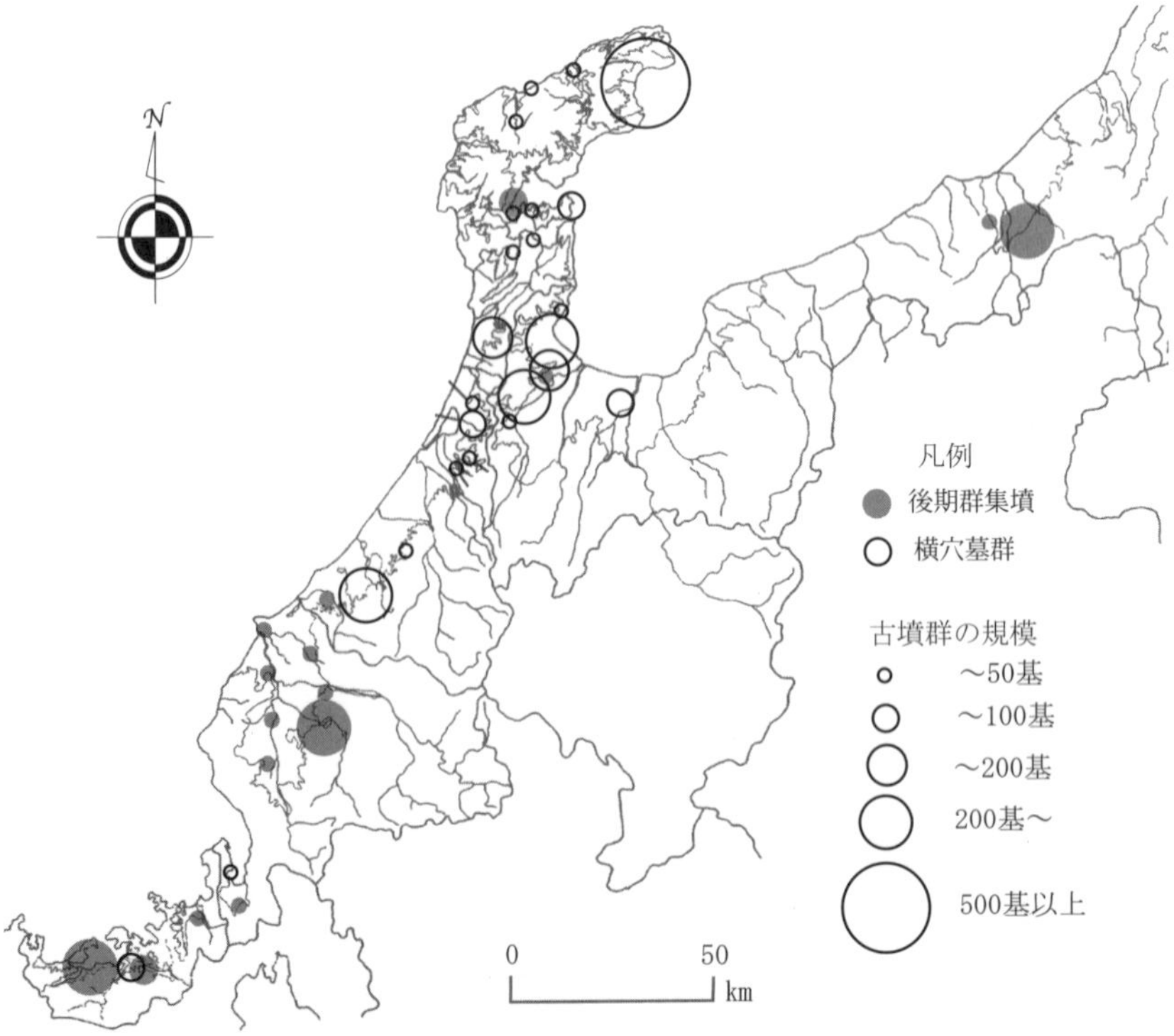

図２　後期群集墳と横穴墓の分布と推定規模

畿内王権の直接的な地方経営を示すかのような『日本書紀』における「越国守阿部比羅夫」の意義を吟味しなければならない。

さて、横穴式石室の群集墳は越前と若狭に多く分布し、発掘事例も多い。入江文敏はこれらを次のように特徴づけている。(註7)

①「造墓開始時期」は六世紀中葉(TK一〇型式)

②盛行時期は六世紀後葉(TK四三型式)

③若狭より越前の墳丘規模が大きいのは、立地・築造法の違いとともに、時期の違い

④若狭で七世紀前葉以降石室床面積の縮小が進むものの、馬具保有古墳は優位にある。

そして、「群集墳内に核となる古墳を中心とした階層序列」を想定し、若狭の土器製塩の盛行と時期的に重なるなど、王権によるさらなる収奪システムの浸透を想定し、造墓の終焉を評制施行とともに、地方古代寺院の造営とのかかわりを重視している。

若狭の首長墳は、六世紀中葉に若狭町丸山塚古墳に畿内系の大型横穴式石室が導入され、六世紀後葉の小浜市加茂北古墳に続くが、それ以降顕著な古墳が見当たらない。一方で、畿内系大型石室の導入と時期を合わせるように群集墳が築造を開始して盛行時期を迎えるのは、群集墳造営契機に首長も絡む政治的な影響があったと考えられる。その一方で群集墳の終焉は首長墳の消長と合致しないことにも注意しなければならない。

丸山塚古墳が築かれたころよりやや先行するおおい町大飯神社一号墳は畿内系の右片袖横穴式石室で、四段以上の袖石構造をもつ古い形式に属する。これら二古墳の造営が密接な関連すなわち丸山塚古墳の被葬者が畿内王権と新たな社会的関係を結ぶことにより、それまでの北部九州系石室から畿内系を採用し、それとともに群集墳を築く地域社会の枠組みとなった。一方は大型で、もう一方がやや旧式の石室形態であることに、横穴式石室築造集団の格差を垣間見ることができる。

そして、若狭の多くの群集墳が首長墳の集中する上中地域のみならず広範囲にわたって分布し、首長墳よりも長期間にわたって造墓することが重要である。若狭の首長はそれ以降大規模な古墳を築かず、白鳳寺院として太興廃寺を造営するまで首長墳の実態が不明確となる。いわば、墳墓を築くことによって自分たちの社会的位置を確認するシステムから外れたかのようである。

しかしながら群集墳を築く人々はそのシステムの中で動いている状態であり、若狭の首長との関係が希薄であるといえよう。それはまた、多くの群集墳造営地に古代寺院が確認されないことからも、その主たる造営集団の中に首長的役割を持つ人々が含まれると考えることはできず、したがって墳集墳の終焉と寺院造営とのかかわりは希薄である。

しかしながら越前では、深草廃寺や篠尾廃寺など五箇所の白鳳寺院が確認されており、酒生古墳群に隣接して篠尾廃寺があるなど、その密接なつながりが想定される例もあり、若狭と大きく異なるところである。それは飛びぬけて大きな古墳後期の首長が存在せず、それぞれの地域に旧郷程度を支配する首長が分立したためと思われる。群集墳が集中する若狭と越前の後期群集墳の様相が異なることが明らかであるので、それぞれの地域的特性を分析することによって、群集墳の性格が見えてくるのである。

なお、七世紀中葉を前後する頃から作りはじめる群集墳は、単葬

および墳丘の小型化が顕著なために「終末式」あるいは「終末期」群集墳といわれ、より王権に官僚化された被葬者像が想定されている。(註1)北陸ではこのような例は非常に少なく、上越市水科古墳群などごく少数である。水科古墳群は頸城平野南部にある七世紀初頭に築造をはじめるようで、小石室の存在から八世紀ごろまで続くと考えられる。数百メートル南にある宮口古墳群に代わるように出現する点から、終末期群集墳に近い性格と把握できよう。したがって、典型的な終末期群集墳は確認できない。

四　まとめ

群集形態をとる小古墳の集合体は、古墳時代前期以降造営を継続し、群中に前方後円墳や帆立貝形古墳、規模大きな円墳を含むなど中小の首長的性格を持つ被葬者とともに、方あるいは円墳を築く被葬者がつながっている状況にある。これらは丘陵尾根上に作られているために古墳と認識されるが、大阪市長原古墳群のように平野に作られ埋没した状況で確認されたならば、方形周溝墓などと分類されるのであろう。

また、後期の群集墳は横穴式石室と横穴墓という二つの墓制が展開する。これら二つの墓制には、それぞれの地域が内包する政治的状況が異なり、横穴式石室の群集墳においても若狭と越前とで大きく異なる様相である。群集墳の造営が王権による直接的な共同体の個々の家族としての被葬者の掌握としてしまえば、それぞれの地域性が取捨されてしまい、没個性となる地域の歴史となるのである。

（註1）和田晴吾「群集墳と終末期古墳」『新版古代の日本』五　近畿編、角川書店、一九九二

（註2）広瀬和雄「群集墳論序説」『古代研究』一五、一九七八

（註3）石部正志「大飯町の後期古墳について」『若狭大飯』福井県大飯町、一九六六

（註4）近藤義郎『佐良山古墳群の研究』津山市教育委員会、一九五二

（註5）田嶋明人「補論」『法皇山横穴古墳群』加賀市教育委員会、一九七一

（註6）水野正好「群集墳の構造と性格」『古代史発掘』六、講談社、一九七五

（註7）入江文敏「北陸地方西部における後期群集墳の検討」『古文化談叢』五七、二〇〇七

（註8）福井市『福井市史　資料編一　考古』一九九〇

（註9）石部正志「群集墳の発生と古墳文化の変質」『東アジア世界における日本古代史講座　四　朝鮮三国と倭国』学生社、一九八〇

（註10）三浦俊明「古墳群の構成と変遷」『下開発茶臼山古墳群』辰口町教育委員会、二〇〇四

（註11）橋本博文ほか「飯綱山二七・六五号墳調査報告」『新潟大学考古学研究室』調査報告三、新潟大学人文学部、二〇〇一

（註12）伊藤雅文「北陸の横穴墓に関する基礎的考察」『古墳時代の王権と地域社会』学生社、二〇〇八

（註13）田嶋明人「珠洲地域の横穴墓群と構造」『珠洲市史』第一巻、珠洲市、一九七六

（註14）伊藤雅文「高志国の形成に関する予察」同上、二〇〇八

第二章　遺構・遺物をとおしてみた若狭・越

横穴式石室

小黒智久

若狭・越において、広域にわたる横穴式石室の分析事例は伊与部倫夫の研究[註1]を嚆矢とし、伊藤雅文の研究[註2]が到達点である。石室構造（平面・立面形態、石積方法、構築技術・技法）を重視して編年し、副葬品の年代観と照合すると共に、他地域の資料との構造比較から系譜を追究する取組は早くからあり[註3]、理想的な方法である。

導入期の横穴式石室や、北部九州系横穴式石室（以下、北部九州系石室）・大和系横穴式石室[註4]（以下、大和系石室）といった、一定の研究成果が蓄積された分野はあるものの、畿内系横穴式石室[註5]（以下、畿内系石室）や在地化した横穴式石室（以下、在地系石室）の展開などは議論が不十分で、今後の課題である。

一　若狭における横穴式石室の展開

（一）導入期一（五世紀中葉～六世紀前葉）

向山一号墳石室（ＴＫ二〇八型式期・五世紀中葉）　本州島最古級の資料で、丘陵頂部の岩盤を掘り下げて玄室が築かれ、壁体下半部は岩盤がそのまま利用された。この特徴の解釈には諸説ある。

柳沢一男は石障に見立てた発案と解釈した。柳沢分類の筑肥A型（北部九州型の玄室に肥後型の石障を組み合わせたもの）の変容形とし、千足古墳石室（備前）やおじょか古墳石室（志摩）と共に西日本諸地域へ波及した筑肥A型の一例とした[註6]。

向山一号例の岩盤利用に石障との関連性を想定する解釈は、広く認められてきた。近年は千足例・おじょか例などと共に肥後系石室（肥後型石室から派生したもの）とする見方もあるが[註7]、石障に見立てた岩盤であることの証明は難しい。

宮元香織は竪穴式石室的要素の残存や筑前（宗像）の横穴式石室との関連性などを想定した[註8]。筆者は作業の省力化などの観点から岩盤をそのまま利用したと解釈した[註9]。向山一号墳の被葬者との近い関係を想定できる、地域最上位階層の城山古墳と類似した立地に占地することを優先した結果であろう[註10]。直接的な祖形は認められないが、石積方法や構築技法、玄門部の構造などから北部九州（筑前・肥前）の石室群との関連性をうかがえる。

西塚古墳石室（ＴＫ二三型式期・五世紀後葉）　近年は竪穴系横口式石室と再評価されることが多い[註6]。公表写真（図1）から、両側の袖石（板石）と梱石に玄門部高の約三分の二の高さをもつ板石を当て、小礫と土で天井石まで控え積みしたことがわかる[註11]。

閉塞石（板石）・袖石の隙間で見える小礫（閉塞石）と袖石との位

置関係から、梱石の前後の床面に段差はない可能性が高い。また、側壁に腰石も認めにくい。楣石や前壁がなく、幅狭・低石室であることは、竪穴系横口式石室に近い様相とも言える。

ただ、両袖式であること、かつ玄門部に段（框）構造が認められないことを重視すると、通有の横穴式石室である蓋然性が高い。[註12] 玄門部の段構造が消失し、腰石の普遍化以前における幅狭・両袖式の北部九州型横穴式石室の影響を受けた事例と評価できよう。

導入期一の特徴　向山一号例・西塚例は十善ノ森古墳後円部石室（ＴＫ四七型式期・五世紀末葉）と共に北部九州系石室と捉えられるものの、三石室は個体差が大きく、関連性や連続性も乏しい。直接的な祖形が認められないので、特定地域との継続した関係ではなく、地域間関係を有した諸地域（肥前・筑前・豊前）の石室構造を基礎に発注者が独自性を発現させたものである蓋然性が高い。

北部九州系石室の基本構造が定まったのはＭＴ一五型式期（六世紀前葉）である。それは、獅子塚古墳石室・二子山三号墳石室が酷似することからうかがえる。地域最上位階層（上船塚古墳）の石室構造が不明なものの、両石室は十善ノ森例と大きく異なるので、地域最上位階層が北部九州から工人集団の派遣を受けたと考えられる。前代までは一過性の派遣だったが、北部九州型横穴式石室の工人集団が若狭に定着したことで、小型前方後円墳（獅子塚古墳・二子山三号墳）や小型円墳（神田四号墳）にも北部九州系石室が導入された。導入期一のなかで大きな画期の一つと言えるだろう。

北部九州での須恵器副葬はＭＴ一五型式期に普遍化し、[註13] そこに具現化した葬送儀礼の変化も北部九州から直ちに移入された。定着した工人集団はハードとソフトの両面に精通していたのである。

（二）導入期二（六世紀中葉）

畿内系石室の波及　ＴＫ一〇型式期（六世紀中葉）に、地域最上位階層ではないものの、小型前方後円墳（大飯神社一号墳・行峠古墳）のほか、小型円墳（輪蜊東古墳・きよしの二号墳）に右片袖式の畿内系石室が波及した。[註14] 大飯神社一号墳石室・輪蜊東古墳石室・きよしの二号墳石室には力石が認められる。獅子塚例ほど多用されてはいないが、九州系石室に特徴的な力石技法が採用されたことは、非採用の行峠古墳石室の存在とあわせ、注目される。

大飯神社一号例が構築される段階で、畿内系石室の諸特徴（積石による右片袖・木板（板石）を使わない積石閉塞）に関する情報が若狭に及んだ。カタチ（主に平面形）が重視され、構築技術・技法に強制力は働かなかったために力石技法も駆使された。ＴＫ一〇型式期は、前代に定着した石室の構造（範型）をベースとしながら、発注者の求めに応じて工人集団が柔軟に対応した段階と言える。

大和系石室の出現　ＭＴ八五型式期（六世紀中葉）に大和系石室をもつ丸山塚古墳が出現した。在来技術のみでは構築が難しい石材・石室規模だが、近畿に酷似する大和型／大和系石室はない。ＭＴ一五～ＴＫ一〇型式期の若狭に、後円部後方に向けて開口する石室を設置する情報が及んでいた。[註15] 大和では石上大塚古墳・ウワナリ塚古墳・鳥土塚古墳・三里古墳・二塚古墳が該当する。

丸山塚古墳石室と同時期で構造が類似する下位の階層（大谷古墳）の石室奥壁の石積方法も勘案すると、丸山塚古墳の被葬者は石上大塚古墳（大和盆地東部）の被葬者と関係を結んだと考えられる。石上大塚古墳石室が矩形なのに対し、丸山塚例は羽子板状で框石をもつことが異なるものの、両石室の玄室長・奥壁幅は一致する。

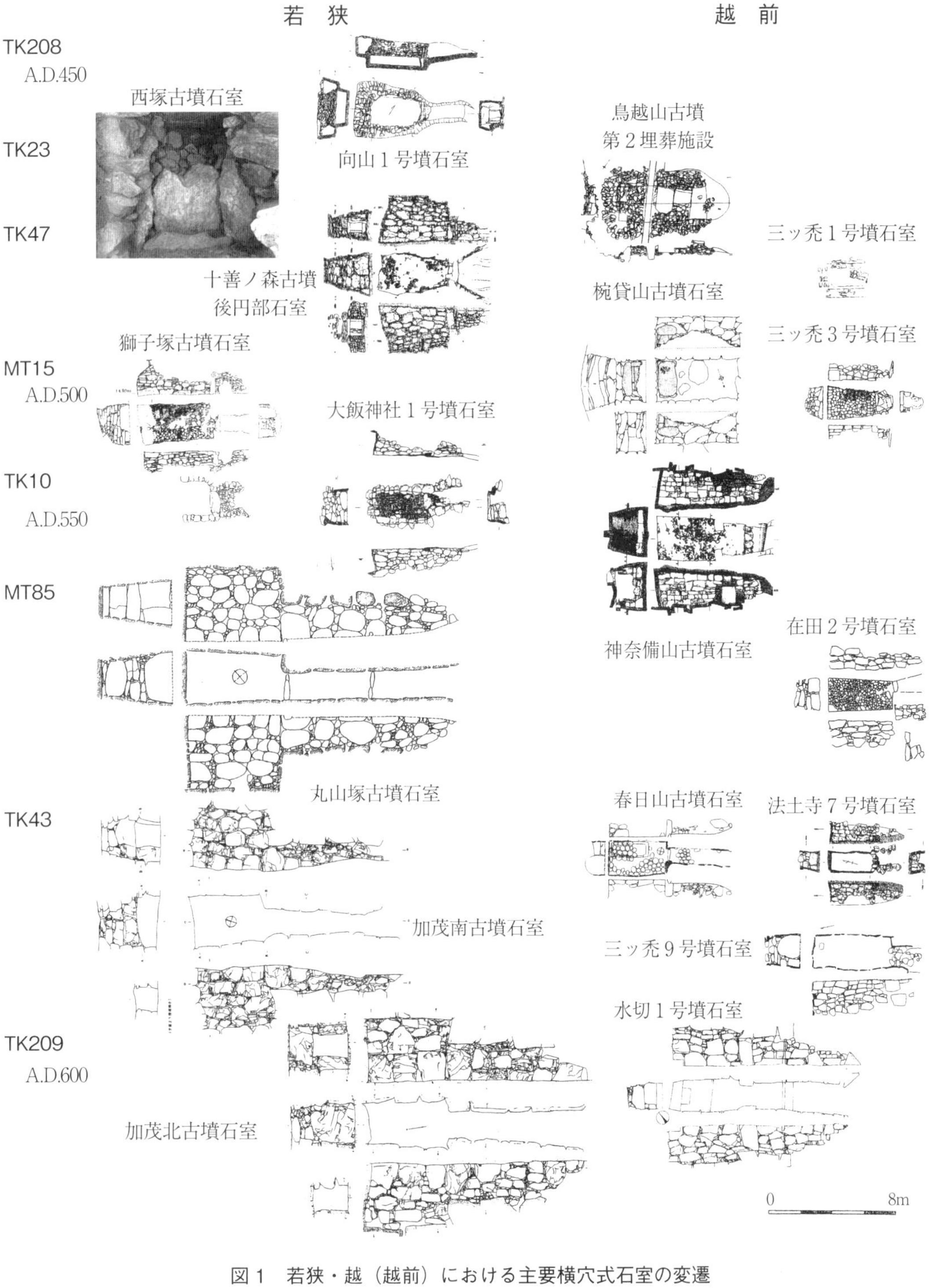

図１　若狭・越（越前）における主要横穴式石室の変遷
（報告書等から引用、写真は福井県立若狭歴史民俗資料館提供）

奥壁の石積方法も異なるが、それは調達石材の規模に起因した可能性が高い。共に客体的な大型左片袖式石室で玄室規模が一致すること、全長一〇〇メートル超の石上大塚古墳が後円部後方に開口する石室を設置した大和最古（六世紀中葉）の前方後円墳であることを勘案すると、両被葬者間の政治的関係の下で石上大塚古墳の被葬者の麾下にあった大和型横穴式石室工人集団が丸山塚古墳の被葬者のもとに派遣され、構築技術が移転されたと考えられる。

ただし、丸山塚例・大谷例は大和型横穴式石室の原理のみで構築されたのではない。それは、いずれも玄室と羨道を明確に区分したこと（框石の設置）に表われている。在地に定着した構築原理に基づく構造が、若狭の大和系石室にも採用されたのである。

大和盆地東部の有力氏族と関係を結んだことで、丸山塚古墳の被葬者は若狭国造となり、威信財として豊富な文物を得て、墳形も直径五〇メートル超の大型円墳に転換した[註16]。この段階の群集墳には近江との関係をもつ石室（虫山一号墳石室など）も出現し、周辺地域との関係が顕在化した。

（三）展開期（六世紀後葉以降）

大和系石室は七世紀前葉まで首長墳に導入された。六世紀末葉に加茂北古墳石室が構築された段階で、烏土塚古墳石室（平群地域）や越塚古墳石室（大和盆地東南部）を構築した大和型（烏土塚式）[註17]横穴式石室工人集団から再び技術移転され、若狭の大和系石室としては完成形態となり[註3]、上高野古墳石室が続いたと考えられる。加茂北古墳は直径二〇メートル超、越塚古墳も直径四〇メートル超で、いずれも単独円墳であることから、両被葬者間の政治的関係の下で工人集団が派遣されたと考えられる。

二　越・佐渡における横穴式石室の展開

（一）導入期（五世紀後半～六世紀前半）

五世紀代の首長墳の資料は、越前の鳥越山古墳第二埋葬施設のみである。詳細不明だが、第一埋葬施設（舟形石棺）上の供献品を根拠にON四六型式期（五世紀中葉）の竪穴系横口式石室とし、石室構造から向山一号例との密接な関係を想定する見解が多い。

舟形石棺（蓋）の形態的特徴は供献品の年代観と整合するので、原位置とされた供献品は初葬（舟形石棺）後の儀礼で供献されたと解釈すべきものである。後出する第二埋葬施設のように、玄室に前庭側壁が直接接続し、前庭がスロープ構造をもつことは古相を示す場合が多いものの、九州や越前で当該構造は六世紀代まで存続することから、時期幅を広く捉える必要がある。玄室に腰石をもつ点や石材規模は向山一号例と大きく異なり、後出的様相を呈する。

宮元は鏡石や腰石、天井石を架構しない石積羨道の存在などから第二埋葬施設を向山一号例に後出する構造と推定し、TK二〇八～TK二三型式期の幅をもたせた[註8]。北部九州ではTK四七型式期頃に腰石がある程度普及することを勘案すると、第二埋葬施設は五世紀後半（下限はTK四七型式期）の北部九州系石室で、向山一号例とは無関係で出現した蓋然性が高い。

六世紀前半までの横穴式石室は点的分布に留まり、石室構造から導かれる系譜も複雑である[註18]。畿内系石室は、若狭よりも早く越前（天神山古墳群三ッ禿一号墳石室）や能登（滝三号墳石室）の群集墳造営階層に波及し、次代には首長層（越前：椀貸山一号墳石室、能登：山伏山一号墳石室）に波及した。これらの多くには、若狭の多くの

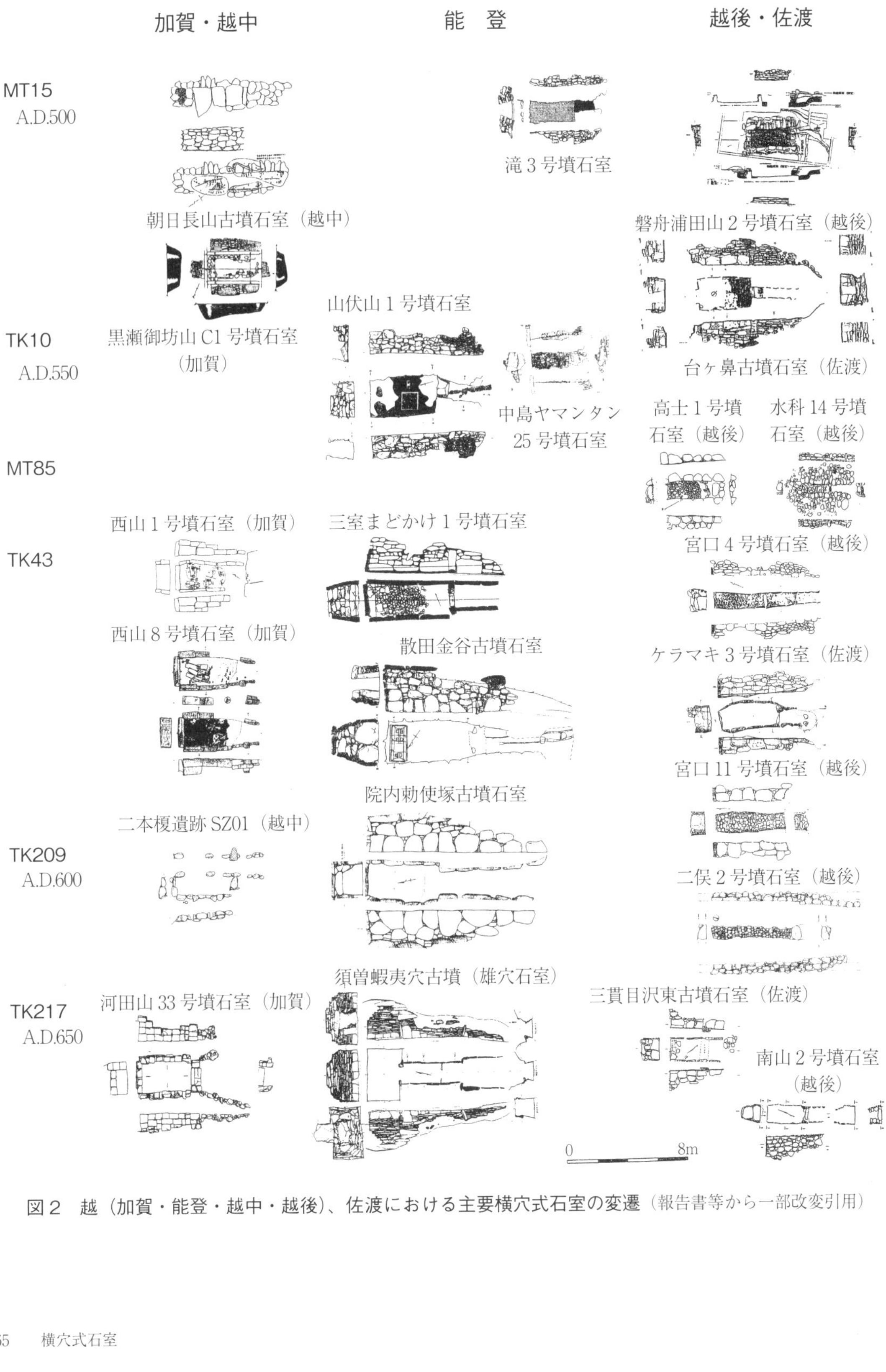

図２　越（加賀・能登・越中・越後）、佐渡における主要横穴式石室の変遷（報告書等から一部改変引用）

畿内系石室と同じく梱石が設置され、[註19]椀貸山一号例は玄門部で板石閉塞する粗雑な石積みの右片袖式石室で石屋形を伴い、山伏山一号例には屍床が設けられるといった特異な様相を呈する。

畿内系石室は梱石を設けないことが一般的であり、埋葬観念を含む葬制として畿内系石室が越・若狭に波及したのではない。新たな墓制の一つとしてカタチに関する情報が断片的に及んで、諸要素が複合した例が多いのが実状である。[註20]ＴＫ四七～ＴＫ一〇型式期に、北部九州型横穴式石室を源流とする石室構築原理の情報も若狭などから越前・能登に及んだのだろう。若狭・越にはカタチのみの畿内系石室が多く、畿内系石室に強い政治性は認めがたい。

若狭・越の導入期石室は直接的な祖形を見出せない点が大きな特徴だが、佐渡の導入期石室の台ヶ鼻古墳石室は玉葛窟古墳石室（肥前）と酷似する北部九州系石室で、祖形と見なし得る稀有な例である。いずれも単独立地する小型円墳で、地域では特異な石室構造を呈する。唐津湾から真野湾へと工人集団が長距離移動したことを示す好例で、それゆえ工人集団の特徴が表出したと考えられる。

（二）展開期（六世紀後半以降）

院内勅使塚古墳石室（能登）の構造から、導入期の石室では不明瞭だった若狭との関係を読み取れる。院内勅使塚例は、筆者分類の大和系石室に位置づけられることが多いものの、類例が具体的に示されることはない。立面形が類似しない遠方の大和型横穴式石室に系譜を求めるより、平面形が類似する加茂北例[註21]との関係で捉え、立面形は加茂北例からの変容とする方が資料に即した解釈である。

分布が希薄な加賀・越中を除く各地で在地系石室が盛行するものの、多様な系譜を源流とするため、若狭よりも地域差が大きい。七世紀前葉～中葉に敦賀で石棚が盛行するなど、新たな埋葬観念やそれを具現化する石室構造、構築技術が波及した。

三　若狭・越・佐渡の横穴式石室と埋葬観念

九州の横穴式石室は「棺」そのもの、つまり遺体を直接収める部屋である。[註22]若狭・越・佐渡では階層を問わず、遺体に関わる部分に九州的な特徴が取り入れられた。[註8]框（梱）石の設置による埋葬空間の明確化は北部九州系石室に限らず、大和系／畿内系石室でも意識されることがあった。板石による明確な屍床のほか、屍床を意識した礫床にも九州的な埋葬観念が具現化している（表2）。

ＴＫ四三型式期（六世紀後葉）の三ッ禿九号墳石室（越前）では扁平石材の直上で頭蓋骨が出土し、土間面に直置きで埋葬されていたことがわかる。また、特別な施設を設けなくても、玄室幅が極端に狭い石室などでは九州に源流をもつ観念で埋葬された例が多かったことで、棺台石／棺台の確認例が少ないと考えられる（表3）。釘付木棺搬入の可能性がある鉄釘出土石室は七世紀代の少数例が確認されているにすぎない（表1）。

ＴＫ四三型式期の梨ノ木一号墳石室（越後）では、羨門の前に「門状施設」、その前面に掘立柱建物が古墳と同時存在した。特殊事例で、建物の性格は複数想定できようが、儀礼の一端を示す貴重な資料である。

表1　鉄釘出土横穴式石室

古墳名	築造時期
畑村古墳石室（若狭）	TK209 型式期
清王 1 号墳石室（越前）	TK209 型式期
法土寺 5 号墳石室（越前）	TK209 型式期
宮口 29 号墳石室（越後）	TK209 型式期
東間宝殿山古墳石室（能登）	7 世紀前葉？
山田古墳群毘沙門支群 1 号墳石室（若狭）	TK217 型式期
須曽蝦夷穴古墳雄穴石室・雌穴石室（能登）	TK217 型式期
河田山 12 号墳石室（加賀）	7 世紀中葉
河田山 33 号墳石室（加賀）	7 世紀中葉

（註1）伊与部倫夫「北陸地方の横穴式石室」『古文化談叢』二〇（中）、九州古文化研究会、一九八九

（註2）伊藤雅文「横穴式石室の受容と展開」「高志国の形成に関する予察」『古墳時代の王権と地域社会』学生社、二〇〇八

（註3）入江文敏「若狭地方における首長墓の動態―主体部・副葬品の分析を通して―」『福井県史 資料編一三 考古―本文編―』福井県、一九八六（一部改稿のうえ、入江「若狭地方における広域首長墳の動態―主体部・副葬品の分析をとおして―」『若狭・越古墳時代の研究』学生社、二〇一一に採録）

（註4）近畿の横穴式石室の型式に関する多くの先行研究に学び、筆者は大和盆地の首長墳に導入された巨石（割石）利用の石室を大和型横穴式石室とする。六世紀前葉までの石室（註5で概念規定）は盆地内ですら形態差が大きい（註17）ため除外し、形態差がありながらも変化の方向性が緩やかに共有される六世紀中葉～末葉の石室群とする。七世紀前～中葉の岩屋山式とは異なる型式とし、矩形で前壁をもつ平天井の石室で、袖石が突出しない構造的特徴をもつ。後の畿内地域の資料を対象とすると形態差が大きすぎ、多くの研究者が大和盆地の資料で「畿内型」を設定している現状からも、大和型と呼称すべきである。

大和型横穴式石室の構造を範型としながら、主として工人集団差に起因する形態差をもつ巨石（割石）利用の石室群が、近畿内外の首長墳に導入された。これらを大和系横穴式石室とする。

（註5）後の畿内地域の小型墳に導入された片袖式石室を畿内系横穴式石室とする。遺存状態の悪い石室が多いものの、上半部が遺存する資料のなかには力石技法を採用して玄室壁体を持ち送り、隅角が丸みをおびた例もある。渡来人や九州型横穴式石室との関係な

表2　屍床／屍床的礫床をもつ横穴式石室

古墳名	築造時期	備考
磐舟浦田山2号墳石室（越後）	MT15型式期	屍床 屍床的礫床
きよしの3号墳石室（若狭）	TK10型式期	屍床的礫床
衣掛山西支群3号墳石室（越前）	TK10型式期	屍床
漆谷1号墳石室（越前）	TK10型式期	屍床
天神山古墳群 三ッ禿支群3号墳石室（越前）	TK10型式期	屍床的礫床
山伏山1号墳石室（能登）	TK10型式期	屍床
中島ヤマンタン25号墳石室（能登）	TK10型式期	屍床
矢竹南古墳石室（若狭）	TK43型式期	屍床的礫床
穴地蔵3号墳石室（越前）	TK43型式期	屍床的礫床
衣掛山5号墳石室（越前）	TK43型式期	屍床的礫床
衣掛山6号墳石室（越前）	TK43型式期	屍床的礫床
衣掛山9号墳石室（越前）	TK43型式期	屍床的礫床
衣掛山22号墳石室（越前）	TK43型式期	屍床的礫床
漆谷3号墳第1石室（越前）	TK43型式期	屍床
三室まどかけ1号墳石室（能登）	TK43型式期	屍床
三室まどかけ2号墳石室（能登）	TK43型式期	屍床
鹿野7号墳石室（若狭）	TK209型式期	屍床的礫床
天神山古墳群 三ッ禿支群10号墳石室（越前）	TK209型式期	屍床
杣脇5号墳石室 （御茸山110号墳石室）（越前）	TK209型式期	屍床的礫床
山田古墳群 毘沙門支群2号墳石室（若狭）	TK217型式期	屍床的礫床
須曽蝦夷穴古墳 雄穴石室・雌穴石室（能登）	TK217型式期	屍床
三貫目沢東古墳石室（佐渡）	TK217型式期	屍床

表3　棺台石／棺台をもつ横穴式石室

古墳名	築造時期	備考
大飯神社1号墳石室（若狭）	TK10型式期	棺台石
衣掛山西支群2号墳石室（越前）	MT85型式期	棺台石
市場古墳石室（若狭）	TK43型式期	棺台石
浄土寺1号墳石室（越前）	TK43型式期	棺台石
衣掛山3号墳石室（越前）	TK43型式期	棺台石
衣掛山7号墳石室（越前）	TK43型式期	棺台石
衣掛山18号墳1号石室（越前）	TK43型式期	棺台石
衣掛山18号墳2号石室（越前）	TK43型式期	棺台石
茶臼山古墳群 馬塚支群1号墳石室（越前）	TK43型式期	棺台石
宿布2号墳石室（越前）	TK43型式期	棺台石
名子古墳石室（越前）	6世紀後葉？	棺台石
法土寺5号墳石室（越前）	TK209型式期	棺台石
天神山古墳群 三ッ禿支群13号墳石室（越前）	TK209型式期	棺台石
杣脇3号墳石室 （御茸山108号墳石室）（越前）	TK209型式期	棺台石
杣脇22号墳石室 （御茸山131号墳石室）（越前）	TK209型式期	棺台石
宿布4号墳石室（越前）	TK209型式期？	棺台石
衣掛山19号墳石室（越前）	6世紀後葉～7世紀前葉	棺台石
山田古墳群 毘沙門支群3号墳石室（若狭）	TK217型式期	棺台石
杣脇25号墳石室 （御茸山130号墳石室）（越前）	TK217型式期	棺台石
須曽蝦夷穴古墳雌穴石室（能登）	TK217型式期	棺台

*棺台石のなかには、組合式箱形木棺ではなく、愛媛県松山市葉佐池古墳石室で出土したような遺体安置板を置く台石が含まれる可能性もある。

ど、その要因は個別に考える必要がある。

（註6）柳沢一男「若狭の横穴式石室の源流を探る」『躍動する若狭の王者たち―前方後円墳の時代―』福井県立若狭歴史民俗資料館、一九九一

（註7）小栗 梓「初期横穴式石室の被葬者」『横穴式石室誕生―黄泉国誕生―』大阪府立近つ飛鳥博物館、二〇〇七

（註8）宮元香織「北陸における九州的な横穴式石室について」『九州系横穴式石室の伝播と拡散―日本考古学協会二〇〇七年度熊本大会分科会Ⅰ記録集―』北九州中国書店、二〇〇九

（註9）小黒智久「新潟県村上市磐舟浦田山二号墳石室の再検討」『新潟県の考古学Ⅱ』新潟県考古学会、二〇〇九

（註10）入江文敏「十善ノ森古墳の研究（一）」『勝部明生先生喜寿記念論文集』勝部明生先生喜寿記念論文集刊行会、二〇一一

（註11）ＭＴ一五型式期の獅子塚古墳石室・二子山三号墳石室は木板と小礫で閉塞した。板石から材質転換したが、これらは西塚例以降に創出された伝統的閉塞方法である。

なお、板石と小礫による閉塞はＴＫ四三型式期（六世紀後葉）の漆谷三号墳第一石室（越前）でも認められる。

（註12）閉塞石（小礫）より開口部側に段（框）またはスロープ構造がある可能性は残り、そのような構造をもつ例は実際に認められる。

（註13）重藤輝行「北部九州における横穴式石室の展開」『九州における横穴式石室の導入と展開』第二回九州前方後円墳研究会資料集（第Ⅱ分冊）、九州前方後円墳研究会、一九九九

（註14）十善ノ森古墳前方部石室は、正方形に近い平面形で腰石をもつなど、技術的にも形態的にも一般的な畿内系石室とは様相を異にする。同墳の後円部石室との関係でＭＴ一五型式期以降に構築された片袖式石室と捉え、畿内系石室とは認定しない。

（註15）北部九州系石室の二子山三号例は近畿に類例が多い開口方向（後円部後方）で設置された。一方、畿内系石室の行峠例は若狭・越の北部九州系石室導入古墳に多いクビレ部に開口する。一つの横穴式石室に北部九州系・畿内系など複数の系譜が混在する例は多い。それは、北部九州型横穴式石室を源流とする工人集団が若狭に定着したとの解釈を補強する根拠となる。定着した工人集団は六世紀後葉以降、完全に在地化し、もはや北部九州系とは言えない在地系石室を構築した。

なお、大飯神社一号例のように、後円部後方に開口する畿内系石室もあり、横穴式石室を取り巻く環境は複雑な様相を呈していた。

（註16）石部正志「若狭の主要古墳と膳氏」『考古学と地域文化』同志社大学考古学シリーズⅢ、同志社大学考古学シリーズ刊行会、一九八七

（註17）河上邦彦『後・終末期古墳の研究』雄山閣、一九九五

（註18）ＭＴ一五型式期には越中の首長墳（朝日長山古墳）でも北部九州系石室が導入され、またＴＫ一〇型式期には越前（神奈備山古墳石室）・加賀（和田山六号墳石室）で切石石室が出現するなど、導入期から地域差があり、展開期にかけて増大する。

（註19）三ッ禿一号例・衣掛山古墳群西支群二号例（越前）や上の山一号墳石室（若狭）は玄門部に梱石がなく、畿内系石室の一般的様相を示す。三ッ禿一号例は玄室比の類似性から、稲荷西（桜井公園）二号墳石室（大和）などとの関連を想定できる。

（註20）畿内系石室の形態的特徴は、北部九州系石室の磐舟浦田山二号墳石室（越後）にも能登経由で情報伝達された（註9）。

（註21）藤田富士夫「「北ッ海ッ道」と大和王権 方墳の系譜」『季刊明日香風』二四、㈶飛鳥保存財団、一九八七

（註22）藏冨士寛「北部九州の埋葬原理と石室構造」『研究集会 近畿の横穴式石室』横穴式石室研究会、二〇〇七

コラム

須曽蝦夷穴古墳

北林雅康

一　はじめに

南北にのびる日本列島の中央部分、日本海に突き出た能登半島の付け根部分に七尾市は所在する。内浦にある七尾湾は波が穏やかで船の停泊にも絶好の条件を有するため、古来より交易の結節点であり、北方に向かう港（香島津）としての役割を果たしてきた。また、自然が造りだした風光明媚な情景は、奈良時代に万葉歌人の大伴家持や中世には能登畠山氏に招かれた京都の文人墨客も、麗しい湾の造形美を愛でている。

二　須曽蝦夷穴古墳の調査史

その七尾湾に横たわる全周囲七二キロの能登島の中央部、須曽集落の背後、七尾南湾と七尾市街地、そして石動山を双眸できる丘陵の尾根に蝦夷穴古墳は存在する。江戸時代、加賀藩の太田道兼が著した『能登名跡誌』一七七七（安永六）年に「蝦夷の岩屋、異人の在り洞」の記述が見られる。一八八四（明治一七）年に坪井正五郎が発掘調査を実施し、二年後に「能登國蝦夷穴の岩屋」として『人類学会報告』四で報告している。戦後、九学会連合能登総合調査で東京大学教授、駒井和愛を中心とする調査班によって墳丘の測量や雄穴・雌穴両石室の発掘調査が実施され、一つの墳丘に二基の石室が構築されていること、割石で磚積み状に構築していること、玄室の形状が奥行きに比して開口部が短いこと、天井部において所謂三角状持ち送り式に似た技法が用いられていることなどの古墳の特色を指摘され、その存在が知られるようになった。

三　古墳の構造と特徴

蝦夷穴古墳は、東西一八・七メートル、南北一七・一メートルの方墳で正面基部に石を配列する外護列石を持つ典型的な終末期古墳で、石室は通称雄穴（全長八・六七メートル）と雌穴（全長八・六八メートル）と呼ばれる二つの横穴式石室を有する双室墳である。付近の海岸から採取できる板状節理の安山岩板石を磚積み状に積み上げて、壁を構築し、天井部は二壁にまたがって斜め配石をおこない、持ち送って築くという隅三角持ち送り技法を採用している。また、ドーム形の低天井や玄室の平面形は奥行きが狭く、横幅を広くとるT字形（雄穴）・逆L字形（雌穴）の形態も特徴的な点である。

石室内は徹底的に盗掘を受けているが、小片ながら古墳から出土した副葬品の一部には、須恵器や亀甲繋鳳凰文が施された銀象嵌円頭大刀、枘孔鉄斧などが出土している。出土遺物から七世紀の第Ⅲ四半期頃に推定され、院内勅使塚古墳（七尾市：一辺二一メートルの方墳。畿内様式の大型横穴式石室。七世紀前半）に後続する能登の首長墳として評価されている。

この特異な石室構築技術は非在地系首長の系譜、渡来系氏族を考えざるを得ないが、最近再調査された志賀町千浦二子塚古墳群の発掘調査で新たな発見があった。

四　石室構築技術の系譜

二〇一〇年から石川考古学研究会が主体となり、「高爪山頂・山麓総合調査」の一環で千浦二子塚古墳群の測量調査をおこない、一部発掘調査を実施した。千浦二子塚古墳群は、蝦夷穴古墳と同様に一九五三（昭和二八）年に九学会の能登総合調査で発掘調査がされ、その存在が知られるようになった。今回の再調査により、周辺には五～七世紀にかけての一二基の古墳が確認され、千浦二子塚一号墳とされたＣ1号墳は「立柱石」の袖構造から北部九州様式の石室構造をもつこと、二号墳（Ｃ2号墳）は、南北一六メートル、東西一三メートルの楕円形の墳丘に、県内でも蝦夷穴古墳に次いで二例目となる二つの横穴式石室を持つ双室墳であると判明した（七世紀前半～中頃）。石室内（石材は海岸の転石）の調査は実施していないものの、双室墳は朝鮮半島からの渡来系の影響が強いと考えられており、石室構築の技術伝播や系譜、能登の古墳時代における社会動勢を考える上で重大な発見となった。

さて、蝦夷穴古墳で見られる石室の構築技術はすでに能登地域で見られ、Ｔ字形石室は羽咋市ところ塚古墳、双室墳は千浦二子塚古墳Ｃ2号墳、北部九州様式の天井の構築方法も七尾市三室まどがけ古墳群、石室の板石積みは七尾市瀬嵐木の浦東谷一号墳などで確認されており、これらの古墳の構築方法の総体が須曽蝦夷穴古墳で体現されている。

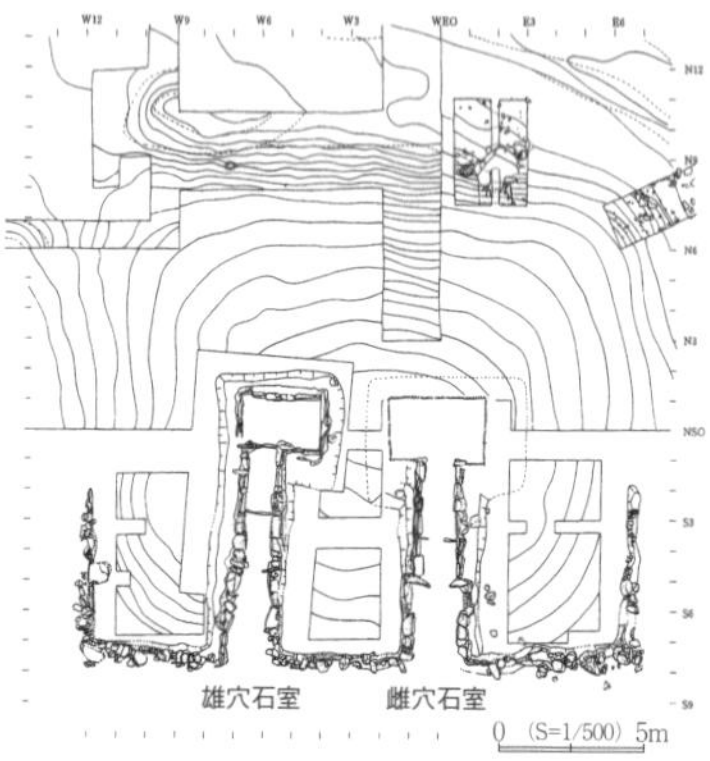

図１　墳丘全体図

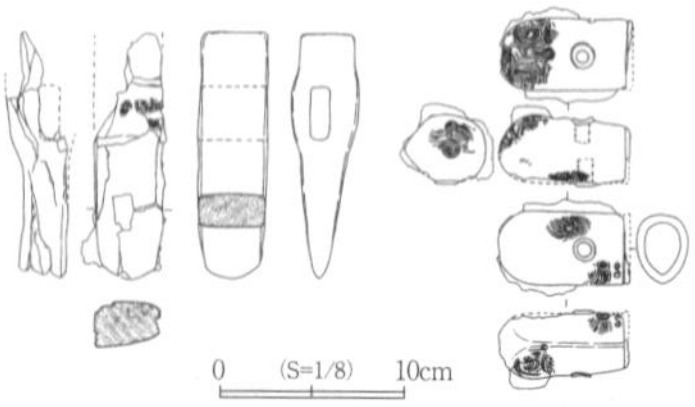

図２　雌穴石室出土柄穴鉄斧（左）・円頭大刀柄頭（右）

図３　須曽蝦夷穴古墳墳丘全景（南から）（七尾市教育委員会提供）

五　被葬者について

当初は特異な石室構造から渡来系の被葬者像が想定されていたが、能登半島において前段階ですでに採用されており、軍事的象徴である「飾り大刀」や造船技術を象徴する道具である「柄孔鉄斧」の存在から造船集団および能登水軍を掌握していた「舟木部」の存在が指摘され、それらを指導した渡来系氏族の長、もしくは『日本書紀』に六六〇（斉明六）年に阿部比羅夫を将とし、北方遠征に従軍、粛慎の地で戦死した能登臣馬身龍やその一族の墳墓に想定されている。

参考文献

冨田和気夫『史跡　須曽蝦夷穴古墳Ⅱ―発掘調査報告書―』石川県能登島町教育委員会、二〇〇一
伊藤雅文『古墳時代の王権と地域社会』学生社、二〇〇八

石棺

田邊朋宏

一　分布

北陸における石棺の分布は、石川県羽咋郡宝達志水町に所在する散田金谷古墳の横穴式石室に納められた家形石棺、石川県加賀市二子塚狐山古墳の組合せ式石棺の例を除けば、福井県北部（越前）に集中する。当地で現在確認されている石棺はすべて舟形石棺で二〇を数え、そのうち、春日山古墳（円墳・二〇メートル）をのぞくすべてが、福井市足羽山から産出される軟質な緑色凝灰岩（通称笏谷石、以下同表記）製である。春日山古墳出土の横口を持つ舟形石棺も、地元産の凝灰岩と推定されており、越前北部の古墳から出土する石棺の石材はすべて越前で産出されたものである。また、笏谷石製石棺の他地方への搬出も確認されていない。

では、その分布を見てみると、足羽川・九頭竜川流域と、日本海沿岸部にひろがっていることがわかる。以下、その分布域とその特徴を述べていきたい。

石材である笏谷石を産出する足羽山尾根上とその南に隣接する八幡山尾根上に築かれた古墳からの出土が確認されている。墳長六〇メートル以上の円墳と推定されている山頂古墳のほかは、直径三〇メートル以下の円墳に埋葬されている。

一方、九頭竜川中流域の左岸松岡丘陵上と、その対岸に位置する丸岡丘陵上に分布する地域首長墳からの出土、あるいは、レーダー探査などにより埋納が推定されている。地域首長墳は、全長六三～一四〇メートルの前方後円墳あるいは帆立貝式古墳である。また、地域首長墳とは考えられていないが、松岡丘陵上の同じ尾根線上に築かれた全長五四メートルの前方後円墳である鳥越山古墳でも確認されている。

日本海沿岸域では、全長九一メートルを測る帆立貝式古墳である、免鳥長山古墳から確認されている。

そのほかに足羽川上流の墳形および規模は不明である、新溜古墳から出土した一例のほか、盗掘などにより帰属の古墳が不明な石棺（御野山古墳（牛ヶ島石棺）・小山谷石棺・小山谷古墳・猪谷石棺・免鳥石棺・南陽寺石棺）がある。

以上の分布を見てみると、石棺の出土古墳は地域首長墳と足羽山古墳群に限られることがわかる。以前指摘したとおり[註1]、越前北部には、同時期の足羽山古墳群の規模を超える古墳が確認されているが、舟形石棺を埋納する例はない。

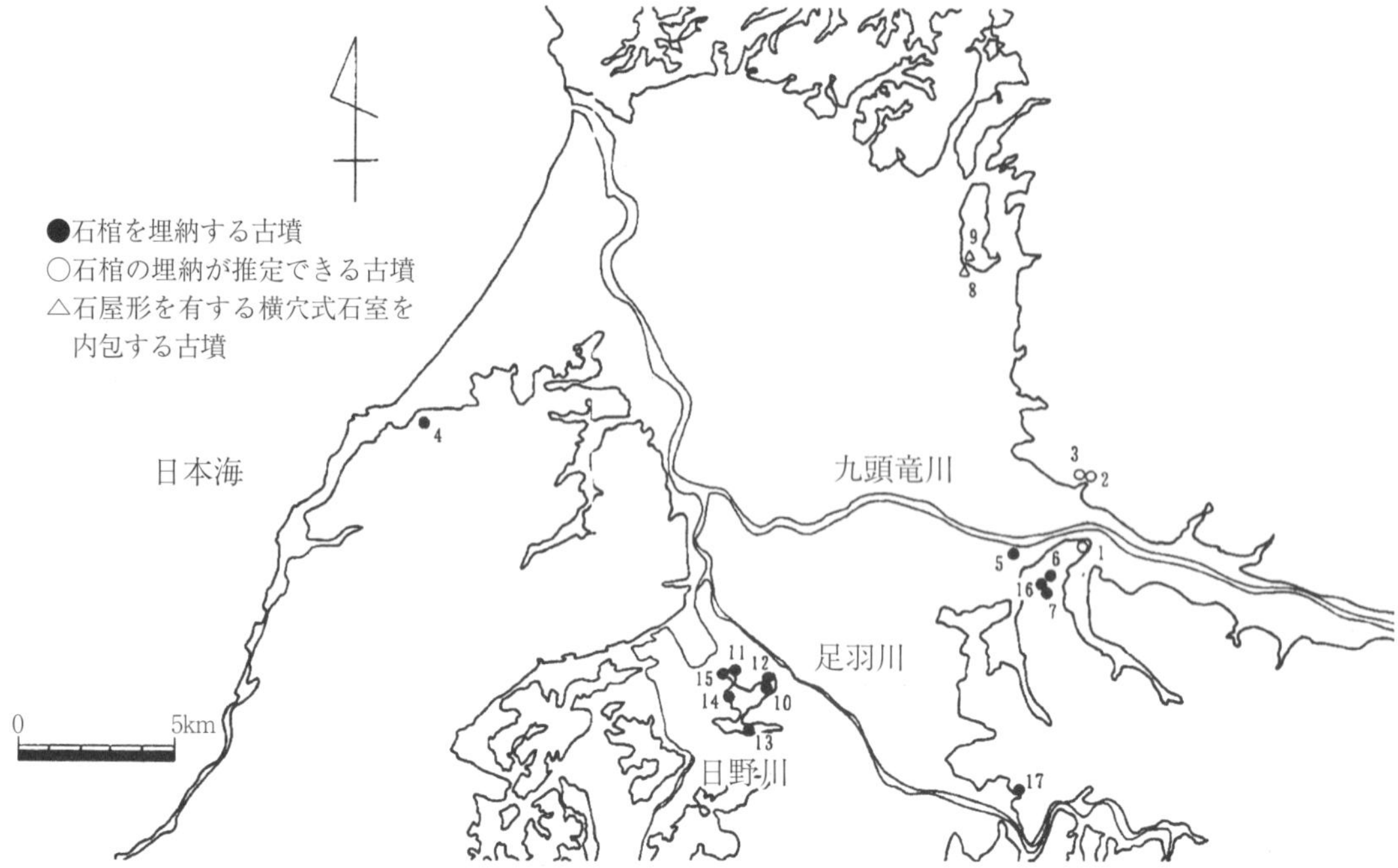

1：手繰ヶ城山古墳　2：六呂瀬山1号墳　3：六呂瀬山3号墳　4：免鳥長山古墳　5：泰遠寺山古墳　6：石舟山古墳
7：二本松山古墳　8：椀貸山古墳　9：神奈備山古墳　10：足羽山山頂古墳　11：小山谷古墳　12：龍ヶ岡古墳
13：西谷山2号墳　14：饅頭山1号墳　15：宝石山古墳　16：鳥越山古墳　17：新溜古墳

図1　越前出土石棺分布図（註18より）

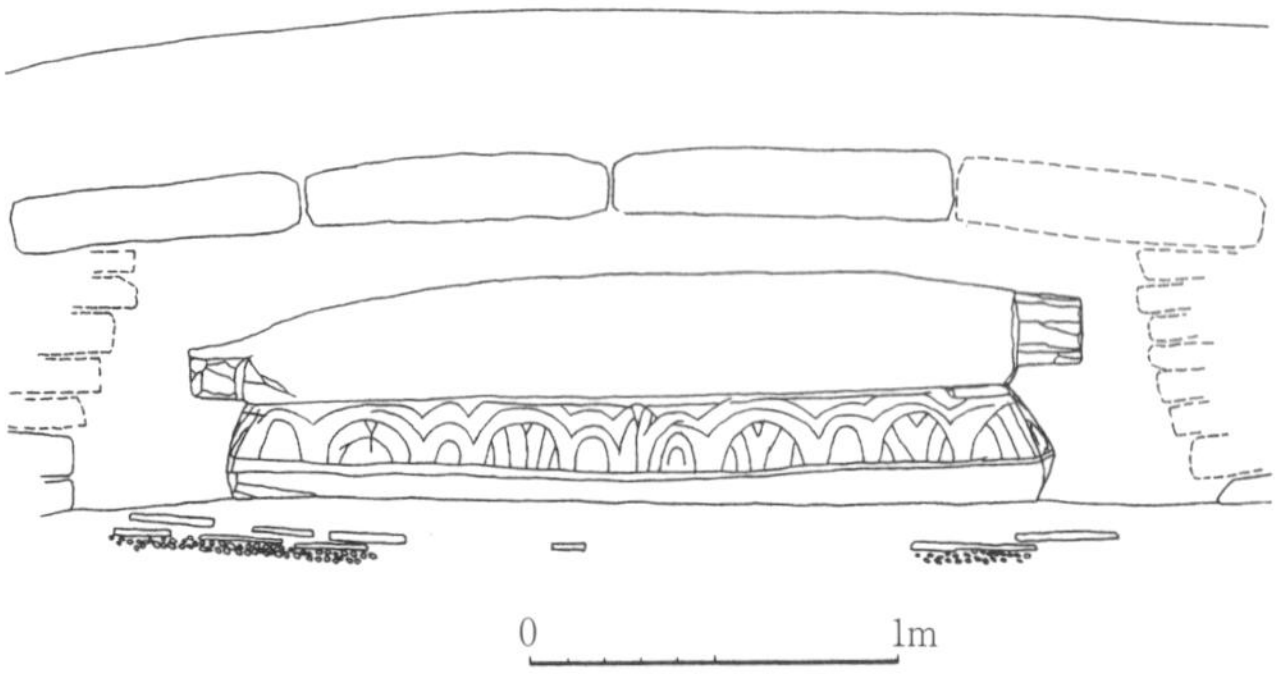

図2　山頂古墳竪穴式石槨（『福井市史』資料編考古1より）

図4　免鳥長山古墳墳頂部
（福井市教育委員会提供）

図3　饅頭山1号墳墳頂部
（福井市教育委員会提供）

二　石棺の製作時期

石棺の編年は、一九八〇年代に、青木豊昭[註2]・中司照世[註3]・白崎卓[註4]の三氏が相次いで発表しており、おおむね外面調整・排水施設などがその指針となっている。そこで、中司の編年案に沿って、近年の出土例を加えた編年案を提示していきたい。

Ⅰ期　外面調整は[註5]、チョウナによる敲打ののち、ミガキにより平滑に仕上げられる。外面には線刻による装飾が施される。その例として、蓋外面に鋸歯文などの線刻を持つ御野山古墳（墳形不明）、身側面に連弧文の線刻を持つ山頂古墳（円墳か・六〇メートル以上）の石棺があげられる。また、縄掛突起の形状が山頂古墳出土石棺蓋に類似する一乗谷朝倉氏遺跡南陽寺庭園跡出土石棺もⅠ期に含まれる。

その時期であるが、御野山古墳の墳丘はすでに削平を受け、その所在地も明確にはわからず、出土遺物なども不明である。山頂古墳は、盗掘は受けていたものの、管玉一〇点と琴柱形石製品が出土している。また、近年行なわれた調査では川西編年[註6]Ⅱ期の埴輪片が出土しており、集成編年三期[註7]にその時期が求められる。

Ⅱ期　外面調整は、チョウナによる敲打のみであるが、細かい敲打により平滑に仕上げられる。外面の浮彫の有無、合わせ口の印籠蓋の採用により、大きく二つに分けることができる。

Ⅱ期－1として蓋外面に同心円の浮彫をもつ小山谷古墳（墳形不明）、蓋外面に同心円と鋸歯文の浮彫をもつ免鳥長山古墳（帆立貝式古墳・九一メートル）があげられる。小山谷古墳の石棺が、『越前名蹟考』[註8]に記された「をさごえ」出土石棺だとすると、鍬形石一・車輪石二・石釧一・青銅鏡六（うち一面は仿製三角縁三神三獣鏡か？）など、豊富な副葬品を持っていたことになる。そうであるなら、集成編年四期にあたる。免鳥長山古墳は、盗掘を受けていたが、鍬形石二・車輪石二・環頭形石製品二などの副葬品や、川西編年Ⅲ期の埴輪を伴っていることから集成編年五期にその時期が求められる。

Ⅱ期－2として龍ヶ岡古墳（円墳・三〇メートル）、饅頭山一号墳（円墳・二三メートル）があげられる。両古墳とも外面調整はチョウナによる細かい敲打跡は残るが、平坦に仕上げられる。龍ヶ岡古墳は貝釧三・石釧六などの副葬品から四期にその時期が求められるが、石棺の蓋の形状を見ると、頂部に棟を持つなど、明らかに免鳥長山古墳の後出にあたる。また、免鳥長山古墳も多種な石製腕飾類を副葬することから、龍ヶ岡古墳の時期は免鳥長山古墳よりやや下る時期と思われる。饅頭山一号墳は小札鋲留衝角付冑の存在から六期にあたる。

Ⅲ期　外面調整は粗くなり、チョウナによるケズリ跡が畝状に明確に残り、細かい敲打による仕上げは省略される。身内面底部に施された排水施設の形状により三つに分けられる。

Ⅲ期－1は底部の中央部よりやや足側に孔を穿っている。西谷山二号墳（円墳・二四メートル）一号棺・二号棺の二棺があげられる。盗掘を受けていたが、鋲留衝角付冑の存在から六期にあたる。

Ⅲ期－2になると、孔に付随するように棺身底部中央付近に溝が掘られる。泰遠寺山古墳（帆立貝式古墳・六三メートル）、石舟山古墳（前方後円墳・七九メートル）があげられる。両古墳ともⅣ期の埴輪を伴うが、石舟山古墳では、陶邑編年ＴＫ二〇八[註9]の須恵器が表採されていることから、泰遠寺山古墳は六期、石舟山古墳は七期にあ

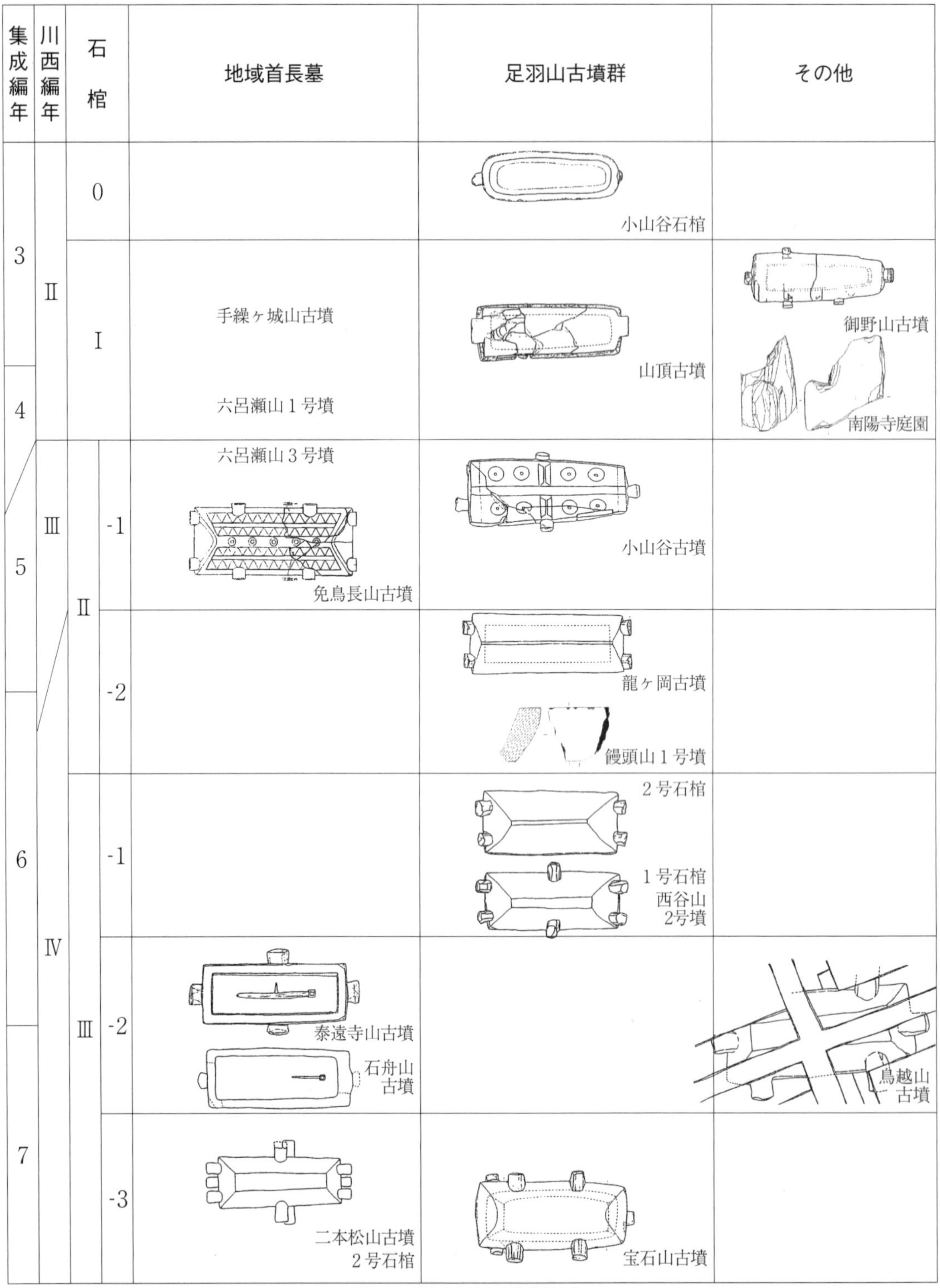
集成編年
川西編年
石棺
地域首長墓
足羽山古墳群
その他
3
4
5
6
7
Ⅱ
Ⅲ
Ⅳ
0
Ⅰ
Ⅱ
Ⅲ
-1
-2
-1
-2
-3
小山谷石棺
手繰ヶ城山古墳
六呂瀬山1号墳
山頂古墳
御野山古墳
南陽寺庭園
六呂瀬山3号墳
免鳥長山古墳
小山谷古墳
龍ヶ岡古墳
饅頭山1号墳
2号石棺
1号石棺
西谷山
2号墳
泰遠寺山古墳
石舟山
古墳
鳥越山
古墳
二本松山古墳
2号石棺
宝石山古墳
図5　越前出土石棺編年案

たる。

Ⅲ期‐3になると、孔と中央溝は石棺身底部の短辺（足元）側に接する位置に移り、棺身内面底部周囲をめぐる排水溝が掘り込まれる。二本松山古墳（前方後円墳・八九メートル）二号棺、宝石山古墳（円墳・二〇メートル）があげられる。二本松山古墳からはⅣ期の埴輪が出土しており、その形態から石舟山古墳に後続するもの[註10]と考えられることから、七期にあたる。

Ⅳ 期　石棺の外形が不整形になり、外面調整はチョウナによる荒削りのみで、一部に未調整の部分が残るなど粗雑になる。また、棺材に笏谷石以外が使われるものもある。新溜古墳（円墳？）、春日山古墳（円墳・二〇メートル）があげられる。

以上、おおむね、中司の編年に従い、近年の出土例を加え、Ⅱ期を二分割、Ⅲ期を三分割してみた。また、以前検討を加え、外面調整の一部に丁寧なミガキをもつ小山谷石棺を、Ⅰ期の前に0期として設定する。

三　越前地方における石棺の埋葬形態

石棺導入期の小山谷石棺・御野山古墳の二棺の埋葬状況は不明であるが、以下、調査により、埋葬施設の状況がわかるものについて概要をまとめてみたい。

(一) 山頂古墳

山頂古墳の埋葬施設は、長さ三メートル、幅〇・八メートルの狭小な竪穴式石槨に舟形石棺を納めていた。石槨は、石棺同様笏谷石で築かれている。埋葬施設底部は、砂利を敷き詰めた上に笏谷石を板状に加工した敷石と粘土を二段に敷き詰めた排水施設を備えていた。石棺は埋葬施設底部に一〇センチの厚さに敷き詰めた粘土の上に安置される。規模は小さいながらも、竪穴式石槨としての機能を明確に備えている。すなわち、石棺のために特別に作られた石槨ではなく、木棺を納めた石槨と変わらぬ製作技法により作られたものといえる。

一方、石棺に着目すると、石棺身外部側面に線刻されている直弧文であるが、宇佐晋一によると[註11]、「畿内的な文様要素をたくみに展開して、（中略）形成した」と評価する。

また、石棺の身内面に造り付けられた石枕の形状であるが、『足羽山の古墳』図版第九（1）を見ると、現在残されていない破片が写っており、全形をうかがい知ることができる。石枕の形状は、この写真からほぼ正円形で蒲鉾状の断面形態の周縁部をもつ。この形状は、北山峰生による石枕の分類[註12]によると、周縁式の1D形式にあたる。この1D形式を持つ、讃岐の石棺は、石清尾山石船塚古墳出土の石棺であるが、山頂古墳の石棺には、讃岐の石棺にあるように石枕と石棺身内面底部との段差はない。

(二) 免鳥長山古墳

免鳥長山古墳の埋葬施設は度重なる盗掘の影響を受け、大きく破壊されていた。しかし、盗掘坑下部に長さ二メートル（推定）、幅一・四メートル、深さ〇・四メートルを測る土坑が確認され、復元された舟形石棺蓋の大きさと等しいことから石棺身を納めた埋納坑（石棺埋納坑）であることが推定された。また、盗掘坑内から出土した大量の石材から石棺を覆った礫槨の存在を想定している。排水溝は確認されなかったが、石棺の周りや墓壙底部に川原石を敷き詰め排水機能を高めている。

(三) 龍ヶ岡古墳

龍ヶ岡古墳の埋葬施設であるが、石棺下部は「二〇糎内外の自然塊と笏谷石の屑石で固め[註13]」られており、排水施設の存在が指摘できる。棺床は厚さ一〇センチの粘土を敷き、その後に石棺を安置したのち、粘土で覆われていた。

(四) 饅頭山一号墳

同じく足羽山古墳群の西にのびる尾根線上に築かれた饅頭山一号墳は盗掘を受けていたため、大幅に破壊されていたが、礫槨の一部が確認された。

(五) 西谷山二号墳

足羽山の南に位置する八幡山の尾根線西端に築かれた西谷山二号墳であるが、二・八×四・三メートルを測る楕円形の墓壙に舟形石棺の頭部をやや高めになるように安置している。石棺底部付近には「凝灰岩礫を多量[註14]」におかれているようであるが、排水施設などが存在した記述はない。

(六) 鳥越山古墳

松岡丘陵上に築かれた鳥越山古墳あるが、墳頂中央部付近で舟形石棺が確認されている。トレンチによる一部の調査であるが、盗掘は受けておらず、埋葬時の状態を保っている。埋葬施設の底部まで検出していないが、直葬であると思われる。

四　越前地方における石棺の受容

以上のように、舟形石棺を納めた埋葬施設についてまとめてみたが、越前における石棺導入期には、竪穴式石槨に納められていた可能性がある。竪穴式石槨の規模は小さいが、底部に排水施設をもち、粘土を用いて棺床を形成するなど、木棺を納めた竪穴式石槨の構造と何ら変わることはない。つまり、石棺を納める埋葬施設として、特別な機能を持たせることなく、木棺が納まるべきところに石棺を埋葬していることになる。岡林孝作が指摘するように[註15]、越前は「木棺材としてコウヤマキ材を選択的に使用せず、特定の樹種にこだわった用材選択が認められない地域」であり、それが故に棺の堅牢性を高めるために石棺を採用した。石棺の製作にかかわった工人は、讃岐と深いかかわりを想定できるものの、石枕の段差の欠落など、細部の差異がみられる。また、石棺身側面に線刻された直弧文は「畿内的な文様要素[註16]」を取り入れつつ独自に展開している。つまり、古墳時代前期において、越前はコウヤマキ製の長大な割竹形木棺を採用せず、特定の樹種にこだわることなく棺材を選択していた[註17]。しかし、良質な凝灰岩を産出する当地方は、讃岐や畿内の影響を受け、笏谷石製の石棺を創出する。しかし、石棺は前期古墳における普遍的な竪穴式石室に納められた。

五　埋葬施設の変容

前期末から中期初頭に至ると、竪穴式石槨は構築されなくなるが、一部でその略式形態のごとく棺を包むような礫槨が築かれる。また、棺身は埋葬施設底部に据えられるのではなく、排水施設を持つ「石棺埋納坑」に納められる。石棺は、身の外面調整の精粗差を基準[註18]に合わせ口より、数センチ程度下のあたりまで土中に埋め込まれる。その段階で、埋葬儀礼を行なった後、蓋をかけられ、礫や土により覆われる。

六　石棺底部における排水孔・溝の発達

中期中葉になると、埋葬施設底部に明確な排水施設を持たなくなる。その代替品として、石棺底部に孔が穿たれるようになる（Ⅲ期-1）。棺内に侵入した液体を棺外に排しやすくするために棺は頭部側をやや高く設置し、傾斜を設けるように安置する。その後、底部に穿たれた孔に液体を集約するために、孔に向かって中央溝が掘られるようになる（Ⅲ期-2）。棺身設置後、内面の最下部にあたる足側端側辺あたりに孔が移り、周辺溝が造られるようになる（Ⅲ期-3）。つまり、古墳時代の人々が、液体の棺内への侵入を避けるため、槨を構築していた状況から、棺内への液体の浸入を前提とし、その液体をいかに棺外へと排出するか、へと視点が移り変わっていったことが排水孔・溝を産み出したと思われる。

七　地域首長墳の移動と石棺製作の終焉

五世紀終わりになると、地域首長の墓域は、越前北東部、横山古墳群へと移る。その古墳に採用された埋葬施設は、石屋形を持つ横穴式石室であった。椀貸山古墳では、墳丘西側くびれ部に開口する横穴石室内の奥壁に並行するように石屋形が設置されている。また、神奈備山古墳でも、墳丘西側くびれ部に向け横穴式石室が開口している。横穴式石室は切石積みで構築され、石室奥壁よりで確認された二枚の板石から石屋形が想定されている。

両古墳とも横穴式石室内に石屋形を持つ埋葬施設を有しているが、使用されている石材は、笏谷石ではない。また、石棺という「閉ざされた棺」を採用していた葬制から、石屋形という「開かれた棺」[註19]の採用に変更される。この墓域の移動は、石棺不使用だけでなく、葬制そのものの変化という大きなものであった。

一方、足羽山古墳群では、宝石山古墳以降、石棺を持つ古墳は築かれなくなり、小規模な石室墳が築かれるのみで、他古墳群との格差はなくなる。また、笏谷石の限定的な使い方もなくなり、新溜古墳で、外面調整がかなり粗雑な石棺が造られる。石棺は、楕円形の外形を呈し、身内部には排水施設を持たない。何度も追葬され、石棺本来の堅牢性は失われている。一方で、漆谷古墳群中で、横穴式石室の石材に笏谷石が使用されるなど、使用の幅も広がる。その一方で、春日山古墳で笏谷石以外の石材による石棺が作成されるなど、古墳時代前・中期を通じて保たれていた笏谷石による石棺を用いた葬制の秩序は崩壊する。つまり、葬制の変化により、笏谷石製の石棺の優位性はなくなり、製作の終焉を迎えることとなった。

以後、笏谷石の採掘および製品化は、中世宝篋印塔の作製まで一時途絶えることとなる。

（註1）田邊朋宏「北陸」『日本考古学協会二〇一〇年度兵庫大会　研究発表資料集』二〇一〇

（註2）青木豊昭「越前の石棺について」『西谷山古墳群』福井県立博物館建設準備室、一九八四

（註3）中司照世「福井平野における石棺の変遷」『泰遠寺山古墳』松岡町教育委員会、一九八四

（註4）白崎　卓「福井県における舟型石棺の変遷について」『福井考古学会会誌』五、一九八七

（註5）石棺の調整については、和田晴吾「古墳時代の石工とその技

術」『北陸の考古学』一九八三に従った。

（註6）川西宏幸「円筒埴輪総論」『考古学雑誌』六四―二、一九七八

（註7）広瀬和雄「前方後円墳の畿内編年」『前方後円墳集成』一九九一

（註8）井上翼章編『越前名蹟考』一八一五

（註9）田辺昭三『陶邑古窯址群Ⅰ』平安学園考古クラブ、一九六六

（註10）松岡町・永平寺町教育委員会『石舟山古墳・鳥越山古墳・二本松山古墳』二〇〇五

（註11）宇佐晋一「越前の直弧文について」斎藤　優『足羽山の古墳』一九六〇

（註12）北山峰生「磨臼山古墳石棺をめぐる一試考」『香川考古』一〇特別号、二〇〇六

（註13）斎藤　優『足羽山の古墳』一九六〇

（註14）『西谷山古墳群』福井県立博物館建設準備室、一九八四

（註15）岡林孝作「木棺」『日本考古学協会二〇一〇年度兵庫大会　研究発表資料集』二〇一〇

（註16）前掲註11に同じ

（註17）例えば、越前における前期古墳の調査例として、鼓山古墳（前方後円墳・四八メートル）では長さ四メートル、幅〇・七メートルのプランが確認され、安保山一号墳（前方後円墳・三二メートル）では、粘土槨に包まれた長さ四・七メートル、幅〇・八メートルの割竹形木棺が、同二号墳（前方後円墳・三四メートル）では、長さ三メートル、幅〇・五メートルの箱式木棺が、花野谷一号墳（円墳・二〇メートル）では、長さ三・九メートル、幅一メートルの割竹形木棺が確認されている。

（註18）田邊朋宏「越前笏谷石石棺の埋葬形態復元」『吾々の考古学』二〇〇八

（註19）和田晴吾「棺と古墳祭祀（2）―「閉ざされた棺」と「開かれた棺」―」『立命館大学考古学論集Ⅲ』二〇〇三

なお、文中で参考にした古墳に関する報告書は以下の通り。

山頂古墳・龍ヶ岡古墳・宝石山古墳　註13に同じ

免鳥長山古墳　福井市教育委員会『免鳥古墳群範囲確認調査概要報告書』二〇〇七

花野谷一号墳・山頂古墳・饅頭山一号墳　福井市教育員会『福井市古墳発掘調査報告書Ⅰ』二〇一二

西谷山二号墳　註14に同じ

泰遠寺山古墳　松岡町教育委員会『泰遠寺山古墳』一九八四

石舟山古墳・鳥越山古墳・二本松山古墳　註10に同じ

新溜古墳　斎藤優「越前・福井市篠尾の新瑠石棺」『古代学研究』九七、一九八二

椀貸山古墳　越前文化財研究所『泡沫考古』一、一九七五

神奈備山古墳　中司照世「椀貸山・神奈備山両古墳と横山古墳群」『福井県立博物館紀要』八、二〇〇一

鼓山古墳　福井市教育委員会『鼓山古墳発掘調査報告書』一九六五

安保山古墳　福井県教育委員会『安保山古墳群』一九七五

漆谷古墳群　福井県教育庁埋蔵文化財センター『漆谷遺跡』二〇〇八

竈・温突（オンドル）

合田幸美

一　はじめに

竈は、竪穴建物の壁際に作り付けられた火処であり、調理や採暖に用いられたと考えられている。竈の構造は、火が焚かれる燃焼部を中心に両側の袖部と上を覆う天井部からなり、天井部には甕をかける掛け口があく。燃焼部の奥からは竪穴建物の外へ煙を導くための煙道部が設けられる。通常、煙道部は燃焼部からまっすぐ奥へ建物外へとのびるが、燃焼部から竪穴建物の壁際にそって横方向に煙道部がのびるものもあり、こうした竈は「L字形竈」、「オンドル状遺構」、「長炕」などと呼称される。小論では、こうした横煙道の竈を「オンドル状遺構」と呼ぶこととする。韓半島では、オンドル状遺構が紀元前三〜四世紀から、通常の竈が紀元前一世紀〜紀元後一世紀からみられ、日本列島の竈やオンドル状遺構は、韓半島から渡来したものと考えられている。（註1）

現在、日本列島最古の竈は、長崎県壱岐島の原の辻遺跡（原XV区三号住居跡）の弥生時代後期のものである。（註2）竈は、古墳時代前期には、北部九州ならびに近畿で散見され、古墳時代中期には、北部九州から関東にかけての広い地域で採用され、古墳時代後期には、これらの地域において普遍的にみられるようになる。（註3）

ところが、若狭・越では、古墳時代中期から後期、竪穴建物に作り付けられる竈はほとんどみられず、北部九州から近畿、中部、東海、関東地方など若狭・越の周辺地域とは異なる様相を示す。小論ではまず、この点について述べてみたい。つぎに、飛鳥時代へと時代は降るが、石川県小松市額見町遺跡で、オンドル状遺構をもつ竪穴建物がまとまってみつかっており、この特異な集落についてふれることで、若狭・越と周辺地域との関係を考えてみたい。

二　若狭・越における古墳時代の竈について

福井県では、若狭の小浜市堅海《かつみ》遺跡で六世紀前半の竈があるのみで、越前では竈の検出例が現在のところみられない。移動式竈は、若狭の大飯町吉見浜遺跡と浜禰遺跡で六世紀後半のものが出土している。坂井郡長屋遺跡八号住居跡は、六世紀の方形竪穴建物であるが、壁際に焼土が検出され、竪穴建物から甑が出土している。

石川県では、竈は検出されておらず、移動式竈のみが羽咋郡志賀町中村畑遺跡、羽咋郡富来町高田遺跡、七尾市矢田遺跡、鹿島郡鹿島町水白モンショ遺跡、能美郡辰口町下開発遺跡で五世紀末〜六世紀前半のものが出土している。これらの遺跡は、下開発遺跡が加賀に位置する以外はすべて能登半島の中部に位置しており、この地に移動式竈が集中するようだ。七尾市には七世紀中頃とみられる隅三角持送技法により横穴式石室が構築され、高句麗式の構造をもつ須曽蝦夷穴古墳がある。年代は異なるものの渡来系の遺構や遺物がみられる点で、能登半島の中部は注目される。また、加賀市永町ガマノマガリでは五〜六世紀の甑、土製支脚が、小松市漆町遺跡では五世紀後葉の甑が出土している。

富山県では、五世紀前葉の竈が小矢部市五社遺跡でみつかっている（註4）（図1）。五社遺跡では四棟の竪穴建物のうち三棟に竈があり、炉が中央に設けられる。同時期の道林寺遺跡などで竈は未確認であり、五世紀では炉が一般的な火処のようである。砂子田Ⅰ遺跡ＳＩ〇二住居跡では六世紀後半の竈が確認されている。七世紀に入ると、南砺市在房遺跡、射水市小杉丸山遺跡などで竈がみとめられ、しだいに炉から竈へと変遷する。（註5）

移動式竈は五世紀末から六世紀の破片資料が多くの遺跡からみつかっており、高岡市麻生谷新生園遺跡では六世紀後葉の移動式竈片が甑片、土製支脚とともにみられる。そのほか、小矢部市竹倉島遺跡や中新川郡辻坂の上遺跡で古墳時代の甑と土製支脚がみられる。

新潟県では、新津市舟戸遺跡で五世紀にさかのぼる竈がみつかっている。上越市一之口遺跡や村上市三角点下遺跡では古墳時代後期、十日町市馬場上遺跡、上越市山畑遺跡では古墳時代後期から奈良時代の竈がみつかっており、古墳時代後期以降には竈が採用される。（註6）移動式竈は、越後ではみられないものの佐渡郡若宮遺跡のほか、島内の畑野町浜田遺跡、相川町馬場遺跡から出土しており、佐渡島に集中する。

若狭・越の竈を概観すると、若狭から越前、加賀、能登では古墳時代中期の竈はみられず、越中の五社遺跡と越後の舟戸遺跡においてみられるのみである。しかし、いずれの地域においてもその後継続することはない。古墳時代後期には、六世紀前半の竈が若狭で、六世紀後半の竈が越中、越後でみられるようになり、その後、七世紀の飛鳥時代には竈が定着していく。

一方、移動式竈は、五世紀末〜六世紀前半に能登で、五世紀末〜六世紀には越中で、六世紀後半には若狭でみられ、越後ではみられないものの佐渡では六世紀の資料がみられる。移動式竈は、能登半島中部ならびに佐渡島に集中することが特徴的であり、両地域における渡来系の人々の存在と、両地域の関連性に注意が必要である。

また、甑と土製支脚の存在も、若狭・越においては注意される。土製支脚は加賀、越中で、甑は越前、能登・加賀、越中、越後でみられる。古墳時代の若狭・越では、炉に置いた土製支脚上に丸底の甕を置き、ときにはその上に甑をのせて使用する調理形態が通有であったことがうかがえる。

竈の導入には、須恵器や古墳のあり方と密接な関係があることが指摘されている。（註7）五世紀前葉の竈が検出されている小矢部市五社遺跡は、若狭・越でも突出して早い時期に竈がみられる例であるが、同遺跡から小矢部川をはさんだ位置にある道林寺遺跡と北反畝遺跡では越中では数少ないＴＫ二一六型式にさかのぼる須恵器が出土している。また小矢部地域では同時期、すなわち五世紀前葉から前半に位置付けられる谷内二一号墳から三角板革綴短甲、長方板革綴短甲などの武具や六〇点にのぼる鉄鏃が出土している。その後、五世

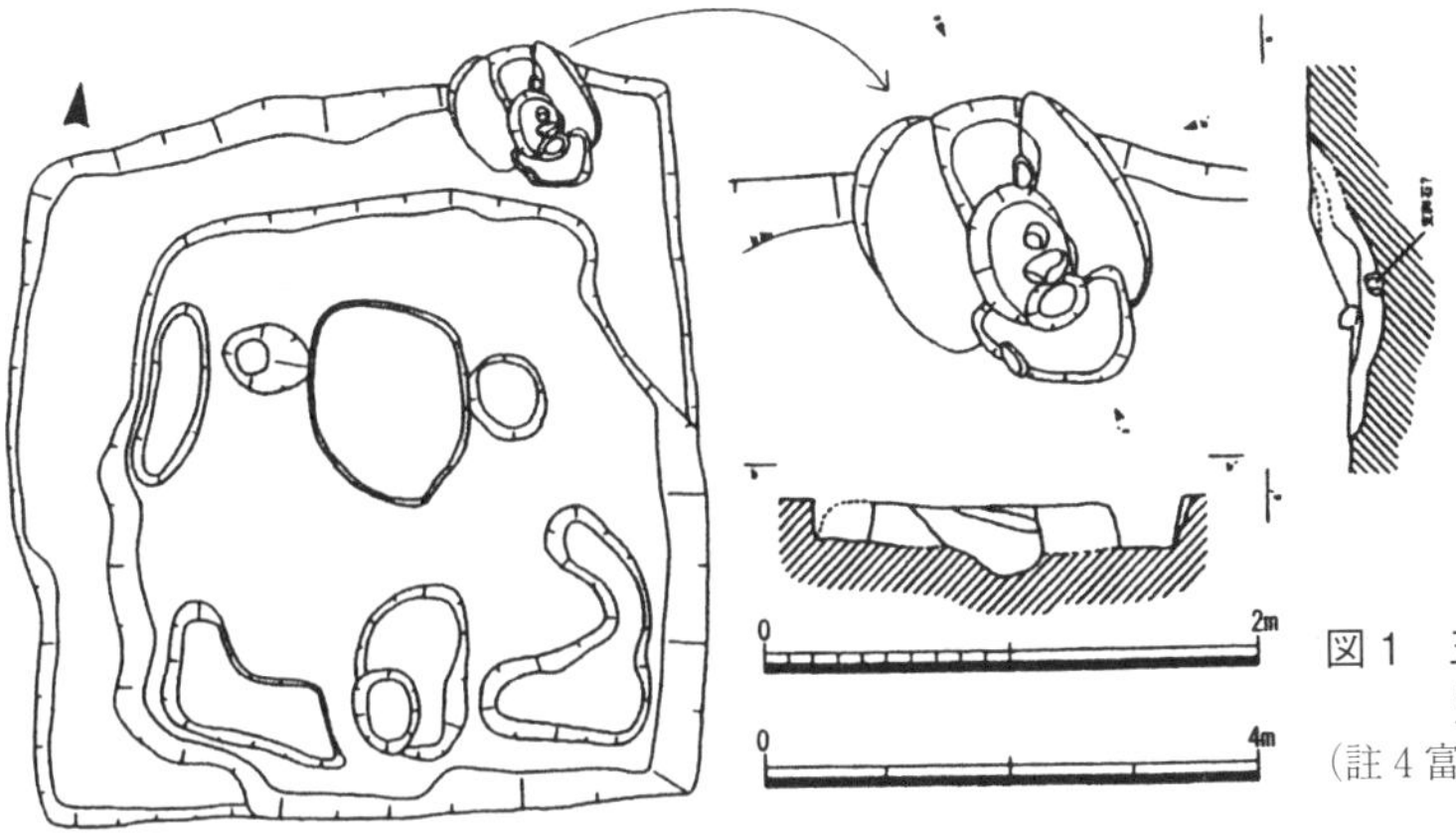

図１　五社遺跡
竪穴住居 SI547 と竈
（註 4 富山県文振 1998・註 5 高橋 2009）

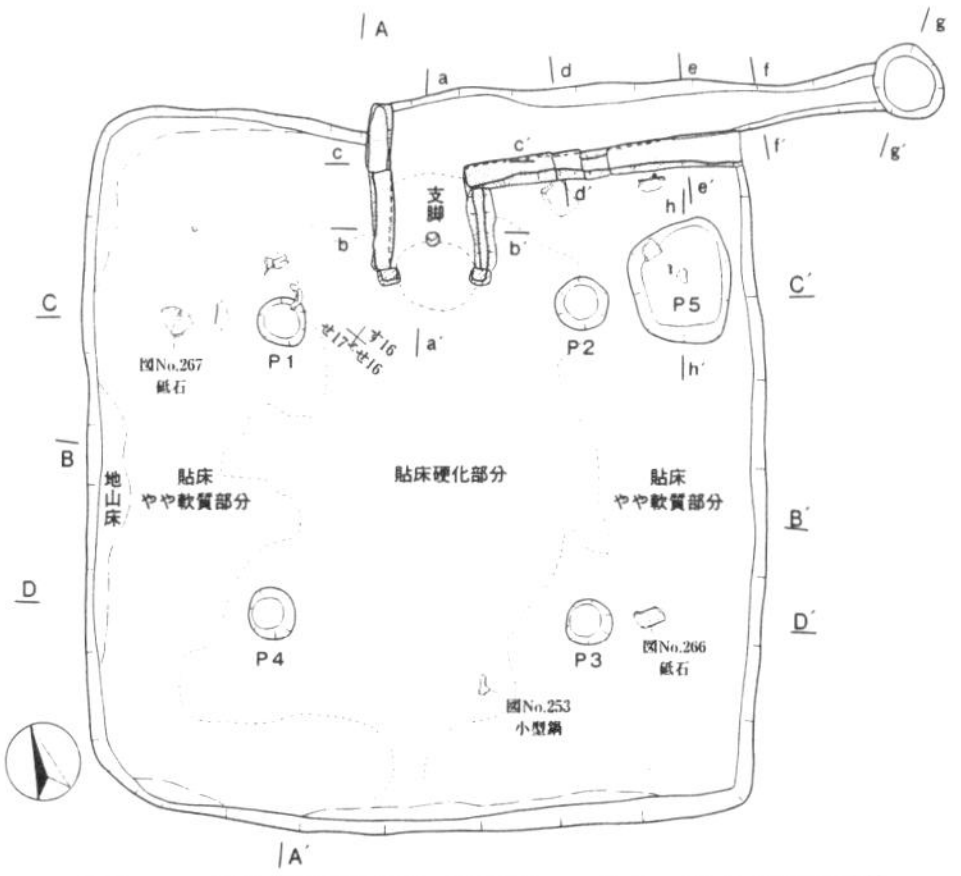

図２　額見町遺跡 SI13・オンドル状遺構
（註 9 石川県小松市教育委員会 2006）

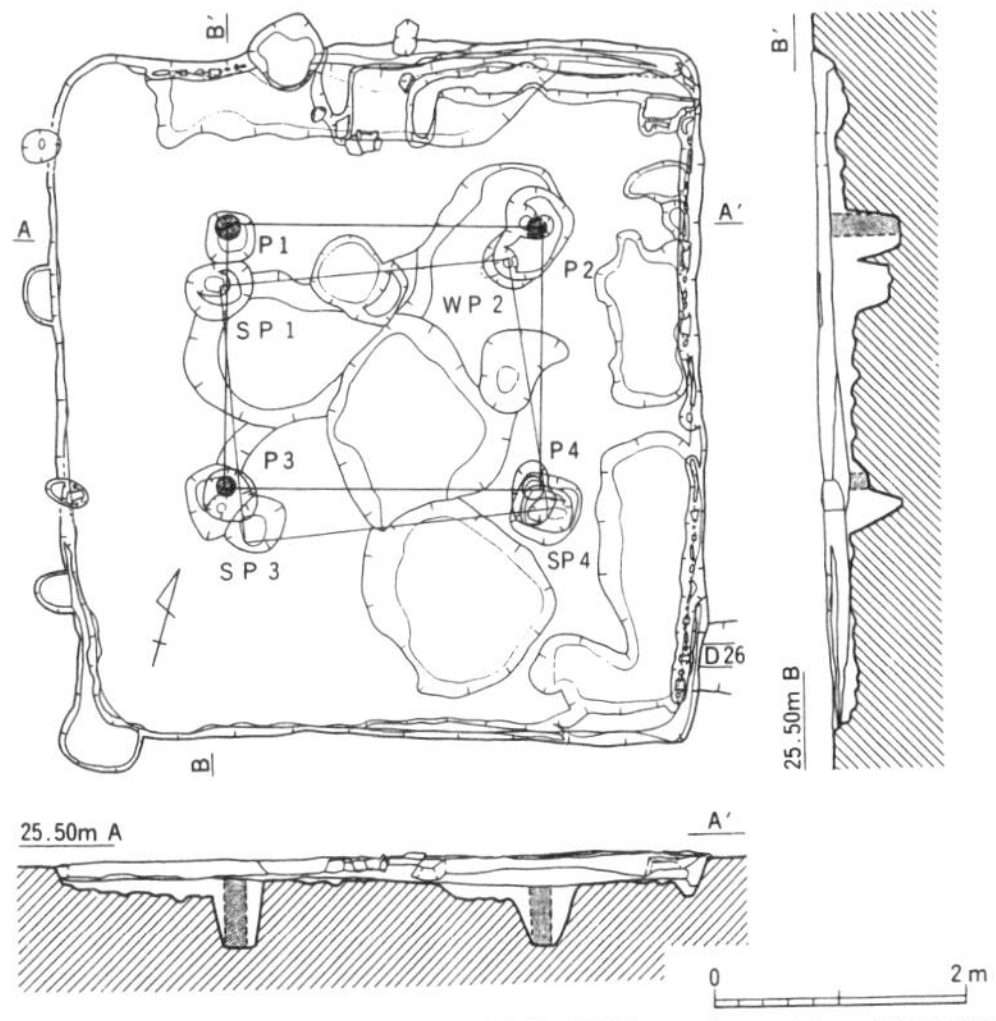

図３　干潟城山遺跡 47 号住居跡・オンドル状遺構
（註 11 小郡市教育委員会 1994）

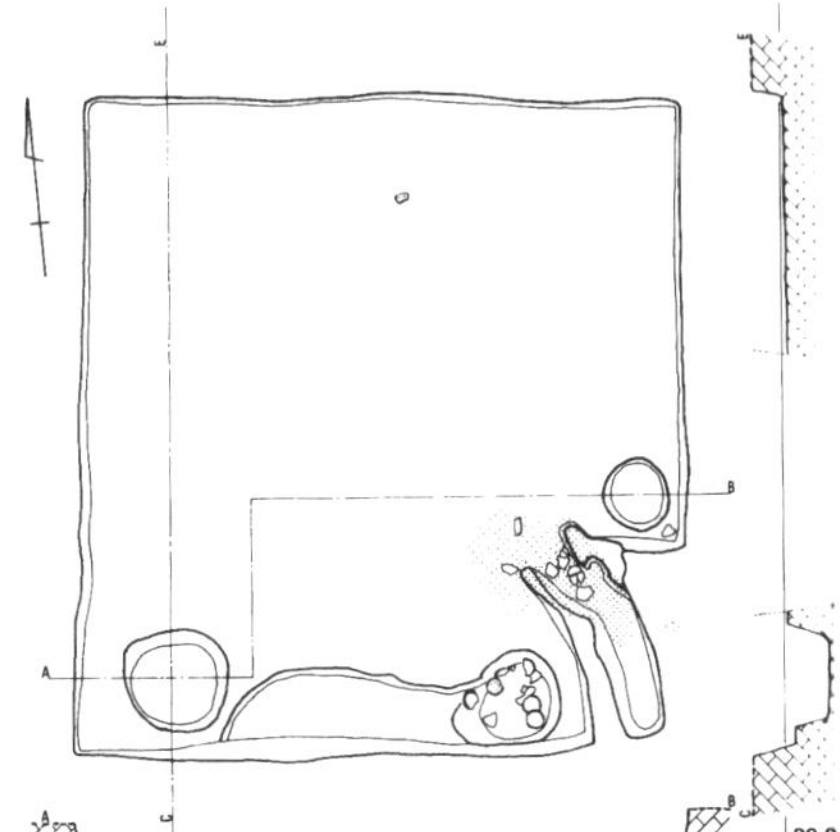

図４　青野・綾中遺跡群 SB8102・オンドル状遺構
（註 12 綾部市教育委員会 1982）

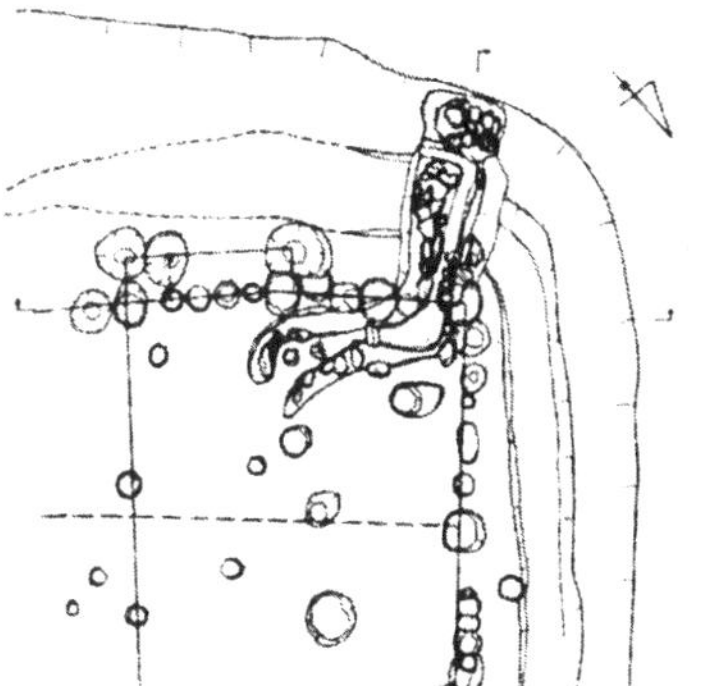

図５　扶餘井洞里遺跡１号建物跡
（註 14 忠清文化財研究院 2005、註 13 山本 2012）

紀末葉には越中ではじめて埴輪をもつ前方後円墳である若宮古墳がつづく。小矢部地域では、古墳時代前期後半にいったん首長墓の系列が途絶し、その後三角板革綴短甲や長方板革綴短甲、多量の鉄鏃、そして埴輪や前方後円墳といった畿内的な色合いが濃い首長墓が出現、継続することから在地の勢力がいったん途絶した後、五世紀前葉頃に畿内との関係をもつ首長が出現したものと考えられている。畿内と関係をもつ勢力が出現するなかで、初期須恵器や竈もともに越中にもたらされたのであろう。しかし、畿内的な文化は越中では小矢部地域という限られた地域にとどまり、周辺に広がることなく途絶する。(註8)

こうした現象は、五世紀の竈がみられる各地でも同様であり、畿内と関係をもつ勢力が各地に出現するものの、周辺にその影響は波及することとなく限られた地域での受容でおわる場合が多い。

新潟県舟戸遺跡の五世紀の竈も同じような受容のあり方とみられ、継続することはなく、六世紀後半になってからようやく竈の受容、定着がはじまる。

若狭・越という広い範囲において五世紀の竈が五社遺跡と舟戸遺跡の二例に限られるということは、他地域に比べ、若狭・越は竈の受容について非常に慎重な地域であったということがいえる。若狭・越では、移動式竈はままみられるものの、古墳時代中期から後期、基本的に弥生時代以来の炉が竪穴建物内の火処であり、そこで土製支脚と丸底甕を用い、ときに甑を加えた煮炊きがされている。

そしてこうした独自のスタイルは、じつは若狭・越だけでなく、山陰の伯耆・出雲においても同じような様相がみてとれる。

山陰の伯耆・出雲では、若狭・越のように五世紀前葉の竈は確認されておらず、五世紀後半のものがあるようだが、六世紀末にならないと竈は導入されない。一方、移動式竈は五世紀後半からみられ、土製支脚を伴うことも若狭・越と共通する。日本海側に位置する若狭・越と伯耆・出雲において、古墳時代中期から後期、竈よりも移動式竈が多くみられ、土製支脚を用いるというスタイルが共通することは、畿内からの影響よりも日本海側の交流をとおして、同じ生活様式を両地域が保持していたことを示しており興味深い。

若狭・越の古墳時代の竈からは、日本海を往き来する伯耆・出雲との密接な交流と、北部九州から瀬戸内、近畿、そして東海、関東など竈を受容したほかの地域とは異なる北陸と山陰における独自の生活文化をうかがい知ることができる。

三　飛鳥時代のオンドル状遺構

これまでみてきたように、越では、七世紀、飛鳥時代に入ると、本格的に竈が受容される。これは、律令制度の波及により、畿内の影響を強く受けるようになり、そのなかで竈という生活文化も採用されたのであろう。

ところが、通常の、煙道が燃焼部から奥へと直線的にのびる竈が普及していくなかにあって、煙道が燃焼部から横方向にのびるオンドル状遺構が竪穴建物に作り付けられた集落が越に出現する。石川県小松市額見町遺跡である。(註9)

石川県小松市額見町遺跡は、能登半島の根もと、日本海に面した柴山潟湖の東にひろがる月津台地上に立地する。飛鳥時代前半から後半のオンドル状遺構をもつ竪穴建物がまとまって検出されている(図2)。集落が出現する飛鳥時代前半には、一辺七~九メートルの大型竪穴建物が主体であり、これにオンドル状遺構が付設される。飛鳥時代後半になると、竪穴建物が増加し、集落の盛期をむかえる。この時期には通常の竈をもつ、柱穴が竪穴の外にある小型竪穴建物が出現し主流となるが、オンドル状遺構が付設された大型竪穴建物もともにみられ、オンドル状遺構をもつ竪穴建物は、集落における割合を減じながらも存続する。オンドル状遺構が終焉をむかえるのは、飛鳥時代後葉である。飛鳥時代後葉のＳＩ九八竪穴建物では、竪穴建物の隅部に近い箇所にオンドル状遺構が付設されるが、このオンドル状遺構は、平面L字形を残すものの建物内の煙道は短く、暖房効果はあまり望めない、形ばかりを踏襲するものとなっている。

額見町遺跡のオンドル状遺構は、竈の焚き口や煙道部が直線的にかっちりと作られていることが特徴的である。平面形はもとより袖部や煙道部の断面形もそうであり、構築物が直立した状態でみつかっている。同遺跡でみられる通常の竈では、袖部は平面形がU字形で緩やかに湾曲するものであり、断面形も床面では幅が広く上に向かって狭くなる、通常みられる形状である。復元的に考えるとオンドル状遺構は全体が直方体を呈する竈であり、通常の竈はドーム型を呈する竈になる可能性がある。また、燃焼部と煙道部の境に設けられる障壁の存在も特徴的である。この構造は飛鳥時代中頃からみられるもので、燃焼部と煙道部の境に障壁を設けることにより、煙道部へぬける火を抑えたものと考えられている。この構造は他遺跡で確認されておらず、額見町遺跡独自の改良のようだ。

また、飛鳥時代後半から壁立ち建物がみられるようになる。ＳＩ九八は、平面正方形の竪穴建物の周壁に深い溝がめぐり、その中に細い柱が等間隔で並び、壁立ち構造になる可能性が指摘されている。壁立ち建物は、額見町遺跡では飛鳥時代後葉に出現し、竪穴建物が消滅する奈良時代前半まで存続する。

こうしたオンドル状遺構や壁立ち建物のほか軟質土器が出土することも、額見町遺跡に渡来系の人々が居住したことをうかがわせる。同遺跡出土の軟質土器は、在来の土師器が朝鮮半島の陶質土器や軟質土器の影響を受け、変化したものと推測されており[註10]、在地の人と渡来系の人がともに集落を構成していたことがうかがえる。また、近江系土師器長胴甕が出土していることから、近江系移民もまた、集落の構成員として存在していたのかもしれない。

額見町遺跡は、古墳時代から継続する集落ではなく、飛鳥時代以降成立した新興の集落である。近隣には同年代の製鉄遺跡が存在しており、オンドル状遺構をもつ竪穴建物で鍛冶炉や鍛冶関連遺物が出土していることから、この集落に住んだ人々は製鉄に携わっていたと推定されている。製鉄の技術をもつ人々が、集団で移住してきた可能性が考えられている。また、七世紀後半の土師器焼成土坑が検出されており、土師器生産もまた行なわれていたようだ。

七世紀後葉には、オンドル状遺構をもつ竪穴建物三棟から陶硯や転用硯が出土しており、識字層の存在がうかがえる。同遺跡は額田郷関連遺跡としても評価されており、この地で果たした渡来系の人々の役割は製鉄や製陶という技術面から文字の知識をいかした、律令制をになう行政面まで、多岐にわたったものと考えられる。

四　オンドル状遺構はどこからきたのか

さて、額見町遺跡でみられたオンドル状遺構は、どこからきたのであろうか。

七世紀代のオンドル状遺構は、北部九州、畿内、近江、丹後などで確認されている。

福岡県小郡市干潟城山遺跡ではオンドル状遺構をもつ竪穴建物が三二棟検出されており、額見町遺跡同様、オンドル状遺構をもつ竪穴建物がまとまってみつかった特異な集落である（図3）。年代は飛鳥時代後半から奈良時代前半にわたる。[註11] オンドル状遺構の平面形は、焚き口から煙道部にかけて直角を指向しながらもやや湾曲しており、かっちりとした平面形の額見町遺跡とは異なる。鉄器、鉄滓、鞴羽口といった製鉄関係遺物が出土しており、額見町遺跡同様、この集落においても製鉄鍛冶が行なわれていたようだ。

奈良県高取町観覚寺遺跡では、六世紀末～七世紀前半の石組みのオンドル状遺構のほか同年代の石組みの方形池、大壁建物が検出され、土器、製塩土器、馬歯、銅製金具、韓式系土器が出土する。奈良県明日香村檜隈寺跡では、七世紀後半に創建された檜隈寺をさかのぼる、七世紀前半～中頃の石組みのオンドル状遺構が検出されている。檜隈寺は東漢氏の氏寺とされており、この二遺跡は渡来系氏族である東漢氏の本拠地とみられている。石組みのオンドル状遺構は、七世紀前半のものが滋賀県大津市穴太遺跡でもみられる。滋賀県では長浜市柿田遺跡で七世紀後葉の石組みの煙道をもつオンドル状遺構がみつかっている。こうした石組みのオンドル状遺構は、後述する韓半島の南西部、百済の地域においてよくみられるものであり、この地域との関係がうかがえる。これらのオンドル状遺構は石組みの構造であり、額見町遺跡のオンドル状遺構とは異なる。

丹後では、由良川左岸にひろがる綾部市の青野・綾中遺跡群で、七世紀から八世紀前半のオンドル状遺構をもつ竪穴建物がまとまって検出されている[註12]（図4）。方形の竪穴建物の四隅のうち一つを掘り残し、内側へ突出させ、この部分に焚口から煙道部を設置するもので、「青野型住居」とよばれる。ここのオンドル状遺構は、煙道のあり方や燃焼部の位置にバラエティがあり、規格的な額見町遺跡のものとは異なる。

日本列島における七世紀のオンドル状遺構をみると、集落のあり方では額見町遺跡と干潟城山遺跡や青野・綾中遺跡群は共通するものの、オンドル状遺構そのものをみると、額見町遺跡のものと類似する例は現在のところみあたらない。

では、日本海をこえて直接朝鮮半島からもたらされたのであろうか。六～七世紀、三国時代の朝鮮半島のオンドル状遺構に目を転じたい。

五三八～六六〇年まで百済の都、泗沘城があった扶餘市周辺に位置する定止里遺跡は、百済時代の大集落で、竈をもつ竪穴建物が多数調査されており、粘土で構築されたオンドル状遺構が検出されている。年代は三～六世紀である。[註13] また、遷都後に都城外郭地域に形成された集落である井洞里遺跡は、泗沘城の北東に位置する小規模な集落であり、竪穴建物でオンドル状遺構が検出されている[註14]（図5）。六世紀後半から七世紀前半頃にかけて存続したと推定されている。オンドル状遺構は、竪穴建物の壁から離れた位置に煙道がのびる変わった形態のもので、青野・綾中遺跡群のものとやや類似する感がある。集落では日本から搬入された須恵器甕が出土しており、日本との交流が推定されている。二遺跡とも、額見町遺跡のかっちりとしたオンドル状遺構とは異なるものである。

韓半島のオンドル状遺構は、南西部の百済地域では板石材を用いるものが多く、南東部、新羅地域では粘土で構築するものが多いようであるが、額見町遺跡に直接つながるような例をみいだすことは困難である。(註15)

額見町遺跡のオンドル状遺構は独特のものであり、日本列島にもたらされた後、一次的、あるいは二次的な改良がなされたものかもしれない。近江系土器の存在からは近江においてそれがなされた可能性もあり、今後近江のオンドル状遺構には注意を要する。

近江では、湖北地域の古橋遺跡や瀬田丘陵の野路小野山遺跡・木瓜原遺跡など、七世紀初めから後葉の古代製鉄遺跡群の存在が明らかである。額見町遺跡で用いられた製鉄の技術には、近江の影響が考えられないだろうか。オンドル状遺構と製鉄技術との関連は北部九州の干潟城山遺跡でもみられ、地方への製鉄技術のひろがりとこれに対する渡来系の人々の関与を考えるうえで重要な視点となろう。石組みのオンドル状遺構を用いる大和から粘土のオンドル状遺構を用いる越への直接的な移住は考えにくい。しかし、オンドル状遺構の分布からは、大和、近江、越へのつながりを見出すことができる。額見町遺跡の渡来系の人々は近江をへて越へと移住し、製鉄技術もまた近江からもたらされたのではないだろうか。そのとき、この交流、すなわち製鉄技術の拡散が大和の王権の意志によるものか、越が招いたものかがいまひとつの問題となる。大和の王権だけではなく、越にもまた王権が存在しており、越の王権が大和の王権とは異なる独自の交流をもっていたとする外交の二重構造という視点が提示されている。(註16)越は大和との交流はもちろんであるが、独自に近江との交流もまたあったのではなかろうか。年代はさかのぼるが、継体天皇の越から、近江、大和への道とあいまって、古墳時代以来の越、近江、大和の関係は興味がつきない問題である。

五　まとめ

若狭・越では、古墳時代には基本的に竈を受容することなく、土製支脚や移動式竈をもつ独自の生活文化をもっていたが、七世紀、飛鳥時代にはいると、徐々に竈が浸透していく。律令制のひろがりにより、中央のあり方をしだいに受け入れた若狭・越の姿が竈からうかがえる。また、七世紀前半には、オンドル状遺構をもつ、渡来系の人々が移住してきたとみられる集落、額見町遺跡が越に出現する。額見町遺跡では、オンドル状遺構を残しながらもしだいに在地的な竈へと変遷しており、移民としてこの地で生活をはじめながらも、しだいに在地化する渡来系の人々の姿をうかがうことができる。

額見町遺跡のオンドル状遺構がどこからもたらされたのかを知るために、七世紀の日本列島と韓半島に類例を求めたが、見いだすことはできなかった。現段階では、韓半島からの直接的な渡来よりも、日本列島のなかでの段階をふんだ移入が妥当な考えかと思う。同遺跡における近江系土器の存在からは、段階をふんだ場所として近江とのつながりが注意される。額見町遺跡の製鉄との関わりを考えるにあたって、近江の古代製鉄遺跡群は注視すべき存在である。

能登中部は移動式竈が集中し、高句麗式の構造をもつ須曽蝦夷穴古墳が立地することから、渡来系の人々の居住が考えられる。ここでもまた、額見町遺跡の人々と同じく、韓半島から直接渡来したのか、日本列島のなかで移住したのか、同じような疑問がわく。若狭・越は、日本海に面し、韓半島に近いという立地から、竈・温突に限らず、常にそうした問題を考えさせるところである。

（註1）合田幸美「朝鮮半島の竈」『研究紀要』二、㈶大阪文化財センター、一九九五
大貫静夫「挹婁の考古学」『国立歴史民俗博物館研究報告』第一五一集、二〇〇九
（註2）松見裕二「壱岐・原の辻遺跡における弥生時代後期の集落内部構造について」『第五八回埋蔵文化財研究集会　弥生時代後期の社会変化』埋蔵文化財研究会、二〇〇九
（註3）埋蔵文化財研究会『古墳時代の竈を考える』一九九二
合田幸美「出現期の竈再考」『究班』Ⅱ、二〇〇二
（註4）富山県文化振興財団埋蔵文化財調査事務所『五社遺跡発掘調査報告』一九九八
中川道子「富山県における出現期のカマドについて」『五社遺跡発掘調査報告』一九九八
（註5）青山　晃「富山県におけるカマド出現期の様相」『富山考古学研究』紀要三、㈶富山県文化振興財団埋蔵文化財調査事務所、二〇〇〇
髙橋浩二「古墳時代の越中」木本秀樹編『古代の越中』高志書院、二〇〇九
（註6）春日真美「越後における五世紀から八世紀の竪穴建物の変遷」『新潟考古学談話会会報』一六、新潟考古学談話会、一九九六
（註7）都出比呂志「前方後円墳体制と民族形成」『待兼山論叢』二七、大阪大学文学部、一九九三
（註8）前掲註5の髙橋論考に詳しい。
（註9）望月精司「小松市額見町遺跡の調査」『日本歴史』二月号、吉川弘文館、二〇〇〇
石川県小松市教育委員会『額見町遺跡』Ⅰ～Ⅳ、二〇〇六～二〇〇九
（註10）亀田修一「渡来系のムラを考える」『日韓集落の研究―弥生・古墳時代および無文土器～三国時代―』日韓集落研究会、二〇一二
（註11）小郡市教育委員会『干潟城山遺跡』Ⅱ、一九九五
（註12）綾部市教育委員会『綾部市文化財調査報告』第九集、一九八二
（註13）忠南大學校博物館『論山定止里百済聚落址』二〇〇〇
山本孝文「百済の泗沘遷都と周辺集落の動向」『日韓集落の研究―弥生・古墳時代および無文土器～三国時代―』日韓集落研究会、二〇一二
（註14）忠清文化財研究院『扶餘井洞里遺跡』二〇〇五
（註15）孔棒石「慶南西部地域三国時代竪穴建物跡のオンドル研究」『韓国考古学報』六六、二〇〇八
李東熙「三国時代南海岸地域の住居・集落の地域性と変動」『日韓集落の研究―弥生・古墳時代および無文土器～三国時代―』日韓集落研究会、二〇一二
金昌億「大邱・慶北地域三国時代集落の特徴と性格」『日韓集落の研究―弥生・古墳時代および無文土器～三国時代―』日韓集落研究会、二〇一二
（註16）石川県立歴史博物館「飛鳥の王権とカガの渡来人」『紀要』一四、二〇〇二

埴輪

宮崎　認

若狭・越において、埴輪を持つ古墳は約一〇〇基を数える。表面採集資料などのみが確認されている古墳をのぞくと、詳細な検討を加えることができる古墳はさらに減少する。若狭・越の広大な領域に含まれる総古墳数と比較しても、これはきわめて少ない。畿内地方においては、小規模な古墳群においても埴輪が備わった古墳が一定数存在することに対して、当地方の古墳においてはやはり埴輪の使用に関して限定的な側面があった結果であろうと考える。しかしながら、当地方の埴輪については、二〇〇〇（平成一二）年以降、発掘調査によって全容が判明した古墳も少なくはない。むしろ、当地方の埴輪を考えていく上で、重要な要素も確認されている。こうした成果を踏まえながら、若狭・越の埴輪についてその全体像を明らかにしていきたい。なお、越の領域は広大であるが、本節で扱う埴輪の中心は、越中・能登から越前が中心である。また、埴輪の編年根拠については、先行研究においてもすべて川西宏幸による全国的な円筒埴輪研究(註1)に依拠しており、本節においてもこの時期区分を用いることにする。中心となる円筒埴輪の外面第二次調整の表記については、一瀬和夫の分類(註2)に従うこととする。

一　若狭の埴輪（表1）

若狭の古墳に埴輪が本格的に導入されるのは全国的にみても遅い。最古の埴輪が確認されている古墳は、北川流域の脇袋古墳群にある上之塚古墳である。この古墳の埴輪には、円筒埴輪、朝顔形埴輪、家形埴輪があること発掘調査(註3)で明らかになっている。円筒埴輪の特徴としては、黒斑がある個体が存在し、野焼き焼成である。また、二次調整はタテハケ調整が主であるが、一部にB種ヨコハケ調整が確認できることがあげられる。こうした特徴から、上之塚古墳の埴輪は川西編年のⅢ期に位置づけられることは昔から指摘されてきた。調査事例が増えた現在においてもこの状況に変わりなく、川西編年のⅠ・Ⅱ期に該当する埴輪は今もって存在しない。越にはⅡ期の埴輪が存在し、越と比較してもやはり一段階導入が遅れる。上之塚古墳は、大型の古墳が築かれてこなかった地域に突如として登場した大型古墳である。若狭地域で土器製塩が導入されるとともに登場した大型の古墳に最古の埴輪が導入されているという状況こそが、若狭の埴輪の第一の特徴である。

上之塚古墳以後、北川流域には大型の前方後円墳が連続して築か

表１　若狭における主要埴輪出土古墳

	Ⅰ	Ⅱ	Ⅲ	Ⅳ	Ⅴ
若　狭			上ノ塚古墳	城山古墳・向山１号墳 脇袋丸山塚古墳 西塚古墳・中塚古墳	十善の森古墳・白髭神社古墳 上船塚古墳・下船塚古墳 日笠松塚古墳 太興寺４・５号墳 獅子塚古墳・興道寺11号墳 帝釈寺１・４号墳

れていくが、ほぼすべての大型古墳で埴輪が使用されている。順を追って埴輪を見ていくことにする。城山古墳からは発掘調査によって、原位置が保たれた埴輪が出土している。種類としては円筒埴輪・朝顔形埴輪・鳥形埴輪がある。円筒埴輪は、土師質・無黒斑で、二次調整はタテハケとB種ヨコハケ調整が確認できる。透孔《すかしあな》は円形が基本であるが、一部に方形のものがある。完形に復元される個体があり、三条突帯四段と、四条突帯五段の二規格が確認されている。また、底部にケズリ調整も施されている。以上のような特徴は、川西編年Ⅳ期でも古相に属する。向山一号墳は城山古墳よりわずかに遅れると考えられる古墳であるが、発掘調査によって埴輪の様相が明らかになっている。円筒埴輪のほか、朝顔形埴輪、形象埴輪では、家形埴輪・蓋形埴輪がある。円筒埴輪には、土師質と須恵質両者が含まれており、二条突帯三段で、寸胴な器形の埴輪が特徴である。高橋克壽の指摘(註4)によると、底部横方向の最終調整やB種ヨコハケ調整の相似性から尾張地方能田旭古墳の円筒埴輪との類縁性が強い。二〇一二（平成二四）年に発掘調査が行なわれた脇袋丸山塚古墳は、向山一号墳と同時期の古墳である。二〇一二年に発掘調査が行なわれたばかりであり、いまだ全容は確認できない。かつて高橋自身が「向山一号墳と似ている」とした円筒埴輪の様相については、今後の報告を待ちたい。

　西塚古墳は、脇袋古墳群にあって上之塚古墳から続く大型の前方後円墳である。調査によって墳丘や外堤に樹立されていたと推定できる円筒埴輪が出土している。種類としては、円筒埴輪・朝顔形埴輪・盾形埴輪・蓋形埴輪が確認されている。円筒埴輪は筆者自身がかつて整理を行ない、四群(註5)に分類できることを明らかにした。概略をまとめておくと、一・二群は無黒斑・土師質で、二群はB種ヨコハケ調整が確認できるいわゆる近畿地方の王陵系埴輪である。三群は須恵質で、B種にくわえてC種ヨコハケ調整や底部横方向調整が認められる。四群は、調整などは一・二群と共通であるが、第一突帯押圧技法が確認できる。西塚古墳出土埴輪のB種ヨコハケ調整は、Bb種、Bc種と分類される調整が主流であって、近畿地方の王陵系埴輪の技術が反映された製品も多い。その一方で、三・四群(註6)に認められるように、若狭以外からの影響品が存在している。向山一号墳の埴輪が規格性の高いまとまった製品群であるのに対して、西塚古墳では多様性が認められる。大きな隔たりが感じられるようであるが、個々の要素としては、城山古墳と西塚古墳に突帯間隔が類似した製品が存在することや、城山古墳以降、円筒埴輪の底部横方向調整がすべての古墳に含まれていることは、埴輪生産の連続性と考えられる。これは、固定された生産体制が連続するということではなく、古墳ごとに異なった工人が参加しつつも、先程示したような共通する情報を伝えることができた在地工人が一定数含まれた、継続的な生産体制が想定されるという意味である。

西塚古墳以降、中塚古墳、糠塚古墳と連続して埴輪が使用されている。中塚古墳では、Ｂ種ヨコハケ調整が施された個体は減少し、土師質・無黒斑でタテハケ調整の円筒埴輪が大半を占める。川西編年Ⅳ期の円筒埴輪である。第一突帯押圧技法による製品が確認でき、西塚古墳からの連続性が確認できる。糠塚古墳は、二〇〇八（平成二〇）年に範囲確認調査が行なわれたが、中塚古墳に後続することが明らかになっている。

脇袋古墳群以外の古墳では、中期古墳の埴輪は詳細が不明な古墳が多いが、太興寺古墳群(註7)では様相が判明している。太興寺古墳群の埴輪は、土師質・無黒斑で、タテハケ調製品が主流をしめる。突帯が低く、底部径も小さい。脇袋古墳群の円筒埴輪と比較しても、王陵系埴輪が直接導入された様子は認めがたく、小型品で構成されることが特徴である。底部に板ナデ調整が認められることからも、円筒埴輪としては川西編年Ⅴ期の埴輪である。中期的な要素として五号墳から冑形埴輪を含めた形象埴輪が出土している。しかしながら、子持ち器台と考えられる須恵器片が出土しており、その時期を西塚古墳や中塚古墳の時期と同時期とは考えがたい。五号墳に先行すると考えられる二号墳から、Ⅴ期の範疇で捉えることができる埴輪片が少量出土しているが、二号墳で使用されたものであるのか判断するには、やや根拠が足りない。三方の藤井岡古墳では、Ⅲ期以降と考えられる埴輪片が表面採集されているが、北川流域以外ではこの古墳のみが唯一の埴輪資料である。中期段階ではきわめて狭い範囲内でしか埴輪が使用されないことが若狭の特徴である。

後期には、脇袋古墳群に集中した中期の状況とは異なり、埴輪の使用が美浜地域で多く確認でき、北川流域に展開する古墳群においても変化が現われる。脇袋古墳群の対岸に位置する十善の森古墳の円筒埴輪は、土師質・無黒斑で、外面タテハケ・ナナメハケ調整品が主流である。第一突帯押圧技法も確認でき、これは中期に見られた埴輪生産の技術の継承で埴輪生産が定着化していると考えてもよいであろう。しかし、底部に板押さえ調整が施されているのは中期とは異なる。また、この古墳の円筒埴輪は二条突帯三段構成であるが、第一段がきわめて長い器形となり、周辺の古墳から出土する円筒埴輪とは大きく異なる。これまで形象埴輪は確認されていなかったが、筆者自身が行なった二〇〇九（平成二一）年の工事立会において、おそらく獣形をかたどった埴輪の脚部と考えられる円筒状の形象埴輪片が、円筒埴輪とともに前方部側周濠内から出土している。こうした中期とは異なった形象埴輪が確認されていることも注目される。

十善の森古墳のやや下流に位置する日笠古墳群では、まとまった埴輪が確認されている。白髭神社古墳からは、土師質で外面タテハケ・ナナメハケ調製品の円筒埴輪が主流である。一部に、完全須恵質のものも確認できる。底部に板押さえ調整が施されている個体も確認できる。小片ではあるがＢｄ種ヨコハケ調整が確認でき、同古墳群内に存在する日笠松塚古墳とよく似た様相を呈する。日笠松塚古墳以降、楕円筒埴輪が継続して使用されるなど、後続する上船塚古墳、下船塚古墳にも共通する要素が確認されている。同一古墳群内でのまとまりのある埴輪生産や、埴輪の使用が小規模な円墳にまでおよぶという変化が後期には顕著である。

美浜地域においても、まとまった埴輪が出土している。耳川流域の興道寺古墳群の獅子塚古墳や興道寺一一号墳では、小型で外面が一次タテハケ調整の円筒埴輪が確認されている。いずれも古墳群の南に位置する興道寺窯からの供給であることが想定されており、先程の日笠古墳群同様、在地生産の定着と同一古墳群内での共通した埴輪の使用が認められる。美浜地域でもさらに東に位置する帝釈寺古墳群においても、埴輪が確認されている。一号墳から馬形埴輪・家形埴輪、四号墳からは、人形埴輪といった形象埴輪が確認できる。円筒埴輪には、大型で口縁部に貼り付け突帯がめぐる製品がある。すでに永江寿夫が指摘[註8]しているように新池埴輪窯からの技術的な影響が窺われる。新池埴輪窯C群とされる第一七号窯では、帝釈寺古墳出土品ときわめて類似した貼り付け突帯の口縁部を有する円筒埴輪が出土しており、口径も約四〇センチで同一の規格で製作されている可能性もある。同窯では、貼り付け突帯の口縁部がもっとも多く出土していることも特筆される。

二　越前の埴輪（表2）

越において埴輪が導入されるのは、川西編年のⅡ期にあたり、若狭よりは一段階はやい時期に導入されている。ただし、その導入は越前の大型古墳に限定されている。大型古墳に限定されているという状況は、若狭と共通する。越の領域は広く、埴輪を有する古墳も倍以上確認されているため、各時期の代表的な埴輪について述べながら、越の埴輪を見ていくことにする。

越の最古段階の埴輪が確認されているのは、松岡古墳群の手繰ヶ城山古墳と足羽山古墳群の山頂古墳である。山頂古墳は、一九九九（平成一一）年に範囲確認調査[註9]が行なわれ、埴輪片が出土している。円筒埴輪は、土師質・有黒斑で、外面はタテハケ調整である。透孔の形状は判明していないが、直線の破片が確認されており、方形もしくは三角形と考えられる。朝顔形埴輪が確認でき、形象埴輪片と考えられる破片が存在する。手繰ヶ城山古墳は未調査のため、表面採集資料である。円筒埴輪と朝顔形埴輪がある。円筒埴輪は、土師質・有黒斑で、外面はタテハケ調整が主流をしめる。一部にヨコハケ調整が確認できる。透孔は半円形または逆三角形の形状を示す個体が存在する。底部径は約二五センチで、底部に剣先形の切込みが確認される個体が存在する。両古墳の埴輪は、いずれも川西編年のⅡ期に位置づけられると指摘されてきた。なお、六呂瀬山一号墳も家形埴輪をはじめとした数種の形象埴輪が確認でき、円筒埴輪についてもⅡ期の範疇に収まる可能性が高いが、両古墳に後続するものと考えられる。山頂古墳は明治期の公園化による破壊のため未だ墳形には疑問も残るが、少なくとも直径約六〇メートルの円墳であると考えられている。また、手繰ヶ城山古墳は同時期の越地方最大の前方後円墳である。足羽山古墳群の評価は坂靖志[註10]や田邊朋宏の指摘のように、同時期の越の大首長と親縁性が認められ、畿内との対外的な交渉を担った集団の首長墳である可能性が高い。若狭より一段階はやい時期に、若狭同様限定的な埴輪の導入が行なわれていたので

表２　越における主要埴輪出土古墳

	Ⅰ	Ⅱ	Ⅲ	Ⅳ	Ⅴ
越　前		山頂古墳 手繰ヶ城山古墳 六呂瀬山１号墳	六呂瀬山３号墳 免鳥長山古墳 桧ノ木坂５号墳 吉野八幡神社古墳 重立４号墳 西谷山２号墳 向井出山２号墳	泰遠寺山古墳 鳥越山古墳 石舟山古墳 二本松山古墳 天神山７号墳 番城谷山５号墳 中川 10 号墳 村国山２・３号墳	椀貸山古墳 中川 61 号墳 中川 64 号墳 中川 65 号墳 岡本山１号墳
加　賀			長坂二子塚古墳	二子塚狐山古墳 二子塚 10 号墳 吸坂丸山５号墳 秋常山２号墳 御幸塚古墳 矢田借屋７号墳	矢田借屋 12 号墳 矢田野エジリ古墳 矢田借屋４号墳
能　登			滝大塚古墳 水白鍋山古墳 滝５号墳 森本大塚古墳		滝２号墳 滝６号墳 柴垣観音山古墳
越　中					朝日長山古墳 若宮古墳

ある。

　川西編年Ⅲ期になると、越前では大規模な首長墳に継続して埴輪が使用される。同時に、若狭では後期にいたるまで確認できなかった、小規模の円墳・方墳での埴輪の導入が行なわれる。また、手繰ケ城山古墳をはじめとする大首長墳が展開する九頭竜川水系を離れた、日本海に面した福井市西部から丹南地域、敦賀地域にまで埴輪の分布圏が広がる。ただし、中・小規模の埴輪使用は、単独もしくは連続する古墳間に認められ、継続して使用され続けることは無い。越前でのこうした変化と同時に、越前以外の加賀・能登地域でも埴輪が導入される。

　越前では六呂瀬山三号墳と免鳥長山古墳が大首長墳の例である。六呂瀬山三号墳の円筒埴輪は、土師質・有黒斑で、外面二次タテハケ調整に加えて、ヨコハケ調整が確認できる。透孔は円形と方形がある。発掘調査[註11]で確認された円筒埴輪の底部には、剣先形の切込みが施されている個体や底部径が四〇センチを超える個体が存在する。家形埴輪・蓋形埴輪などの形象埴輪も複数確認できる。免鳥長山古墳も範囲確認により埴輪の様相が明らかになっている。土師質・有黒斑で、外面調整はタテ・ナナメハケにくわえてB種ヨコハケ調整が確認できる。また、底部には剣先形の切込み（図1）が施されている個体が三点存在する。六呂瀬山三号墳と異なる点は、透孔が円形に限られることや、底部径が二〇センチを超える円筒埴輪が最多であるが、最大でも約二七センチまでであることなどがある。川西編年Ⅲ期にあたる円筒埴輪を有する両古墳では規格に違いが見られるが、底部に剣先形の切込みを入れるという手法が継続して採用されている。

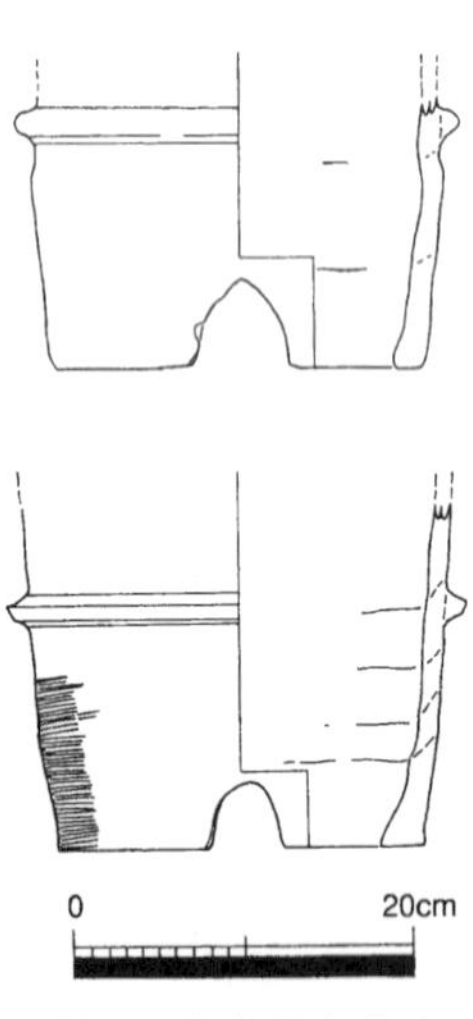

図1　免鳥長山古墳
剣先形切込み

　この切込みについては、後述する天神山七号墳も含めてすでに評価が存在する。田邊は心合寺山古墳に代表される類似切込みとの比較を通じて、底部が埋められることを想定していない装飾[註12]と評価し、浅野良治は『埴輪生産の継続性を端的に表している』と越前の埴輪生産の継続的な体制を示すもの[註13]として評価する。筆者の管見によれば、確認されている切込みはすべて焼成前に施されており、透孔の割付とは異なる位置に施される。切込みを利用して、製作時の工程上に利用された痕跡は認められない。すべての個体に切込みが施されてはおらず、比率としてはやはり少数である。出土状況が判明している免鳥長山古墳、六呂瀬山三号墳では、切込みの確認できる円筒埴輪が底部を埋め込まれた状態で樹立されている。以上のような特徴が観察できることから、越を代表する大首長墳に継続してみられる切込みはやはり偶発的とは考えがたく、この時期までの円筒埴輪の規格・調整手法から連続性を捉えることは難しい側面もあるが、埴輪製作工人に連続して継承される記号であったことは間違いないと考える。続く川西編年Ⅳ期では、天神山七号墳以外では現在までのところ確認できていない。

　越前では、桧ノ木坂五号墳で円筒埴輪以外にも家形埴輪が二個体確認されており、埴輪が導入される古墳が限定されていても、埴輪祭祀の情報までが欠落している様子は窺われない。越前以外の地域では、能登で大型古墳に埴輪が導入される。水白鍋山古墳、滝大塚古墳では、土師質・有黒斑の円筒埴輪が確認できる。それらの埴輪には、外面二次B種ヨコハケ調整が確認できる。越前と同様に、B種ヨコハケ調整という近畿地方からの埴輪情報が確実に伝わっている。一方で、加賀の長坂二子塚古墳の円筒埴輪は、胴部が膨らんだ器形をなし、外面調整はタテハケ調整で、近畿地方や越内部での影響を受けた埴輪とは考えがたい。

川西編年Ⅳ期には、越前では継続的に埴輪の使用が認められ、埴輪生産が安定して継続されていたものと考えられる。泰遠寺山古墳以降、窖窯《あながま》で焼成された土師質・無黒斑の円筒埴輪は鳥越山古墳、石舟山古墳、二本松山古墳と連綿と使用され続け、B種ヨコハケ調整[註14]についても近畿地方からの情報を細かく読み取って生産されていたものと思われる。天神山七号墳や、近年確認された越前町番城谷山五号墳といった円墳[註15]でも、大型古墳と同様の円筒埴輪や朝顔形埴輪が確認できる。天神山七号墳では、Ⅲ期までに認められた剣先形の切込みが確認できる。前述四基の大型古墳では、切込みは確認できない。窖窯導入こそ天神山七号墳段階ではたされるが、安定した体制は確立されておらず、泰遠寺山古墳造営に伴う埴輪の生産以後、越前内での埴輪の供給が安定し、こうした現象が起こったとも考えうる。なお、泰遠寺山古墳からは四脚獣と考えられる形象埴輪片が確認されている[註16]。現在確認されている資料の比較からは、こうした形象埴輪の変化も若狭よりはやいと考えられる。

このⅣ期においては、Ⅲ期に埴輪が確認できていた能登では資料は少なく、継続的に展開していく様相は窺われない。一方で、加賀においては埴輪を導入する古墳が増加する。小規模古墳にも埴輪が導入されている。吸坂丸山五号墳では、土師質・無黒斑で、B種ヨコハケ調整が確認できる円筒埴輪とともに、女性の髷をかたどったと考えられる人物埴輪が出土している。この人物埴輪は、越・若狭を通じて現在でも最古段階の資料と考えられる。

川西編年Ⅴ期には、古墳群の変動とともに埴輪の分布域が大きく変化する。越前では横山古墳群に集中する。加賀・能登ではむしろ広範囲にひろがる。また、越中でも埴輪使用古墳が確認できるようになる。同時に、越前と南加賀では、東海系埴輪や淡輪技法が確認できる埴輪が存在し、技術的にも大きな変化が見られる。越前では、横山古墳群中の椀貸山古墳、中川六四・六五号墳の円筒埴輪には、須恵質で外面二次C種ヨコハケ調整、底部を横方向に調整する個体が確認できる。中川六一号墳では、淡輪技法が確認できる個体が存在する。こうした埴輪群は過去すでに指摘[註17]されているように、継体大王擁立勢力である尾張との関連を強く示すものであろう。この横山古墳群に、埴輪を供給していたと考えられるのが古墳群の北東に位置する鎌谷窯である。須恵器との共用であるこの窯からは、久保智康が指摘[註18]するように、横山古墳群で確認されている尾張系埴輪が焼成されていたことが確実である。近年、この鎌谷窯の資料中に淡輪技法が確認できる破片が存在[註19]することが明らかになり、横山古墳群で確認される埴輪は、すべてこの窯から供給されたと断定してもよいと思われる。

加賀では、三湖台古墳群の矢田野エジリ古墳、矢田借屋一二号墳に尾張系埴輪の導入が確認できる。矢田野エジリ古墳では、北陸ではめずらしく豊かな人物埴輪群が出土していることでも知られる。また、それらの円筒埴輪は、南加賀の二ツ梨窯で製作され供給されたとされる。三浦俊明が指摘する[註20]ように、こうした尾張系の埴輪はその製作技術と共に、古墳時代後期における埴輪の広域供給システムと共に導入されている可能性が高い。

一方、須恵器系埴輪の供給を受けてない能登地域の古墳では、柴垣観音山古墳の円筒埴輪のように、外面二次調整が省略されたⅣ期からの伝統と捉えられるような埴輪群で構成される。

若狭・越ともに以上のような埴輪の導入から、後期における変化を経て、最終的に埴輪が使用されなくなる。若狭では下船塚古墳に後続する丸山塚古墳、越前では椀貸山古墳に後続する神奈備山古墳の段階で、埴輪祭祀は見られない。古墳時代後期後半も埴輪が流行する東国とは異なり、それもまた、当時の政権中枢と連動した現象であったと考えられる。

（註1）川西宏幸「円筒埴輪総論」『考古学雑誌』六四―二、一九七八
（註2）一瀬和夫「古市古墳群における大型古墳埴輪集成」『大水川改修に伴う発掘調査概要Ⅴ』一九八八
（註3）中司照世編『若狭地方前方後円墳総合調査報告書』一九九七
（註4）高橋克壽「若狭の埴輪と地域政権」『躍動する若狭の王者たち―前方後円墳の時代―』一九九一
（註5）前掲註3に同じ
（註6）第一突帯押圧技法については、川西が吉備との関係性を古くから指摘してきたが、近年は近畿地方の技法と考えられている。藤井康隆「「尾張型埴輪」の諸問題」『埴輪―円筒埴輪製作技法の観察・認識・分析―』二〇〇三
（註7）下仲隆浩編『小浜市重要遺跡確認調査報告書Ⅱ』二〇〇六
（註8）永江寿夫「若狭地方の出土埴輪について」『古代文化』五九―四、二〇〇八
（註9）田邊朋宏「足羽山古墳群―饅頭山1・2号墳・山頂古墳の調査―」『福井市古墳調査報告書Ⅰ』二〇一二
（註10）坂　靖志「5世紀越前の大首長墳系譜にみられる二つの画期」『発掘された北陸の古墳報告会資料』一九九七
（註11）過去調査が行なわれており、まだ未報告資料である。現在坂井市が再整理作業を行なっている。
（註12）田邊朋宏編『免鳥古墳群範囲確認調査報告書』二〇〇七
（註13）浅野良治「北陸における埴輪をもつ古墳」『古代文化』五九―四、二〇〇八
（註14）『石舟山古墳・鳥越山古墳・二本松山古墳　平成13年～平成15年度松岡町内遺跡範囲確認調査報告書』二〇〇五
（註15）越前町教育委員会の報告では帆立貝式前方後円墳とされているが、溝でくびれ部が断絶しており、前方後円墳ではないと筆者は考える。円墳と方墳に分かれる可能性がきわめて高い。
（註16）二〇〇八年に行なわれた埴輪研究会の福井県内資料の見学会でご指摘いただいた。
（註17）中司照世「椀貸山・神奈備山古墳と横山古墳群」『福井県立博物館紀要』八、二〇〇一
（註18）久保智康「越前・若狭における在地窯の出現―福井県坂井郡金津町鎌谷窯出土資料の検討―」『北陸古代土器研究』創刊号、一九九一
（註19）この資料についても註16の見学会の際にご指摘いただいた。
（註20）三浦俊明「北陸における須恵器系埴輪の生産」『考古学ジャーナル』五四一、二〇〇六

コラム

日笠松塚古墳の周溝内木柱

永江寿夫

一　はじめに

古墳に伴う木製品について、筆者が初めて耳にしたのは、一九八七・八（昭和六二・三）年に調査された奈良県の四条古墳と小墓古墳の報告であった。同年、わが福井県若狭町の向山古墳調査においても、柱穴や柱材などの存在の有無に注意を払うこととなった。

二　周辺環境

日笠松塚古墳は、広域首長墳である前方後円墳の上船塚古墳、下船塚古墳の東方三〇〇メートルに位置する陪塚と位置づけられる。遺跡分布調査の際、水田掘削土から埴輪が発見され、埋没古墳の存在が確認されたのである。東側には、玉塚古墳、従縄古墳と続き、いずれも小規模ながら埴輪をもつ古墳が連なる。

三　調査

発掘調査によって、墳丘本体は削平されていたが、周溝の存在を確認しえた。墳丘が道路下に拡がっていることから、全面発掘ができなかった。そこで、道路をはさんだ反対側も試掘したが何も確認されず、径約一八メートルの円墳と判断された。周溝埋土から、大量の埴輪を検出。B種横刷毛目を一個体、底部横削りを一個体含む、V期の円筒埴輪が大半であった。盾形埴輪も一個体出土した。

本墳は、六世紀前半に築造された古墳と考えられ、下船塚古墳を頂点として階層的に築造された古墳の一基であろう。このことは、両古墳の埴輪の共通性から首肯できる。

四　周溝内での木柱の発見

埴輪採取の際、周溝底から棒状の木製品が掘方を備えていることがわかり、柱の可能性を想定して断ち割りを行なった。その結果、杭ではなく下方に切断面をもつ柱であることが判明した。さらに、その周辺を清掃したところ、掘方をもつ六本の木柱と四か所の柱穴

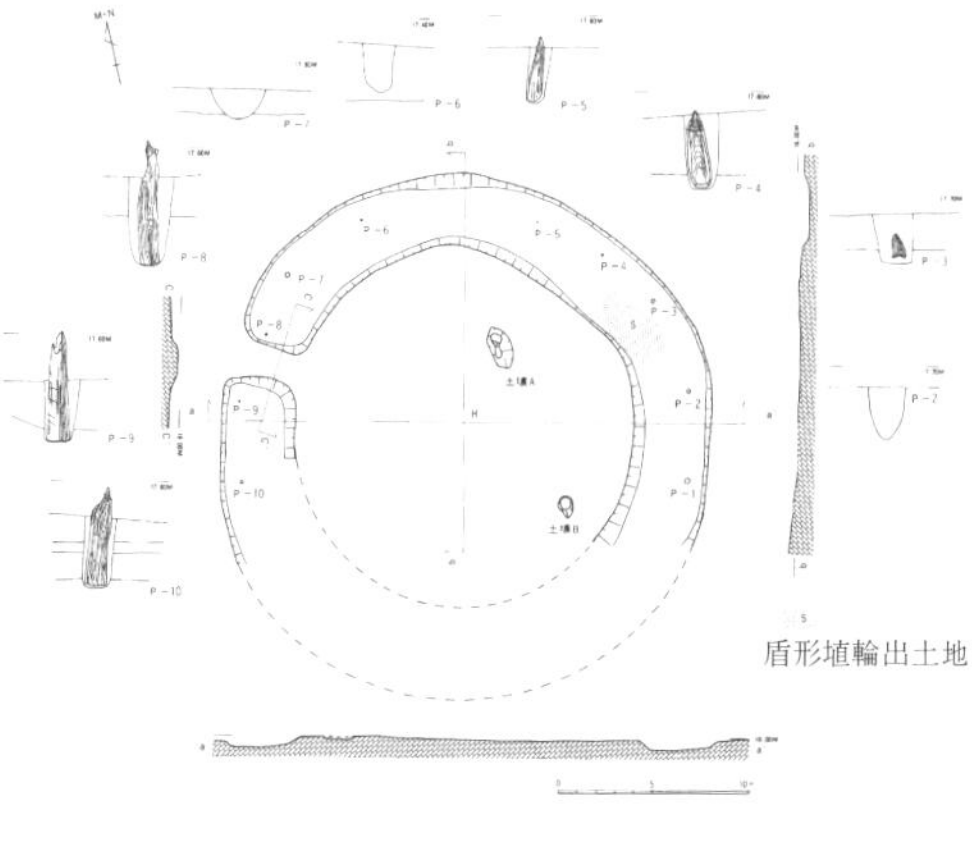

図１　日笠松塚古墳遺構図

が、周溝内中心よりやや外側に四メートルの間隔で検出された。木柱は、墳丘西側のブリッジの両側でも確認された。木柱は、腐朽によって本来の長さや径は不明だが、現存するもっとも長いものは六六センチを測る。

五　出土した木柱

木柱材は、金原正明によってスギ材と同定された。ちなみに、畿内の事例は、コウヤマキ製のものが圧倒的に多い。木柱の断面観察からは、すべて芯去り材を用いていることがわかる。高橋美久二は、今里車塚古墳調査時の所見として、芯去り材の使用は、ひび割れによる損傷を避けるための配慮としている。当古墳の木柱についても、一時的でない長期的樹立を意図したことが推測される。

六　若狭地方での事例

日笠松塚古墳の木柱の発見を嚆矢として、その後上中地域の上ノ塚古墳の木柱、城山古墳の柱穴、美浜町の帝釈寺四号墳において柱穴が相次いで検出された。

七　全国の事例

弥生時代の遺跡においても、大阪府の雁屋遺跡の方形周溝墓から、柱や鳥形木製品が見つかっている。

古墳での木製品の発見は、古くは欽明陵の周濠内での柱、山形市の漆山古墳での木柵、応神陵からの笠形木製品、奈良県石見遺跡からの笠や鳥形の木製品などが知られていた。その後、今里車塚古墳から墳丘裾での柱列、笠や鳥の木製品が発見された。調査担当の高橋は、土の埴輪に加え、「木製の埴輪」の存在を提唱された。その後、四条古墳や小墓古墳の調査事例が、高橋の推論を決定づけたのである。また韓国でも月桂洞一号墳（光州）から、笠形の木製品が出土している。

木製品に関わる事例は、①墳丘内・②周濠（溝）・③周堤における、㋑柱穴・㋺木柱・㋩笠形や鳥形など・㋥木柵に大別される。

八　さいごに

日笠松塚古墳の木柱は、等間隔で周溝内に樹立されたものであり、古墳を聖域として画し、また飾るものであった。断面形状の差異は、柱上にそれぞれ何か付けられたことも想像させられるものである。

土で焼かれた埴輪を永遠性のなかで、また木製品を仮器的なものと捉える対照化させた説があるが、いずれも壊れ朽ち果てていくものであることを古代人が知らないはずはない。筆者は、古墳に伴う木製品の解釈については、「木製の埴輪」とされる高橋の驥尾に付すものである。不可避の厳然たる死という決別にあって、哀惜（葬）と悠久なるものへの憧憬（祭）の念を、あえて甚解を求めず、感得せずにはおれない。

参考文献

高橋美久二・西藤清秀ほか『東アジアの古代文化』五六、大和書房、一九八八

永江寿夫編『日笠地区圃場整備に伴う発掘調査報告書』上中町教育委員会、一九九一

鈴木裕明・坂　靖ほか「古墳の木製祭祀具」『考古学ジャーナル』一一、ニューサイエンス社、二〇〇七

鈴木裕明・岡林孝作ほか「墳墓構造と葬送祭祀」『古墳時代の考古学』三、同成社、二〇一一

武器・武具

安中哲徳

一　はじめに

古墳出土の遺物として、最も数の多い武器・武具であるが、北陸では、特定遺物や旧国単位を対象とした論考・集成は見られるものの、北陸全体を対象とした研究は少なく、現段階では伊藤雅文によりまとめられた論考(註1)が到達点としてあげられる。本稿では、これをもとに北陸の武器・武具について概観していきたい。

古墳時代になると、武器・武具だけでなく農具や工具も含む多くの生活用品が鉄器化する。畿内の王権により、鉄資源が大量に確保され、集中管理されるようになると、王権を支える人々の墓にはこれら鉄器が大量に副葬されるようになる。一方、後述する地域を代表する大型の古墳にも武器・武具をはじめとする多数の鉄器が副葬されており、王権との関係性を示す材料として注目されている。北陸では、弥生時代終末期に鉄器生産が導入され、小型鉄器の生産が開始されており、古墳時代中期以降も地域独自の鉄器生産が行なわれていたことが、土師器高杯脚部を転用した鞴羽口の出土などから判明している。よって、北陸の古墳には地域内外の鉄器が副葬されている可能性が高く、注目できる。

二　刀・剣類

(一) 刀

刀は、弥生後期後半以降、北陸の墳墓から出土しており、福井県福井市原目山墳墓群や同永平寺町乃木山墳墓第一主体部、石川県津幡町七野一号墓一一号主体部出土の刀は、素環頭刀の環頭部分を断ち切って使っている。乃木山墳墓第二主体部からは、切られた環頭が刀身に添えられて出土しており、原目山墳墓群からも同サイズの素環頭刀が出土している。素環頭断切大刀は古墳時代前期前葉まで出土し、石川県金沢市神谷内一七号墳にある。素環頭大刀は同能美市和田山九号墳、同加賀市吸坂丸山二号墳から出土しており、和田山九号墳は刀身と環頭が別作りである。弥生時代終末期から古墳時代前期にかかる刀類の出土は、越前と加賀に集中する。

古墳時代中期以降、刀の出土は増加し、後期にかけて大型武器の主要な位置をしめる。石川県中能登町雨の宮一号墳はすべて抜身の状態で副葬され、刃部と関部の境が小さい段形状である。後期には同七尾市ヤマンタン二五墳や福井県鯖江市天神山古墳群三ッ禿九号墳に斜両関構造の短刀がある。柄の木柄幅が刃部と同じという特徴

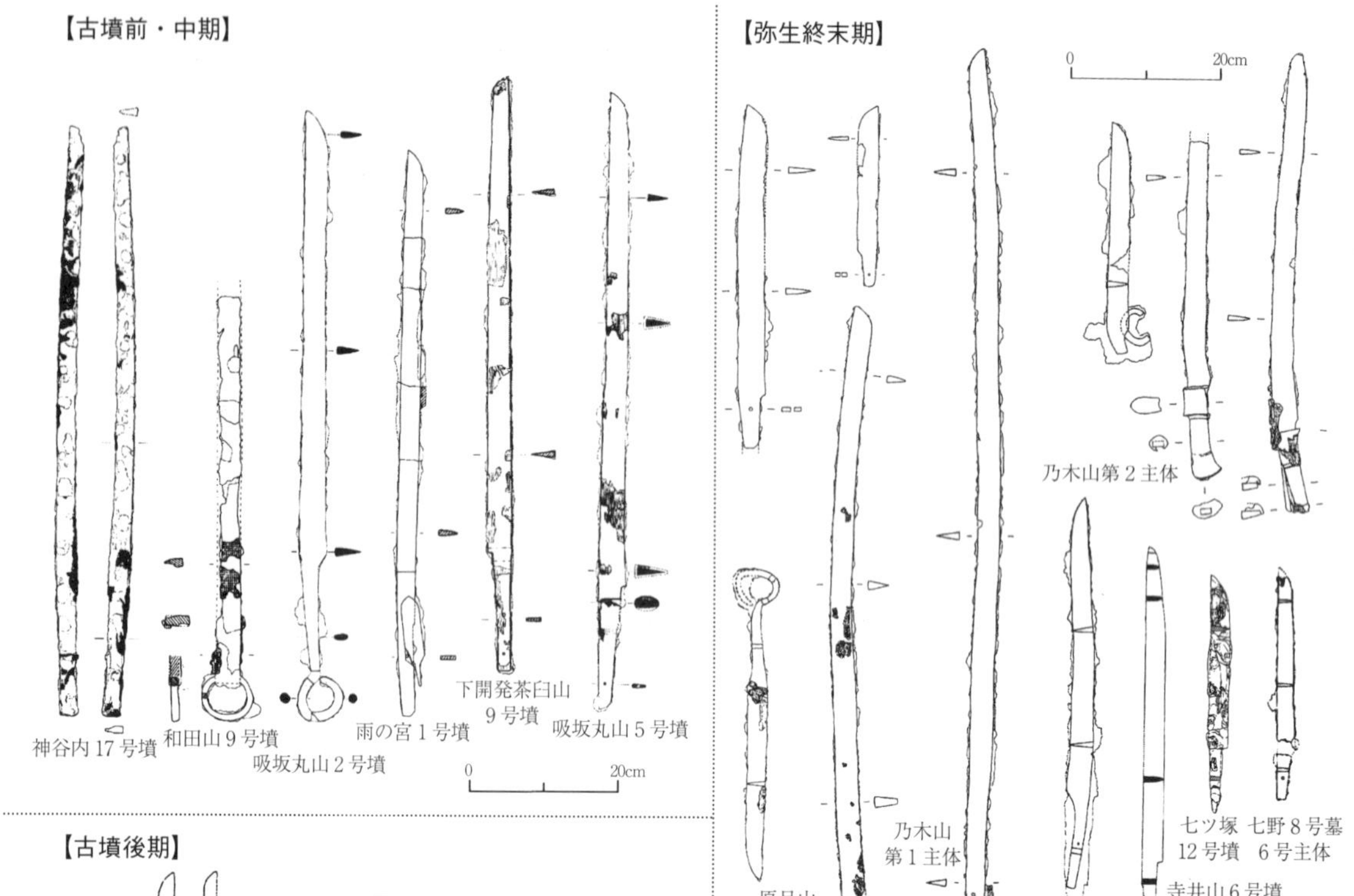

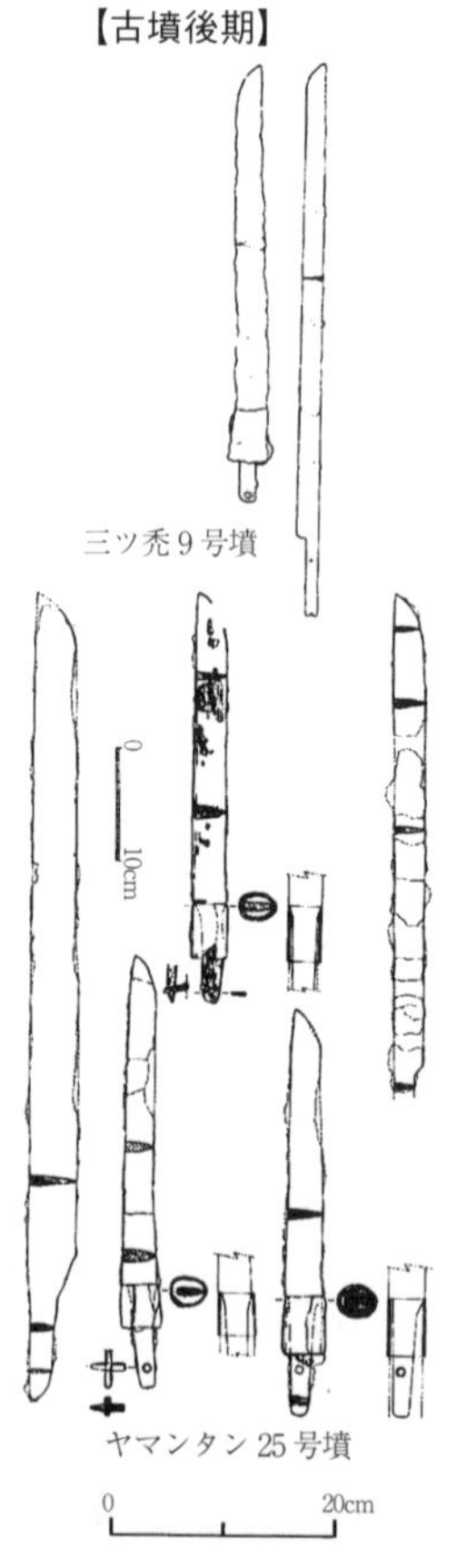

図1　刀　集成図（S=1/12）

があり、石突も出土していることから、この短刀に石突がともなう可能性もあり、長柄構造の武器も考慮する必要がある。

終末期には飾大刀の出土が顕著となる。双龍文環頭大刀や円頭大刀・圭頭大刀・頭椎大刀があり、七世紀以降の飾大刀の集中には目を見張るものがある。

（二）剣・ヤリ

弥生時代終末期に素環頭剣が、乃木山墳墓第一主体部から出土しており、剣は原目山墳墓群、石川県小松市向山B遺跡、同能美市寺井山六号墓、同金沢市七ツ塚一号墓から出土している。明確な鎬は確認できず、素環頭断切が剣で行なわれていたかは不明である。福井県福井市小羽山三〇号墓で刃関双孔の剣がある。石川県金沢市西念・南新保遺跡から出土した短剣は、柄を糸で巻いて固定している。

ヤリは弥生時代終末期以降、古墳時代前期に一定量存在する。石川県加賀市分校カン山一号墳や同金沢市観法寺二号墳、福井県福井市龍ヶ岡古墳、同鼓山古墳、富山県氷見市阿尾島田一号墳などから出土しており、雨の宮一号墳のヤリは、身部長二〇センチ前後で短く非常に薄い華奢なつくりで、法量が一定になっていることは規格化された非実用品である可能性を示す。

中期以降、剣の出土量が増える。石川県金沢市小坂一号墳や同加賀市吸坂E一号墳、同中能登町テンジクダイラ一号墳、同羽咋市柴

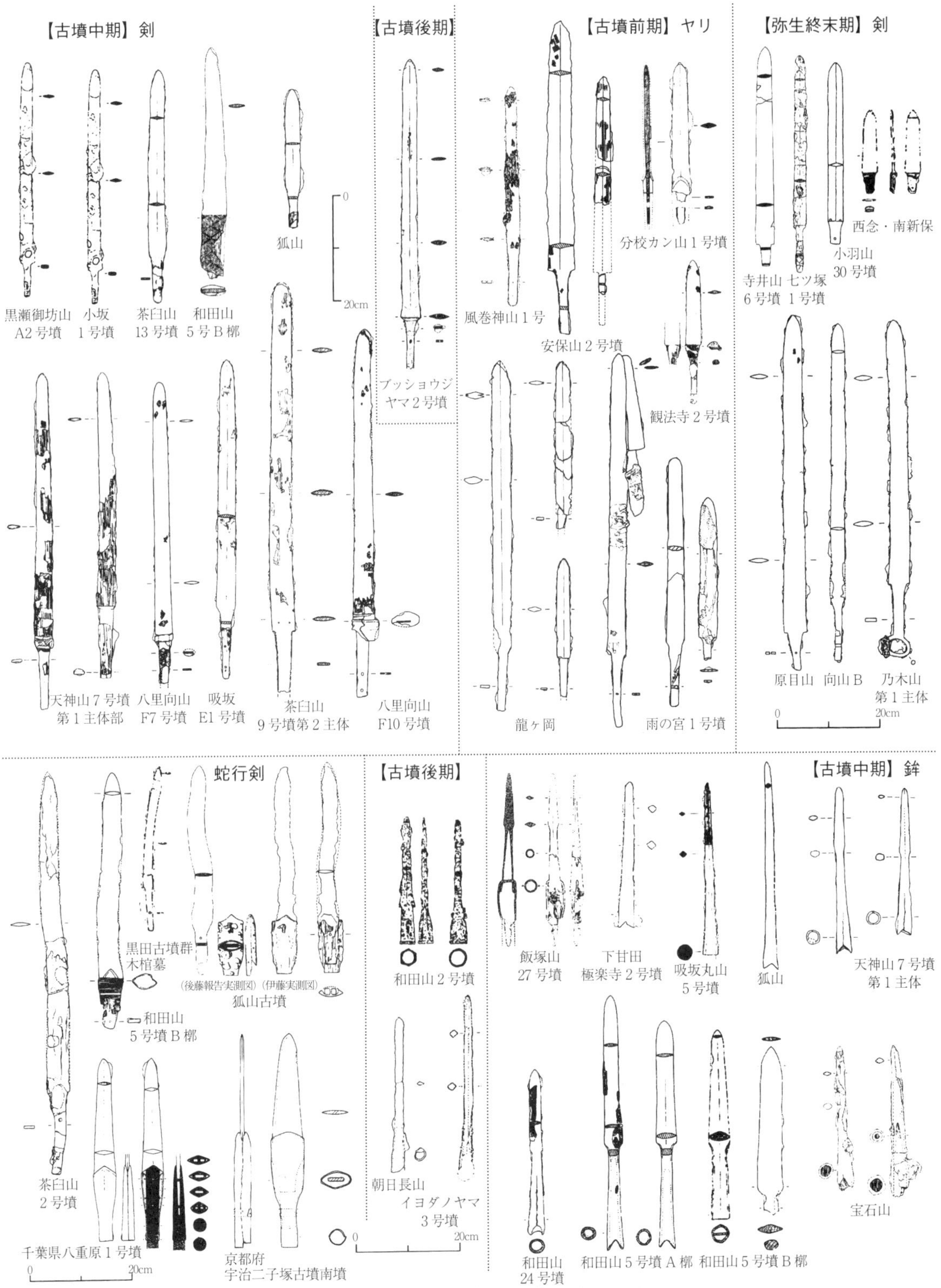

図2 剣・ヤリ・鉾 集成図（S=1/12）

垣ヤキヤマ古墳は剣のみの出土である。刀の多数埋納が雨の宮一号墳にあるように、中期的な武器を用いた葬送儀礼の重要な道具である可能性が高い。北陸における主要な武器は、前期からヤリの出土例も少なく、和田山五号墳や福井県福井市天神山七号墳など粘土槨を埋葬施設としている古墳から出土しており、古墳副葬品からみる限り、ヤリの長柄武器は一般化していない。

後期前半まで剣が副葬され、石川県小松市ブッショウジヤマ二号墳の剣は関近くで刃部がひらく形状である。和田山二号墳や同能美市西山一号墳には長大な剣がある。

蛇行剣は、蛇行するように屈曲する剣身をもつことから、後藤守一によって「蛇行曲身剣」と名付けられた剣である。同加賀市狐山古墳出土の蛇行剣は、剣身が銹によって薄く剥落し、鍛造によって作られていることを示す銹化状態であり、全長三九・二センチ、身部長三〇センチ、同幅四・三センチを測る。鍛打によって蛇行状態を作っており、屈曲は、関から二センチほどは直線で、そこから四回屈曲し、剣先が真っ直ぐ上を向く。剣身の曲がる度合いが左右異なり、カーブも左右対称ではない。関部は斜めで明確に作り出されておらず、茎部には目釘穴一箇所がある。袋状の柄部は鉾のように木柄に差し込む構造になっている。袋部先端は呑口状となっているが、袋部は一側面が開閉式になっており、別部材で蓋をして三ヶ所の鋲で留める構造となっている。柄部内部には木質が遺存している。以上から、狐山古墳の蛇行剣は、剣に袋部を作りつけ、「鉾」として改変されたもので、強度の面において非実用的な武器、すなわち儀杖用の武器と考えられている。

狐山古墳と和田山五号墳Ｂ槨の蛇行剣は、鉾あるいはヤリのような長柄武器、同能美市下開発茶臼山二号墳が通常の長さの剣になり、新潟県上越市黒田古墳群木棺墓が短剣になる。和田山五号墳Ｂ槨が鉾と共伴し、反対の棺側にヤリを置いて区別しており、その意識は明確である。したがって、蛇行剣を鉾として使うのは、中期中葉後半以降の武器を用いた儀礼に新たに付加された機能であると考えられる。北陸は全国的にも蛇行剣の集中地域であるといえる。

（三）鉾

中期中葉近くの福井県福井市天神山七号墳出土鉾は、身部長が一二〜一三センチしかなく小型であり、舶載品と思われる。新潟県南魚沼市飯綱山二七号墳出土の鉾も小型で木柄に鉄線を通して固定する構造となっている。朝鮮半島からの舶載品と考えられる長野県千曲市倉科二号墳にも類例がある。中葉には和田山五号墳Ａ・Ｂ両槨で五本の鉾が出土している。大型の鉾が多く、いずれも明瞭な関部がある。後葉以降の吸坂丸山五号墳や狐山古墳、福井県福井市宝石山古墳、石川県志賀町極楽寺山古墳、同七尾市高井山古墳群の鉾は、身部から袋部にかけて明確な境がないのが特徴である。富山県氷見市加納南九号墳からは、多角形袋式鉄鉾が出土している。

後期前葉の和田山二号墳は袋部が六角形を呈しており、伽耶地域の製品の可能性が高い。このほか、富山県氷見市朝日長山古墳と同イヨダノヤマ一二号墳からの出土がある。鉾の分布は甲冑出土地域に重複する傾向にある。刀剣類ほど出土個体数が多くなく、中期以降の甲冑の武装を中心とした武器の一つであると考えられる。

三　鉄　鏃

古墳時代前期から鉄鏃の資料数が増加し、鉄製武器自体の埋納量の増加や古墳築造数の増加にともない中期と後期に高い出土頻度となる。終末期に再び出土量が減じるのは、薄葬化の傾向が要因である。

弥生時代終末期～古墳時代前期には、福井県あわら市茱山崎遺跡の鏃身に孔が開いたものがあり、前期後葉の阿尾島田一号墳にも孔のあいた三角形鉄鏃がある。石鏃を鉄鏃に写した無茎鏃には小さな三角形を呈する茱山崎遺跡や、凹基石鏃状基部の寺井山六号墓、平基状の七ツ塚一三号墓がある。大型無茎鏃は石川県志賀町鹿頭上の出遺跡と茱山崎遺跡にあり、深い腸抉がある。柳葉の刃部で腸抉のないタイプが、同かほく市宇気塚越遺跡住居跡や同宝達志水町冬野遺跡一号土坑にあり、七野一号墓も可能性がある。

腸抉のあるタイプは塚崎遺跡B一六号土坑や茱山崎遺跡にあり、朝鮮半島の柳葉鉄鏃に類似する。小型の方頭鏃と定角鏃が福井市原目山墳墓群から出土し、孔があけられた定角鏃は多孔銅鏃の影響である。ほぼ同サイズの鉄鏃が石川県小松市額見町西遺跡からも出土しており、大型と小型の柳葉、方頭と定角、そして無茎鏃という複数系統の鉄鏃が確認できる。北部九州と共通する孔のあいた鉄鏃や狭長柳葉腸抉鉄鏃とでもいう鉄鏃は移入されたものであり、石鏃を模倣した無茎鏃や刃部が小さく銅鏃のような形の鉄鏃は、在地で作られた可能性をもっと考えられる。

古墳時代前期の鏃はより大型になる。吸坂丸山二号墳は類銅鏃有茎三角形鏃と箆被のない柳葉形式がある。後者には縦鎬があるが顕著でない。類銅鏃式鉄鏃は、宇気塚越一号墳から鑿頭タイプが出土している。石川県加賀市小菅波四号墳と神谷内一七号墳の大型方頭鏃は重厚なつくりである。雨の宮一号墳から一点だけ方頭鏃が出土しているが、柳葉鉄鏃を途中で折って刃部を削りだし方形にした可能性がある。ほかに定角式に近い三角形鏃が数点出土している。雨の宮一号墳では「幅広大型柳葉式」「細身大型柳葉式」が短甲北

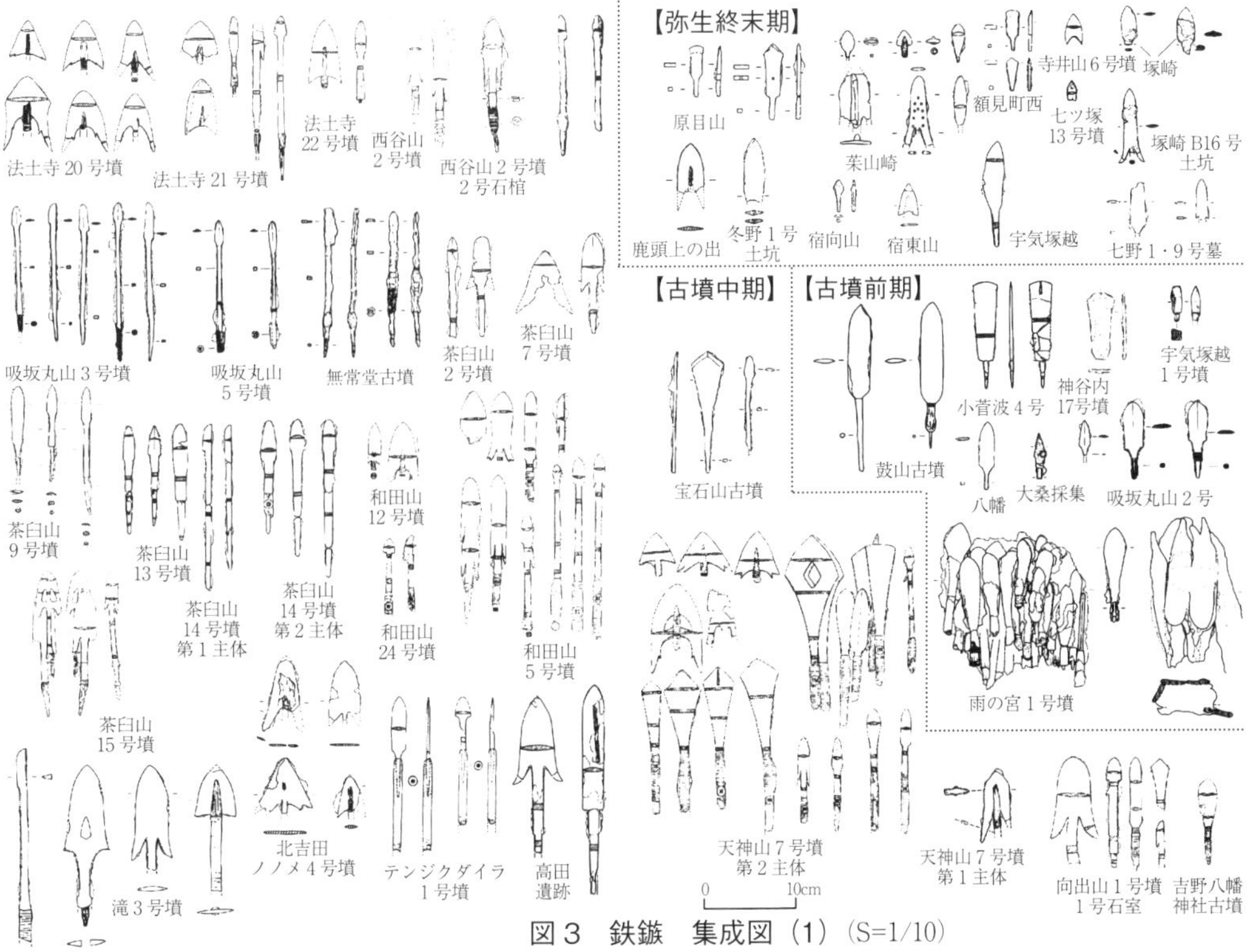

図３　鉄鏃　集成図（1）（S=1/10）

に、「細身大型柳葉式」と「小型柳葉式」が短甲南の鉄鏃・銅鏃一括を構成する。鼓山古墳は大型柳葉鉄鏃が主流となる。

中期前葉の鉄鏃は少なく、テンジクダイラ一号墳は鎬被に捩じりを一回加えており、この時期の特色である。小坂一号墳は三段の腸抉をもつ鏃である。全国的にも本例のみで特殊な鏃である。二段腸抉の鏃よりも平板で全体的に鈍いつくりで、地方色が強い。富山県小矢部市関野二号墳出土の二段腸抉鉄鏃は、三角形鏃を短い茎部で上下につなげたような形状である。ほかに、無茎三角形鏃と茶臼山九号墳に類似する短頸鏃が出土している。福井県福井市法土寺二〇号墳は平根式三角形鏃で、五角形あるいは長三角形の深い逆刺で小さな突起をもつものと、浅い腸抉のものがある。石川県志賀町北吉田ノノメ四号墳は茎部が貧弱な平根式のみである。このような平根鏃ばかりで構成される例は中葉以降みられないが、少数入る例があり、非実戦的な三段あるいは二段鉄鏃とともに儀器として副葬されている。

短頸鏃は中期前葉の関野二号墳にすでにあり、中期前葉の三角板革綴短甲が埋納される時期には下開発茶臼山九号墳や法土寺二二号墳にみられる。法土寺古墳群では二〇号墳が平根鏃、二二号墳がそれに短頸鏃が加わり、二一号墳にさらに長頸鏃が加わっており、時期を追って新たな鉄鏃形式が加わる状況である。下開発茶臼山九号墳は短頸鏃と刃部の長い柳葉鏃（鳥舌鏃）、一三号墳も同じ組合わせ、一四号墳で長頸鏃が加わり、甲冑を伴う九号墳に類する鉄鏃といえる。一五号墳で柳葉腸抉鉄鏃や透かしのある柳葉逆刺鉄鏃を主とした中に長頸鏃を含み、七号墳で無頸鏃をもつなど、九号墳と異なる鉄鏃をもつ古墳があり、これら墳丘が小規模な古墳は武装の面でも劣る。飯綱山六五号墳は中期前葉に副葬された大きな腸抉のある柳葉平根鏃とともに、長頸鏃が一本のみ

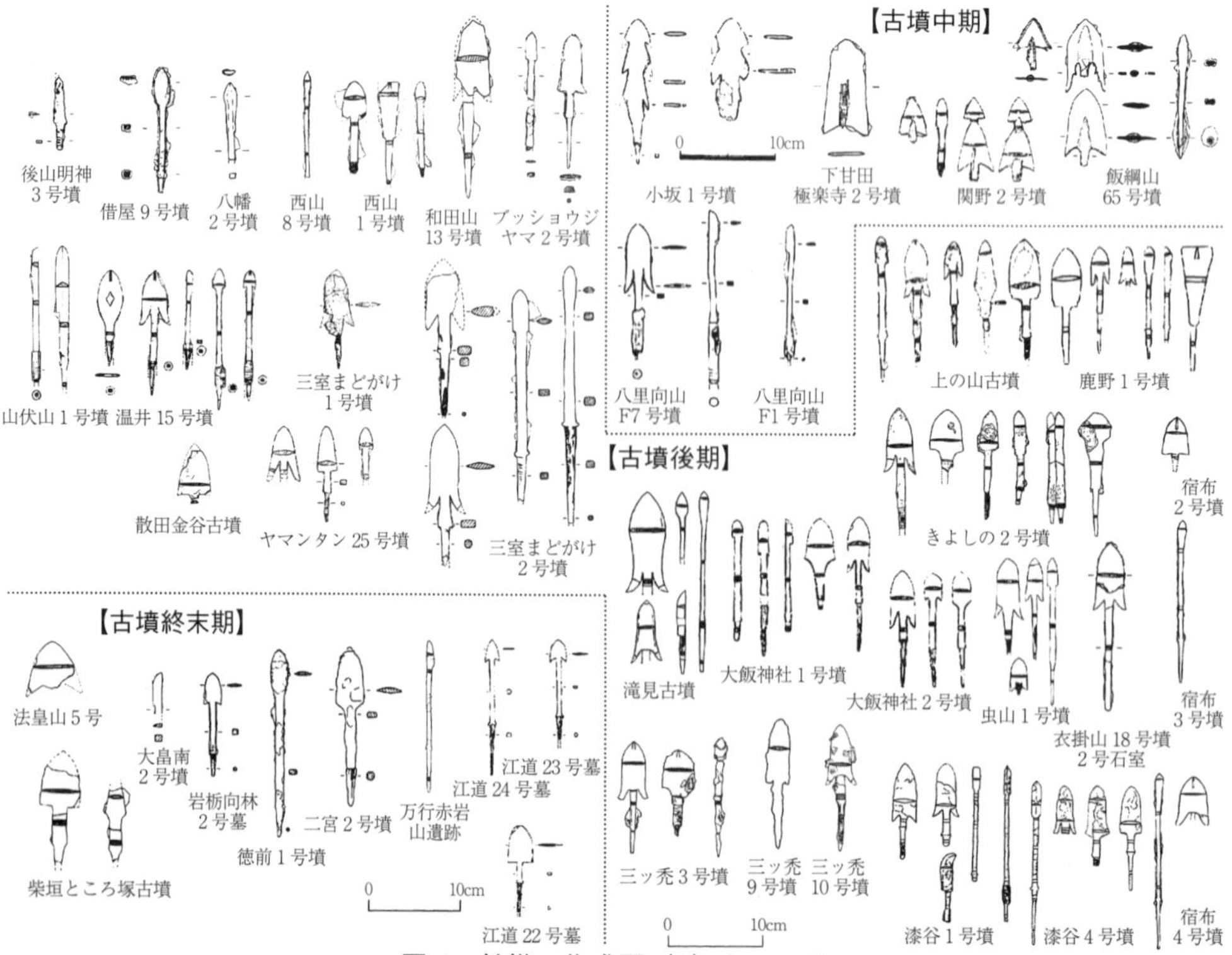

図4　鉄鏃　集成図（2）（S=1/10）

副葬されていた。飯綱山六五号墳は中期前葉の盟主墳である飯綱山二七号墳の陪墳であり、畿内における長頸鏃の出現からあまり時期をおかずに導入されている。

中期中葉以降、長頸鏃が顕著になる。天神山七号墳が最も古い長頸鏃群になり、菱形透かしの三角形鏃や圭頭鏃、方頭鏃の大型鏃とともに、胡籙に装備された長頸鏃がある。蝮頭のような小さな三角形の刃部と、段のある関に独立片逆刺の二種がある。石川県小松市後山無常堂古墳は片刃と柳葉の長頸鏃がある。すでに多様な形態で長頸鏃が副葬されており、実戦的な鉄鏃が新たな甲冑とともに入る点が重視できる。同八里向山F一号墳や同珠州市永禅寺一号墳、吸坂丸山三・五号墳などのように長頸鏃のみで構成されるものがあり、永禅寺一号墳や吸坂丸山五号墳の長頸鏃は刃部柳葉形式にわずかに片刃形式が混在し、和田山二号墳では片刃形式のみで構成されており、使い分けがされていたと考えられる。和田山五号墳はA・B二つの主体部の遺物群が混乱しているようだが、長頸鏃が多くを占め、片刃や明確な逆刺のあるものや小三角形を呈するもの、独立片逆刺など幾種類かに分類できる。また、柳葉尖根でも逆刺か広がるものや二段逆刺のタイプなど複数形式がみられ、畿内との結びつきを考える上で重要である。和田山古墳群や近隣に所在する下開発茶臼山古墳群の中期の古墳に長頸鏃の入る古墳と入らない古墳が区別され、それぞれ武装面の優劣を示す。

中期後葉には、腸抉が大きく深い柳葉平根鏃が出現する。八里向山F七号墳には短甲内の長頸鏃とは違う場所から五本まとまって出土しており、長頸鏃とは区別された鏃である。ほかに石川県羽咋市滝三号墳や同志賀町高田遺跡、福井県敦賀市向出山一号墳一号石室にある。後期に系譜がつながる鉄鏃でもあり、実戦的鉄鏃として改良され、新たに作られた鏃であると考えられる。

古墳時代後期以降は、鉄鏃が類型化された形態になっていく。中期以来の長頸鏃と柳葉平根鏃とともに、腸抉がなく直角に曲がる柳葉鏃や方頭鏃がある。後期前葉の石川県羽咋市山伏山一号墳では平面剣形で断面が片側鎬の鉄鏃があり、七センチの刃部に片関で箆被がつき茎部に至る鏃や、同七尾市温井一五号墳に刃部中央に菱形透を入れる鏃がある。後期中葉以降は、上記の種類の鏃にほぼ限定される傾向である。方頭鏃は、西山一号墳や福井県おおい町鹿野一号墳から出土しているのみで、大規模な古墳からの出土がない。この鏃は南九州を中心に分布し、北陸以外から移入された鏃である。

終末期は、逆刺柳葉平根鏃と方頭鏃が消滅する。石川県珠洲市岩坂向林二号横穴墓は大きめの刃部に五センチ程度の短い箆被がつき、柳葉尖根と長頸を折衷した形である。箆被がやや短いが同中能登町二宮二号墳がある。同羽咋市柴垣ところ塚古墳は後期の柳葉尖根式の系譜を引き、この腸抉をもつ柳葉鏃が長頸鏃と合体した鏃に変化する。一方で長頸鏃が一定量みられ、柳葉鏃の刃部が縮小して箆被が長くなる。七尾市万行赤岩山遺跡の七世紀後半に営まれた二二号竪穴住居から二三本ほどの片刃長頸鏃が出土している。古代能登の主要な港であった鹿島津に近接する位置にある住居に入るほど、武器の必要性が地域全体に高まっていたと考えられる。

四　甲冑類

短甲二四、挂甲六、冑一七以上が出土している。挂甲は横穴式石室からの出土がほとんどであり、古い盗掘によって未確認のものも多いと思われる。加納南九号墳の木棺直葬から鉄小札と革小札を使用した挂甲が出土している。

甲冑は越前北部から南加賀にかけて集中して出土しており、直径一〇メートルの八里向山七号墳まで甲冑が副葬される状況は、地域全体に充実した武装集団が存在したことを示している。最上位の階層は二本松山古墳の越前大型古墳の可能性が高く、試作的な縦矧板革綴衝角付甲をともに保有することから南加賀と一体的なつながりをもっていたと思われる。若狭や敦賀地域の甲冑は多数出土しながら、セットの状態で出土しているのが西塚古墳のみで金銅装である。このような違いは甲冑の管理をはじめとする地域における保有形態が、越前から南加賀と若狭では異なっていることが予想される。すなわち、前者に下位の階層まで甲冑をいき渡らしている武装集団と、後者は地域の主だった首長が甲冑を保有する状況である。配布は甲冑のみであった可能性もあるが、むしろ配布物品が甲冑を中心とした武装全体におよんでいた可能性が考えられる。

五　おわりに

鉄製武器の様相を刀剣類の大型武器・鉄鏃の小型武器・甲冑類で概観した。地域における資料の偏りは、古墳の調査数と比例している。弥生時代後期には日本海沿岸ルートで鉄がもたらされ、終末期には、広範囲にわたって鉄器の出土が確認できる一方で、素環頭刀剣類の大陸舶来の大型武器が越前～加賀の範囲内でのみ出土し、受容が地域によって差がみられる。小型鉄器と大型鉄製武器の流通ルートが異なり、越前の王墓の被葬者達が大型武器を意識的に求めたと考えられ、その影響が加賀まで及んでいると考えられる。

鉄鏃は能登や越中まで多数におよび、塚崎遺跡Ｂ一六号土坑の鉄鏃や茱山崎遺跡の多孔鏃など、他地域からの流入によるものもある。その一方で、地域において消耗品としてほかの武器よりも大量に生産する必要があることや、刃部を中心とする形態変化が大きいことなど地域色があることが指摘されている。弥生時代の石鏃をモデルとした鉄鏃は古墳時代に入ると作られなくなり、定形化された鉄鏃の出現にそれまでとは違う鉄鏃の入手・保有形態が窺える。中期前半には小坂一号墳で類例の少ない鉄鏃があり、関野二号墳にも類品がある。これらの生産の主体は古墳が作られた各地域であり、武器生産の地方色の表れと考えられる。中期中葉に長頸鏃が出現し、後葉には腸抉柳葉平根鏃が出現する。ともに実戦的な鏃であり、実際の使用状況を反映する。甲冑の分布域に長頸鏃が多く認められることから、鋲留甲冑の導入にともなって使用されたと考えられる。

長頸鏃は百舌鳥・古市古墳群に代表される勢力が主導的に作り、普及に深く関与していたとされる。鉄素材を優先的に確保し、渡来人のもつ諸技術を掌握して、甲冑の生産・配布を行なっていたと思われる。甲冑類は旧国ごとをみても出土量に差があり、さらに小地域でみても、能美地域における甲冑集中や敦賀地域の金銅装甲冑の集中などの違いがある。甲冑型式では眉庇付冑の出土が顕著で、能登・越中では古い型式の短甲しか出土しないこと、越前・加賀に類例の少ない縦矧板革綴衝角付冑があることなどがある。

（註1）伊藤雅文『古墳時代の王権と地域社会』学生社、二〇〇八

〈図出典〉図1～4　伊藤雅文「鉄製武器の構成と変遷」『古墳時代の王権と地域社会』学生社、二〇〇八

装飾付大刀

野垣好史

一　はじめに

装飾付大刀は、前期の鏡、中期の甲冑と同様に古墳時代後期を特徴付ける遺物である。威信財や奢侈品としての性格から首長層の動向を探る資料として活発な議論がなされてきた。畿内政権のもとで生産、配布されたと考えられ、文献にある特定の身分や氏族に関連づける見解が様々に示されてきたが、近年ではより地域の実態にそくした検討が進められている。なかでも古墳の属性や畿内有力氏族との関係を説得力をもって示した出雲のケーススタディは、後の研究に大きな影響を与えた(註1)。装飾付大刀の出土状況は地域ごとに異なり、特定地域においてある現象が認められたとしても、別の地域にそのまま敷衍できない。まずは地域ごとのあり方を把握することが肝要であろう。若狭・越は装飾付大刀の出土は多くないが、これまで総括的に扱われたことがなく、ここで考察を試みることで本地域の古墳研究に新しい視点をくわえることができればと思う。

ここで扱う装飾付大刀は、柄頭が環状となる各種の環頭大刀と、柄頭が袋状となる円頭・圭頭・頭椎大刀、倭系大刀である捩り環頭大刀である。こうした柄頭の違いによる分類とは異なるが、倭系大刀の勾革に装着される三輪玉も一定量の出土があり、これも含めた。

二　若狭・越の装飾付大刀の変遷

若狭・越で出土している装飾付大刀は表1のとおりである。後期の例が多いが、中期も一部の環頭大刀や三輪玉がある。地域ごとの変遷を図1に示した。詳しい編年が示されている双竜鳳環頭大刀、頭椎大刀、圭頭大刀、亀甲繋文の象嵌大刀は、大刀の年代を示しているので、古墳の年代とは乖離する場合がある。そのほかの大刀種別は細かな変遷を捉えにくいため出土古墳の年代によった。若狭・越の装飾付大刀は次のⅠ～Ⅳ期に分けられる。

Ⅰ期は、五世紀前葉から六世紀初頭（TK七三からTK四七型式期）である。倭系大刀の付属装具である三輪玉が主体である。三輪玉は銅板打出しのもの、鋳銅のもの、碧玉製のものがある。三輪玉以外には加賀の下開発茶臼山七号墳の三葉環頭大刀がある。

Ⅱ期は、六世紀前葉から中葉（MT一五からTK一〇型式期）である。三輪玉に加え、新たに捩り環が倭系大刀装具として現われる。捩り環と三輪玉は同一の大刀において組み合う可能性もある。全国

表１　若狭・越出土の装飾付大刀

	古墳名	所在地	墳形／規模 (m)	装飾付大刀	備考
若狭	滝見 16 号墳	福井県おおい町	円／ 13	鉄製円頭大刀	刀身残る
若狭	行峠古墳	福井県高浜町	前方後円／ 34	鉄芯銀張？捩り環	鹿角製の柄頭付着
若狭	向山 1 号墳	福井県若狭町	前方後円／ 49	金銅製三輪玉 1	
若狭	十善の森古墳	福井県若狭町	前方後円／ 67	鉄芯銀張捩り環① 鉄芯銀張捩り環② 金銅製三輪玉 2	捩り環の一つは端部に銀線が残る。三輪玉は銅板打出し。捩り環と三輪玉は組み合う可能性がある
若狭	丸山塚古墳	福井県若狭町	円／ 50	銅製三葉環頭大刀 金銅製双鳳環頭大刀 水晶製三輪玉 1	柄筒金を伴う
若狭	大谷古墳	福井県若狭町	円／ 28	鉄芯銀張捩り環	端部の一方に銀線が残る
越前	向出山 1 号墳	福井県敦賀市	円／ 60	金銅製三輪玉 4	銅板打出し
越前	神奈備山古墳	福井県あわら市	前方後円／ 59	鉄芯銀張捩り環	端部に銀線残る
加賀	下開発茶臼山 7 号墳	石川県能美市	円／ 10	鉄製三葉環頭大刀	刀身・柄筒金残る
加賀	和田山 5 号墳	石川県能美市	前方後円／ 55	碧玉製三輪玉 5	鉄刀の柄付近から出土。勾革に綴じたとみられる方形板状石製品も出土
能登	大畠 4 号墳	石川県珠洲市	円？	金銅製双鳳環頭大刀	
能登	袖ヶ畑古墳	石川県穴水町		金銅製双竜環頭大刀	柄縁に三条の刻目を施す責金具、八角形の喰出鍔等を伴う
能登	曽祢 1 号墳	石川県中能登町	円	金銅製双竜環頭大刀	柄間は唐草文を施す。鞘間は二列円形浮文の飾板を伴う
能登	高畠経塚古墳	石川県中能登町	円／ 15 ～ 20	金銅製圭頭大刀	柄頭は袋状。柄間は銀線巻。八窓鍔、丸尻の鞘尻金具を伴う
能登				圭頭大刀	柄頭は覆輪状。八窓鍔、丸尻の鞘尻金具を伴う
能登	東間宝殿山 1 号墳	石川県宝達志水町	円	頭椎大刀 圭頭大刀	
能登	須曽蝦夷穴古墳	石川県七尾市	方／ 19 × 17	銀象嵌鉄製円頭大刀	柄頭に亀甲繋鳳凰文の銀象嵌。象嵌を施した八窓鍔・装具を伴う
越中	加納南 9 号墳	富山県氷見市	円／ 20	銅製三輪玉 5	鋳造。鉄刀の柄付近から出土
越中	若宮古墳	富山県小矢部市	前方後円／ 50	銅製三輪玉 6	鋳造。2 点は鈴状
越中	馬場城ヶ平横穴墓	富山県高岡市	横穴墓	銀象嵌鉄製頭椎大刀	柄頭に亀甲繋鳳凰文の銀象嵌
越中	呉羽山古墳	富山県富山市	円	金銅製頭椎大刀	無畦目式。無窓鍔を伴う
越後	宮口 11 号墳	新潟県上越市	円／ 11	金銅製円頭大刀	柄間は唐草文を表した金銅板巻。無窓鍔
越後	林泉寺付近	新潟県上越市		金銅製双竜環頭大刀	江戸後期の史料に記載
越後	西俣 2 号墳	新潟県妙高市	円／ 16 × 13	金銅製圭頭大刀	柄頭は覆輪状。銀象嵌鍔が伴う刀身残る
越後				鉄製円頭大刀	無窓鍔を伴う
越後	谷内林 1 号墳	新潟県妙高市	円／ 11	金銅製圭頭大刀	柄頭は細片に分離。刀身一部残る

的にも倭系大刀の付属装具としては三輪玉が先に現われ、捩り環の出現は一段階遅れるようである。[註2] ほかに若狭の丸山塚古墳から外来系の三葉環頭大刀・双鳳環頭大刀の出土がある。

Ⅲ期は、六世紀後葉（TK四三型式期）である。三輪玉を伴う大刀や捩り環頭大刀がみられなくなり、双竜鳳環頭大刀、頭椎大刀が現われる。高畠経塚古墳の圭頭大刀も本期の末頃とみられ、Ⅱ期とは大刀種別が大きく変わる。他地域では、捩り環頭大刀が最も多くなり、また単竜鳳環頭大刀が主体となる時期であるが、若狭・越は両者の出土は確認されていない。

Ⅳ期は、六世紀末から七世紀前葉（TK二〇九からTK二一七型式期）である。装飾付大刀の変遷において、各種大刀の装具が斉一化する生産体制の画期が生じた段階で、柄間や鞘間を金銅板で飾る大刀が量産される。曽祢古墳の双竜環頭大刀や宮口一一号墳の円頭大刀がこの時期の典型的な装具を有する。このほか須曽蝦夷穴古墳の銀象嵌入り円頭大刀や西俣二号墳、谷内林一号墳の圭頭大刀などがある。

三　出土古墳の様相

次に装飾付大刀がどのような古墳から出土しているのかをみていきたい。分布状況と出土古墳の階層からは地域・時期ごとに異なる特徴が見て取れる。

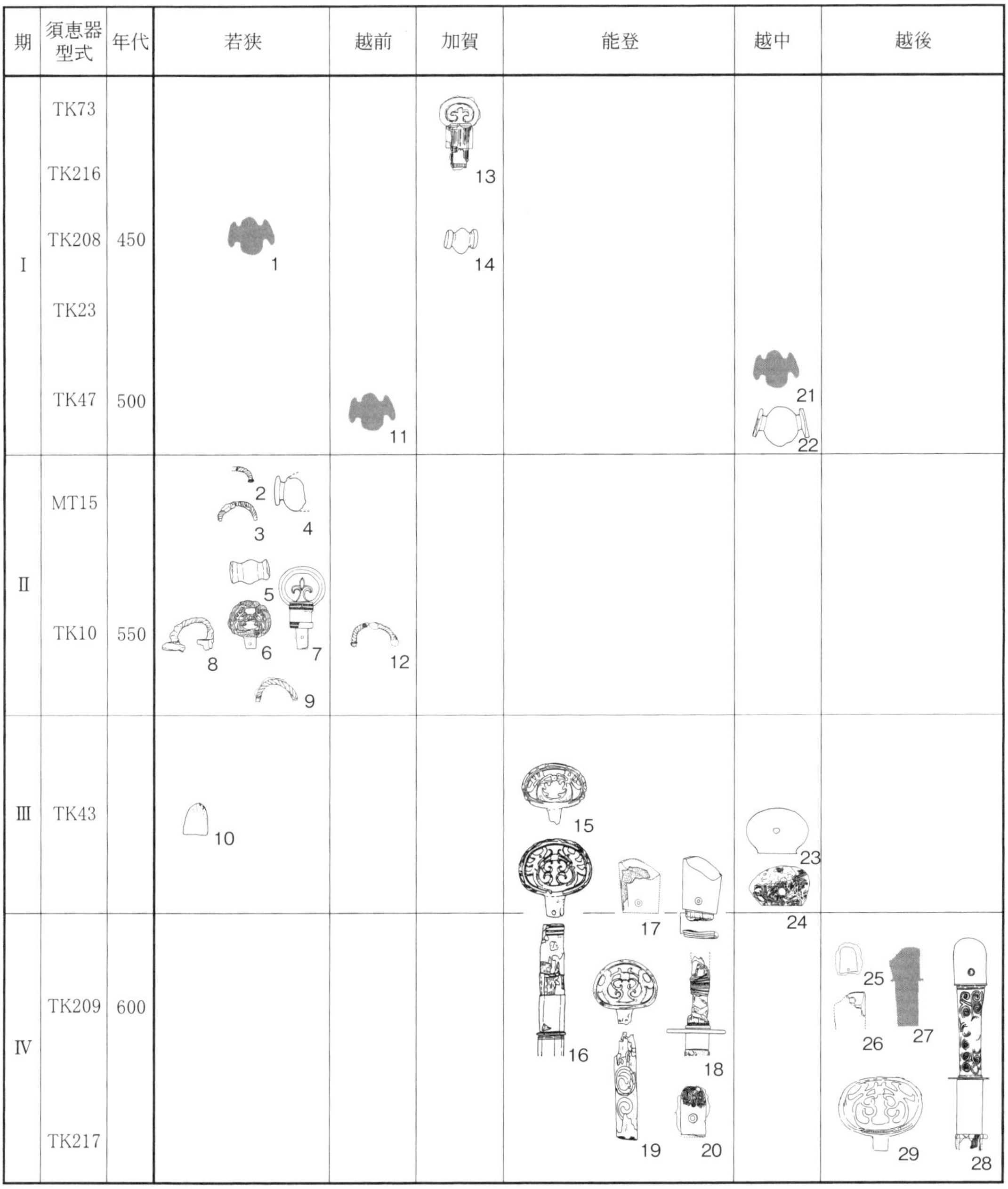

1.向山1号墳 2〜4.十善の森古墳 5〜7.丸山塚古墳 8.行峠古墳 9.大谷古墳 10.滝見16号墳 11.向出山1号墳 12.神奈備山古墳 13.下開発茶臼山7号墳 14.和田山5号墳 15.大畠4号墳 16.袖ヶ畑古墳 17・18.高畠経塚古墳 19.曽祢古墳 20.須曽蝦夷穴古墳 21.加納南9号墳 22.若宮古墳 23.呉羽山古墳 24.馬場城ヶ平横穴墓 25・26.西俣2号墳 27.谷内林1号墳 28.宮口11号墳 29.林泉寺付近（縮尺1/10、三輪玉は1/5）　※トーンは実測図を掲載できないもの

図1　若狭・越の装飾付大刀の変遷

(一) 分布状況

Ⅰ・Ⅱ期とⅢ・Ⅳ期の間で大きな変化がある。Ⅰ・Ⅱ期は捩り環頭大刀・三輪玉を伴う倭系大刀が、若狭・越前・加賀・越中に分布するのに対し、Ⅲ・Ⅳ期は双竜鳳環頭・頭椎・円頭・圭頭大刀が、それまで分布が希薄だった能登・越中・越後を中心に分布する。さらに細かくみると、Ⅰ期は各地域で一～二例が点的に分布するが、Ⅱ期は若狭に集中する。加賀はⅠ期のみ出土例があり、Ⅱ期以降はみられない。Ⅲ期は能登・越中が分布の中心となる。Ⅳ期になると越中ではみられなくなり、能登と越後が集中域となる。

Ⅲ・Ⅳ期の大刀種別をみると、双竜鳳環頭大刀が目立ち、能登で三例、越後で一例がある。圭頭大刀は能登で三例、越後で二例が認められる。頭椎大刀は越中に二例あるが、金銅製無畦目式と銀象嵌入鉄製で材質が異なる。円頭大刀は若狭で鉄製が一例、能登で銀象嵌鉄製が一例、越後で金銅製一例、鉄製一例がある。

六世紀後葉にあたるⅡ期からⅢ期の移行期に、大きくは加賀以西から能登以東に分布域の転移があり、さらにⅣ期は越後に分布域が拡大することがわかる。

(二) 階層からみた出土古墳

装飾付大刀の出土古墳はどのような階層的位置を占めるのであろうか。この点もⅠ・Ⅱ期とⅢ・Ⅳ期で違いが明瞭である。

Ⅰ・Ⅱ期は、各地域において最有力かそれに準ずる階層の古墳が多い。具体的には、若狭の向山一号墳（前方後円墳四九メートル）、十善の森古墳（前方後円墳六七メートル）、丸山塚古墳（円墳五〇メートル）、越前の向出山一号墳（円墳六〇メートル）、神奈備山古墳（前方後円墳五九メートル）、加賀の和田山五号墳（前方後円墳五五メートル）、越中の若宮古墳（前方後円墳五〇メートル）がある。これに含まれない大谷古墳や加納南九号墳は、径二〇～二八メートルの円墳であるが、甲冑など優秀な副葬品を持ち、一般的な中小規模古墳より上位の被葬者が想定できる。

いっぽう、Ⅲ・Ⅳ期は消滅によって詳細がわからない古墳も多いが、いずれも一〇～二〇メートル程度の円墳である。これは若狭・越は六世紀中葉までに前方後円墳の築造が停止することとも関係しよう。中小規模古墳が主体ではあるが、古墳群を構成する場合や周辺の古墳のなかでは階層的に上位にある例が多い。たとえば、越後の宮口一一号墳は、発掘された同古墳群中で最大規模の石室をもち、副葬品も質・量とも際立っている。また、西俣二号墳は、当該期の上越地方では最大規模の石室を有する。越中の呉羽山古墳は、同じ墓域に番神山横穴墓群が共存するが、石室石材に高岡産の岩崎石を用い、地域を越えた影響力がある被葬者像が推定され、番神山横穴墓群の上位に位置することが推定できる。能登の高畠経塚古墳は若狭・越では珍しい銅鋺が共伴し、須曽蝦夷穴古墳は墳丘・石室規模とも同時期の能登では最大である。若狭の滝見一六号墳も同古墳群中最大の規模を持つと推測されている。[註3]

以上からわかるとおり、Ⅰ・Ⅱ期は、前方後円墳や大型円墳を中心とする地域の有力古墳、Ⅲ・Ⅳ期は一〇～二〇メートルの円墳ながら、古墳群や周辺域では中心的な位置を占める場合が多い。こうした様相は、新納泉が指摘した装飾付大刀出土古墳の類型化に照らせば、前者が首長墓型、後者が群集墳型に対応する。[註4] 出土古墳の階層の変化は、上述した加賀以西から能登以東へという分布変化に対応している。

四　装飾付大刀の特質と佩用者の性格

分布状況、階層から出土古墳の様相を概観した。こうした結果をもとにしながら、ここでは各時期における装飾付大刀の特質と佩用者の性格を検討したい。

（一）Ⅰ　期―五世紀前葉～六世紀初頭―

三輪玉の出土が多く、加賀で三葉環頭大刀の出土が一例ある。甲冑が流通する時期に重なり、装飾付大刀出土古墳六例のうち、向山一号墳、向出山一号墳、和田山五号墳、加納南九号墳で甲冑と共伴する。甲冑との関係では、五世紀中葉から後葉に甲冑が多くみられる加賀・越前は、Ⅱ期以降の装飾付大刀が少ないという傾向がある。両地域は、甲冑を用いた積極的な介入によって畿内政権の影響力が早くに及び、その後は装飾付大刀を用いた地方政策の必要性が相対的に低かったと推測できる。

Ⅰ期の出土古墳は地域の有力古墳が多いことにくわえて、朝鮮半島とのかかわりが推測できる。若狭の向山一号墳は、北部九州系石室や金製垂飾付耳飾の出土から、北部九州を介した朝鮮半島とのつながりが想定され、和田山五号墳も若狭や越前の大型前方後円墳の築造と呼応し、畿内政権の朝鮮半島政策に関与した被葬者像が推測される。[註5]越中の加納南九号墳は小規模古墳ではあるが、朝鮮半島系の矛を副葬し、近在する朝日長山古墳の被葬者が関与した朝鮮政策を背後で支えた被葬者像が想定できる。[註6]この時期の若狭・越は畿内政権との関係をもとに北部九州、朝鮮半島と交流を行なっていた。そうした首長が三輪玉を伴う大刀を佩用したといえる。

三葉環頭大刀を副葬する下開発茶臼山七号墳は、一段階古い五世紀前半頃の築造と推定される。南加賀で古墳の造営が低調な当該期に、本墳や甲冑が出土した九号墳などの一群が築かれた背景には、畿内政権の直接的な関与が想定されている。[註7]畿内政権から先駆的な介入を受けた被葬者の一人とみられる。

（二）Ⅱ　期―六世紀前葉～中葉―

捩り環頭大刀が若狭・越前に分布する。捩り環頭大刀は、その分布域から、継体大王とのつながりが指摘されている。[註8]継体末裔氏族、三国公一族の奥津城との指摘がある横山古墳群の神奈備山古墳（越前）は、このことを具体的に示す事例であろう。[註9]捩り環頭大刀が多い若狭は史料で継体大王との直接的なかかわりがみえないが、高松雅文は前掲論考において、[註8]史料にある地域の周辺域にも同様の動きが広がっていた可能性を指摘する。この点は、同じく継体大王とのかかわりが深い尾張地域には捩り環頭大刀の出土がなく、その周辺にあたる伊勢、美濃で出土していることと状況が似ている。

Ⅰ期との違いは、Ⅰ期が広い地域に点的に分布するのに対し、Ⅱ期は若狭・越前に集中することである。前記した捩り環頭大刀の性格を考慮すると、Ⅱ期は継体大王にかかわる地域とその周辺域が重要視されたためと考えられる。

三輪玉・捩り環を伴う倭系大刀が主体であるなかで、丸山塚古墳から外来系の双鳳環頭大刀・三葉環頭大刀が出土している。丸山塚古墳は畿内系石室を内蔵し、それ以前の北部九州系石室をもつ向山一号墳・十善の森古墳とは一線を画する。また、前方後円墳から円墳への変化、埴輪・葺石を伴わなくなるなど複数の点でそれまでの古墳とは異なる。[註10]畿内政権との関係の変化が生じ、従来とは異なる外来系大刀を入手した可能性があろう。

若狭・越前は本段階まで装飾付大刀の副葬がほぼ終わる。両地域と加賀は、もはや装飾付大刀を必要としない程度に畿内政権との関係が強いものになっていたことを示すと考えられる。

(三) Ⅲ　期―六世紀後葉―

能登・越中を中心に双竜鳳環頭大刀、圭頭大刀、頭椎大刀が分布する。この二地域と越後は、Ⅱ期までに前方後円墳の築造が停止しており、Ⅲ期以降に装飾付大刀の副葬が本格化する。畿内政権が前方後円墳を中心とする勢力から、より下位の階層の掌握に乗り出すにあたって装飾付大刀が利用されたと考えられる。

Ⅲ期は地域ごとに特定の大刀種別が集中する傾向がある。具体的には能登での双竜鳳環頭大刀二例と圭頭大刀二例、越中での頭椎大刀二例の出土である。この時期、最も生産された単竜鳳環頭大刀が存在しないことも注目される。畿内政権を構成する諸勢力と各地域勢力の関係を反映しているのかもしれない。

もうひとつ指摘したい点は、能登、越中における横穴墓との関係である。若狭・越の横穴墓は、若狭、加賀北部、能登、越中西部に多い。(註11)とくに能登、越中西部が集中域であり、装飾付大刀はこの分布域にほぼ重なる。ただし、横穴墓が造営される地域に分布するものの、横穴墓には副葬されないという逆説的な傾向がある。Ⅲ・Ⅳ期の能登・越中の装飾付大刀出土古墳七基のうち、横穴墓からの出土は越中西部の馬場城ヶ平横穴墓のみで、ほかは石室墳である。そこで、当該期の石室墳と横穴墓の関係をいくつかの事例からみておきたい。

頭椎大刀を出土した越中の呉羽山古墳は、同じ墓域に番神山横穴墓群が築かれる。呉羽山古墳の築造は番神山横穴墓群の造営開始期とほぼ同じで、副葬品の内容から呉羽山古墳を上位とした階層差があるとみられている。(註12)能登の珠洲地域にある双鳳環頭大刀を出土した大畠四号墳は、大畠古墳群、近隣の大畠南古墳群からなる石室墳の初期の築造とされる。いっぽう、横穴墓は北東約六キロの金川・若山川流域に集中する。伊藤雅文は、石室墳を上位とし、潟を擁して外部世界の門戸としての機能を果たした大畠・大畠南古墳群の築造域と、広い生産基盤を有する横穴墓の築造域という役割の違いを想定する。(註13)こうした地域は、階層的に上位にある石室墳被葬者が装飾付大刀の配布対象となり、横穴墓被葬者は間接的な掌握にとどまっていたとみられる。

ただし、能登でも能登島・中島地域など、石室墳と横穴墓が共存せず、両者を階層的な理解で説明しにくい例もあるため、一律に前記の説明が適用できるわけではない。また、横穴墓に唯一副葬される越中の馬場城ヶ平横穴墓は、横穴墓の中にも装飾付大刀を佩用した人物がいることを示し、地域ごとに多様性があったことを示している。

(四) Ⅳ　期―六世紀末〜七世紀前葉―

越後が分布の中心となる。越後の出土古墳は高田平野にまとまる。高田平野の横穴式石室は、北信濃からの影響が考えられる。(註14)古墳築造に信濃からの影響が考えられるいっぽう、装飾付大刀は能登とほぼ同じあり方を示している。すなわち圭頭大刀、双竜環頭大刀、円頭大刀と、一部材質の違いはあるものの同じ大刀種別が存在している。したがって、信濃から及んだ古墳築造の影響とは別の視点で装飾付大刀を理解する必要があるように思われる。畿内政権側からみた場合には、高田平野は能登に対するのと同様の意図をもっ

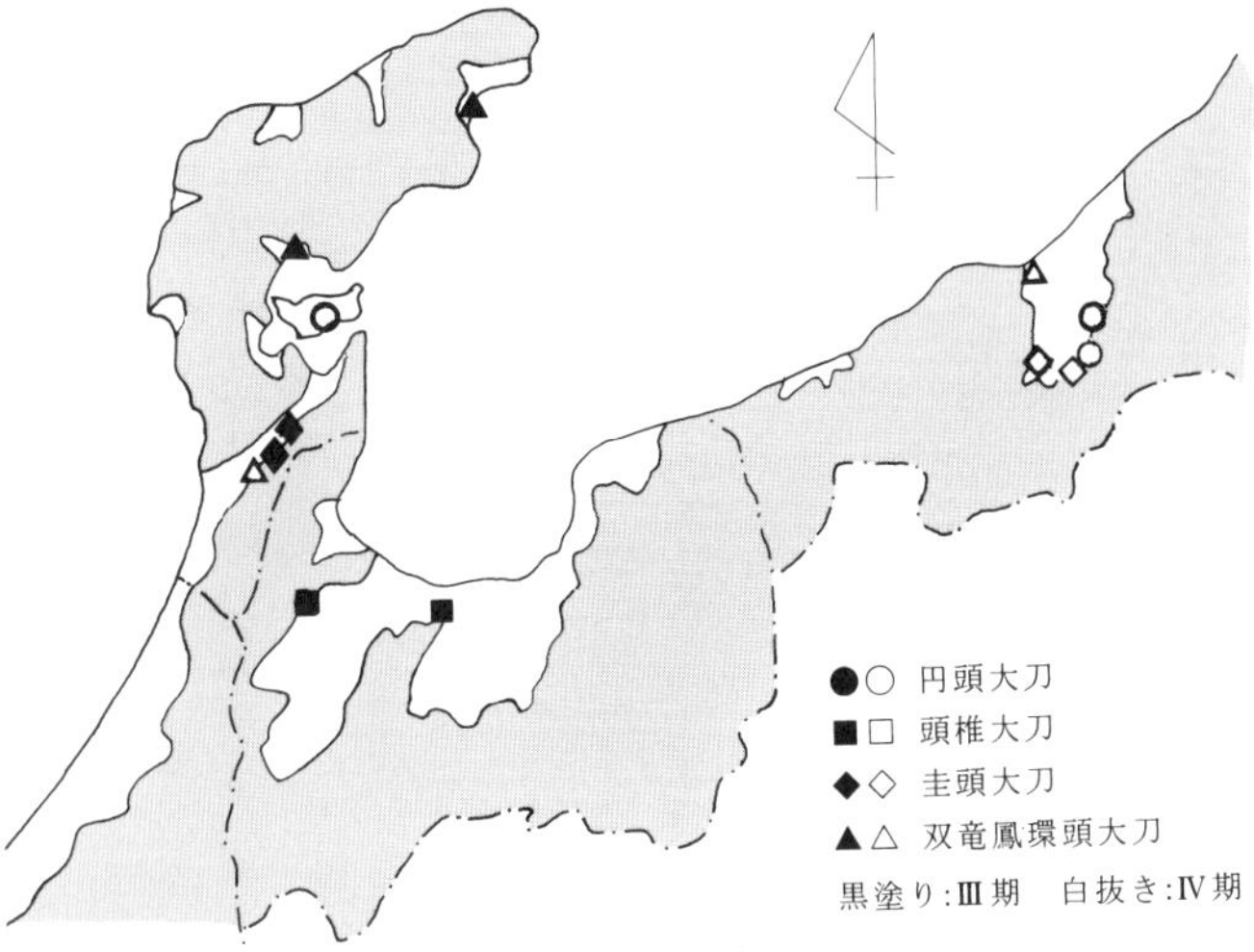

図２　能登・越中・越後のⅢ・Ⅳ期の装飾付大刀の分布

て配布を行ない、同じような関係性を構築していた可能性が考えられる。

　ところで、能登地域を中心に分布する装飾付大刀について、伊藤雅文は、その分布域が蝦夷に対する主要戦力を構成したという歴史的意義を与えている。さらに横穴墓などでも武器副葬が目立ち、軍事的な色彩が強くなることを指摘した。[註15] 蝦夷に隣接する地理的環境と蝦夷に対する関心が高まる時代背景を考慮すると、その前線にあたる地域の有力者に装飾付大刀が配布された可能性は高い。こうした見解を参考にすると、Ⅳ期に越後の高田平野に分布の集中域が移るのは、その前線が北に拡大していく過程を反映したものともみることができる。

　Ⅲ・Ⅳ期にみられる装飾付大刀のうち、注目されるのは双竜鳳環頭大刀である。総数が少ないなかで四例の出土は特筆される。全国的に数多く出土する単竜鳳環頭大刀がないことも、双竜鳳環頭大刀の存在を際立たせている。こうした状況が、他地域と比較したときに若狭・越の特質を探る手がかりになろう。

五　おわりに

　装飾付大刀の変遷を四期に区分し、各期における様相を検討した。最後に要点を記してまとめとしたい。

　若狭・越前・加賀は、全国的な傾向とは対照的に五世紀後半以降に大型古墳の築造が活発になる。[註16] 畿内政権が朝鮮半島政策で重要視した地域と考えられる。Ⅰ期の三輪玉を伴う大刀は、その政策に地域を代表してかかわった有力首長が佩用したのであろう。越中はⅠ期に若宮古墳、朝日長山古墳といった有力古墳があり、朝日長山古墳との関係が考えられる加納南九号墳と若宮古墳から三輪玉の出土がある。Ⅱ期の装飾付大刀が出土する若狭・越前の古墳は、Ⅰ期の古墳とは系譜が異なる。すなわち、若狭では装飾付大刀副葬古墳が、Ⅰ期の北川右岸からⅡ期は左岸へ移り、越前ではⅠ期の敦賀地域（向出山一号墳）からⅡ期は坂井平野（神奈備山古墳）に移る。継体大王の登場による地域の再編が背景にあるとみられ、Ⅱ期に出現する捩り環頭大刀は新たな系譜の古墳に副葬される。Ⅲ・Ⅳ期は、一転して能登・越中・越後が分布域となる。畿内政権の若狭・越に対するかかわり方が新しい段階に入り、中小規模古墳の被葬者を取り込む動きが活発になる。その被葬者は、先に指摘した出土古墳の階層性や横穴墓との関係から、小地域の有力者にあたる人物と評価できる。彼らは蝦夷に対する主要戦力になったと考えられる。

　ここで指摘した解釈の当否はともかくとしても、分布、出土古墳の階層性、大刀種別の違いが地域・時期ごとに明確な違いをみせており、出土数は少ないながらも重要な問題を含んでいることは言及できるであろう。

小稿の執筆・資料調査にあたり、次の方々からご教示・ご配慮をいただいた。記して謝意を表したい（五十音順・敬称略）。
安倍義治（高浜町郷土資料館）、石井惣平（敦賀郷土博物館）、大野淳也（小矢部市教育委員会）、佐藤慎（妙高市教育委員会）、高栁由紀子・島田亮仁（富山県文化振興財団埋蔵文化財調査事務所）、永江寿夫・青池晴彦（若狭町歴史文化課）、野村忠司（上越市教育委員会）

（註1）大谷晃二「上塩冶築山古墳をめぐる諸問題」『上塩冶築山古墳の研究』島根県古代文化センター、一九九九

（註2）深谷　淳「金銀装倭系大刀の変遷」『日本考古学』二六、二〇〇八

（註3）大飯町『若狭大飯—福井県大飯郡大飯町考古学調査報告—』一九六六

（註4）新納　泉「装飾付大刀と古墳時代後期の兵制」『考古学研究』三〇—三、一九八三

（註5）三浦俊明「古墳群の構成と変遷」『下開発茶臼山古墳群Ⅱ』辰口町教育委員会、二〇〇四

（註6）西川麻野「甲冑副葬古墳の出現背景」『富山考古学研究』一〇、二〇〇七

（註7）前掲註5に同じ

（註8）高松雅文「捩り環頭大刀と古墳時代後期の政治的動向」『勝福寺古墳群の研究』大阪大学文学研究科考古学研究室、二〇〇七

（註9）高堀勝喜・吉岡康暢「若狭・越」『日本の考古学Ⅳ』河出書房、一九六六

（註10）入江文敏「丸山塚古墳」「若狭地方における首長墓の動態」『福井県史 資料編一三 考古』一九八六

（註11）伊藤雅文「若狭・越の横穴墓に関する基礎的考察」『古墳時代の王権と地域社会』学生社、二〇〇八

（註12）呉羽山古墳は、二～三基からなる古墳群の一基である。ほかの古墳は様相が不明なので、横穴墓との関係は判断できないが、少なくとも本墳についてはこのような指摘ができると思われる。

（註13）伊藤雅文「最後の横穴式石室」『古墳時代の王権と地域社会』学生社、二〇〇八

（註14）小黒智久「横穴式石室」『新潟県の考古学』高志書院、一九九九

（註15）伊藤雅文「高志国の形成に関する予察」『古墳時代の王権と地域社会』学生社、二〇〇八、伊藤雅文「北陸」『古墳時代の考古学二　古墳出現と展開の地域相』同成社、二〇一二

（註16）前掲註5に同じ

馬具

伊藤雅文

一　はじめに

北陸の馬具研究は他地域に比べて遅れていると言わざるを得ない。現時点において北陸四県で馬具を出土した古墳はわずかに四五基しかなく、その七割以上が福井県域にあり、それに対する北陸の研究者の関心が低かったことが理由としてあげられる。

近年になってようやく入江文敏が馬具研究全体を俯瞰し（註1）、それまでは主に集成作業にとどまっていた。すなわち、福井県では青木豊昭が鯖江市丸山四号墳出土馬具の年代および被葬者の位置づけを目的として集成した（註2）。石川県では石川考古学研究会が集成を行ない（註3）、未公開資料の報告も筆者が行なった（註4）。富山県では二〇〇三年にようやく集成が行なわれ（註5）、新潟県では飯綱山一〇号墳の馬具がようやく細かく検討され始めたのである（註6）。

このような遅滞した研究状況は馬具に限らない。それは、これまでの古墳研究が埋葬施設や副葬品などの基礎研究への関心に薄く、むしろ首長系譜を復元することで地域の政治史的研究に主眼が置かれていたためである。ここでは、特徴ある馬具を取り上げて整理したい。

二　鳥越山古墳出土馬具をめぐって

永平寺町鳥越山古墳は全長五四メートルを測る中期中葉の前方後円墳で、中心埋葬施設が未盗掘の舟形石棺、横穴式石室が追葬施設として隣に築かれている。開口部を前方部に向ける構造で、石室西の表土直下からON四六～TK二〇八型式の須恵器と埴輪が出土し、それらとともに石釧や砥石、馬具が出土した。横穴式石室が盗掘を受けていることから、これらの遺物の多くが石室に伴うものであり、本墳出土馬具が北陸で最も古い馬具である（註7）。

馬具は断片的となっているが、鏡板付轡と部位不明の部品が数点出土しているにすぎず、杏葉や鐙はなさそうである。轡は鉄製f字形鏡板を装着する。鏡板両端および立聞から銜孔の半分を欠損しており、ほかの鉄製f字形鏡板に比べて屈曲も少なく直線的で細いのが特徴である。そして、周縁に直径二ミリ弱の擬鋲が裏面から打ち出される点も特徴的である。

さて、図1-3ではその端部が若干湾曲するように尖るようで、鏡板の先端部になる可能性が高く、多くのf字形鏡板の先端が屈曲して収める形状ではなく、わずかに内湾する端部を持つことになり、典型的な「f字形鏡板」の形状とは異なるようである。さらに通例は先端から後部に行くにしたがって幅が広くなり丸く収めるものの、本例のように幅があまり変わらない例として和歌山市大谷古墳例がある。大谷古墳例の後部は先端と同じように細く屈曲して巻き込む形状となっていることからすれば、鳥越古墳例も先端と後部が同じ形状であった可能性も考えられよう。

周縁の擬鋲が約一〇ミリ間隔で打ち出されている。初期の鉄製f字形鏡板にある縁金形状の模倣を表現したものとすれば韓国福泉洞二三号墳例があげられる。また古墳の築造年代の近い行橋市稲童二一号墳では鉄製楕円形鏡板に擬鋲が打ち出され、デザインの発想に近いものであろう。

捩じりの入った銜は二連で、鏡板に縦方向銜止め金具があることから諫早直人の分類による鏡板B類となり、[註8]屈曲する引手壺を持っている。諫早によると一条捩じり技法の銜は日本列島三期（五世紀第Ⅱ四半期）に本格的に普及し、鏡板と銜との結合にB類が出てくる初源期にあたるという。そして、鉄製f字形鏡板は中條英樹によるとTK二〇八型式ごろには出現するということで、鳥越山古墳横穴式石室の年代とも齟齬をきたさない。さらに中條は、鉄製f字形鏡板が作られた背景として、群集墳への副葬が中期中葉からはじまることによって鉄地金銅張馬具と鉄製楕円形鏡板付轡のみを副葬する古墳との階層性が生じ、鉄地金銅張f字形鏡板付轡を鉄製に模すことで馬具所有者の階層差を表現したものと述べている。[註9]

この観点からすれば、倭国で作られた鉄製f字形鏡板の初源と理解もできようが、ハミに捩じりの入っていることや擬鋲があることから朝鮮半島で作られた可能性の方がより高い。

また、中期後葉には若狭町西塚古墳で鉄地金銅張剣菱形杏葉と鉄地金銅張半球形辻金具とともに、実物は失われているが鈴付楕円形？鏡板付轡と六花弁形金具の出土が確認されている。[註10]ＭＴ一五型式の須恵器を出土する若狭町十善の森古墳からも鈴付楕円形鏡板付轡が出土しているように、これら朝鮮半島製の馬具を入手する政治的契機の存在が考えられる。

鳥越山古墳の被葬者は、若狭一帯を治める首長墳よりも一回り墳丘が小さくランクの下がる古墳といえよう。そして、当時の最新の道具である馬具を持ちつつ鉄製であることに若狭の首長との階層的格差が見て取れる。なお、南魚沼市飯綱山一〇号墳でも鑣轡の出土が確認され、[註6]中期段階において各地域の中核となる首長層に馬具がかなり普及していた可能性を示唆する。

三　双葉剣菱形杏葉をめぐって

若狭の古墳から双葉剣菱形杏葉が出土している。この一風変わった杏葉は、入江文敏が三種類のバリエーションをもって一〇基の古墳から出土していると指摘し、角杯など「偏在して出土する遺物群」のひとつとして被葬者個人が独自に入手しえた可能性が高いものとして畿内と地方豪族との関係に論及した。[註11]

また、若狭町大谷古墳の報告書で橋本英将がこの杏葉を考察した。[註12]双葉部の出現が剣菱形杏葉の変形では説明しきれず、心葉形杏葉などに見られる三葉文・棘葉文・楕円忍冬文に類似することに着眼し、デザインの発想がこれらの文様に触発されたとした。伊勢崎市恵下古墳を船載品とするなど朝鮮半島製の可能性を示しつつ、伴出した馬具の鋲間隔など同じ技術であることから、馬具セットとし

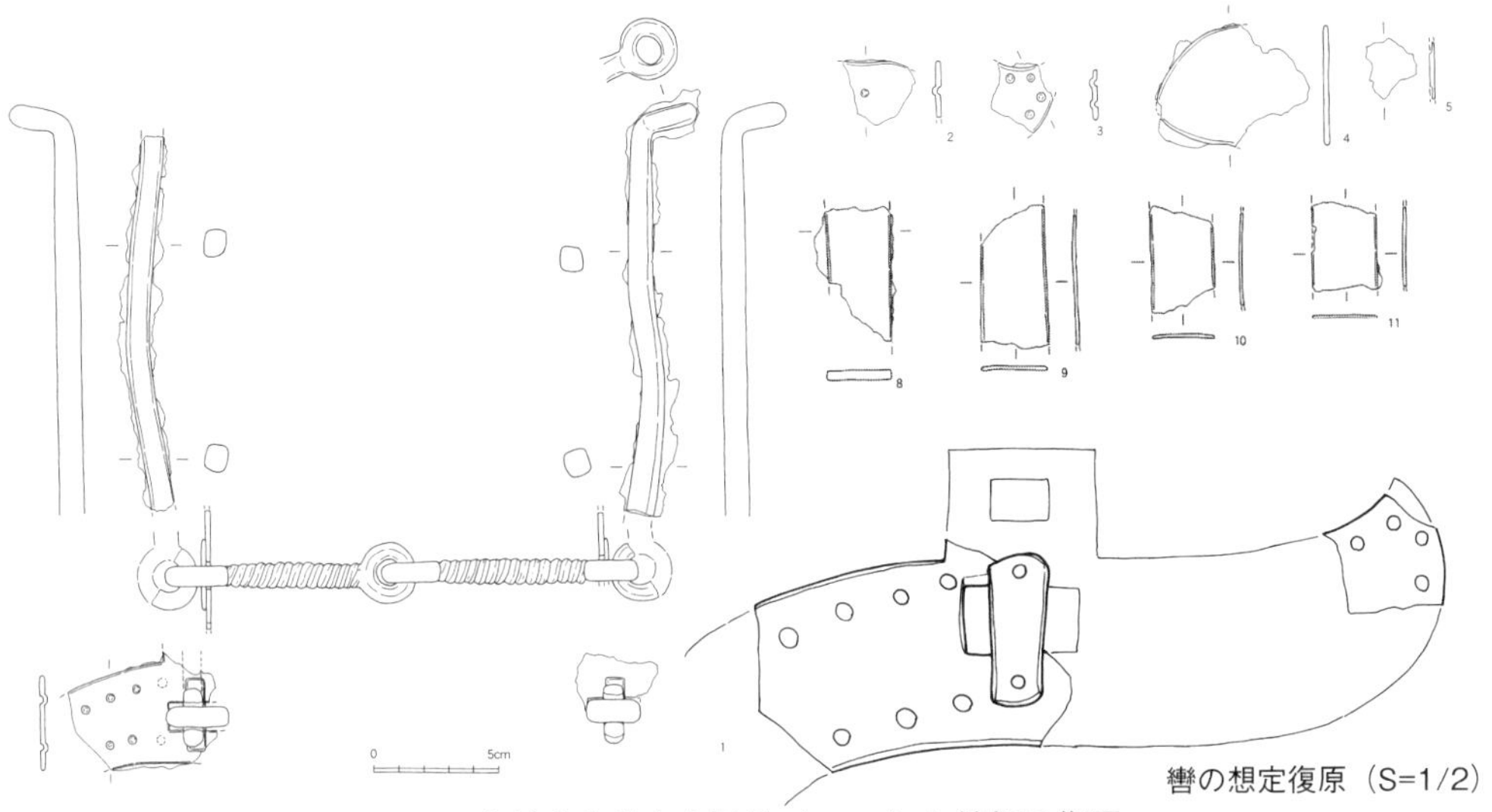

図１　鳥越山古墳出土馬具（S=1/4）と鏡板の復原

表１　北陸の馬具一覧

	No.	古墳名	轡	杏葉	鐙	鞍	その他	時期
越後	1	飯綱山 10 号墳	鑣轡・鉄楕円・環状		木芯鉄板輪		三環鈴・馬鐸	TK23-47
越中	2	朝日長山古墳		剣菱		鞍橋金具・鞍		MT15
	3	矢田上野 11 号墳	轡・引手	花			辻金具	
能登	4	三室まどがけ 1 号墳	環状				鉸具・帯金具	TK43
	5	山伏山 1 号墳		心葉			環状雲珠・辻金具・帯金具	MT15
	6	滝 3 号墳	鉄楕円	鈴付			環状雲珠・辻金具	TK47-MT15
	7	福水円山 1 号墳		種類不明				TK43
	8	散田金谷古墳					鉸具・帯金具	TK43
	9	散田鍋山古墳			3 条鉄輪			TK43
加賀	10	西山 1 号墳	環状				鉸具・帯金具	TK209
	11	西山 8 号墳					不明兵庫鎖	TK43
	12	西山 9 号墳		鈴付			馬鐸・辻金具	MT85-TK43
	13	和田山 2 号墳	f 字	剣菱			環状雲珠・鉸具	TK10
	14	後山明神 2 号墳		環鈴				TK43
	15	石山古墳	轡？					TK43
越前	16	清王 1 号墳	環状					TK209
	17	清王 2 号墳					鉸具、帯金具	TK43
	18	神奈備山古墳	轡？		兵庫鎖壺	鞍覆輪・磯金具	鉸具、辻金具、帯金具、半球型飾金具	TK10
	19	椀貸山 2 号墳	環状		木芯鉄板輪	鞍	雲珠	TK10
	20	法土寺 16 号墳			兵庫鎖		貝装雲珠	TK209
	21	漆谷 1 号墳	剣菱改造楕円				辻金具	TK10
	22	鳥越山古墳	鉄 f 字					TK208
	23	春日山古墳	f 字・環状	楕円	兵庫鎖	鞍	雲珠	TK10
	24	天神山 9 号墳	素環		金具		辻金具	TK217
	25	天神山 10 号墳	花				辻金具、鉸具	TK217
	26	丸山 4 号墳		楕円				TK209?
	27	上山古墳	環状				鉸具	TK209?
	28	天神山三つ禿 9 号墳	環状					TK43
	29	天神山三つ禿 11 号墳	環状		兵庫鎖			TK209
	30	茶臼山馬塚 1 号墳					鉸具・帯金具	TK209
越前（敦賀）	31	穴地蔵 1 号墳					鉸具	TK209
	32	向出山 3 号墳	環状					TK209
	33	向出山 4 号墳			兵庫鎖			TK43
	34	衣掛山 4 号墳	心葉	心葉		鞍	雲珠・辻金具・帯金具・鉸具	TK43
	35	衣掛山 18 号墳 1 号石室	環状		兵庫鎖			TK43
	36	衣掛山西 1 号墳	轡（引手）		兵庫鎖			TK43
若狭	37	獅子塚古墳	十字楕円	剣菱？			三環鈴	MT15
	38	きよしの 2 号墳	鉄製楕円・環状		兵庫鎖		辻金具・鉸具	TK10
	39	きよしの 3 号墳	轡・引手壺		兵庫鎖			TK10
	40	大谷古墳	瓢	双葉剣菱	鐙？	鞍	辻金具	TK43
	41	西塚古墳	鈴付鏡板	剣菱			辻金具、六花弁形金具	TK23
	42	十善の森古墳後円部石室	双竜楕円鈴付	鈴付剣菱・双葉剣菱・花弁	木芯鉄板輪	鞍		MT47
	43	丸山塚古墳		剣菱・双葉剣菱・鐘・楕円		鞍金具		TK10
	44	鹿野 1 号墳	環状		兵庫鎖		辻金具	TK209
	45	二子山 3 号墳	鉄楕円		兵庫鎖			MT15

て作られたとした。さらに倭国で製作されたと考えているために特殊性を強調すべきでなく、「入手した者同士の関係を示すと考える積極的根拠は現状では見当たらない」と結論づけた。

さらに入江は韓国松鶴洞一号墳一A・一号石室出土双葉剣菱杏葉が六世紀初頭ごろにあたることや、同石室が高崎市前二子古墳と構造的に類似するとの指摘や鉤状鉄器の存在などの共通する面を持つことから、そのオリジナルを朝鮮半島にあると示している。さらに馬具の入手が「大和政権から配布を受けたものと単純化させるのではなく、被葬者側にある程度の選択権が存在していたことを予測」し、この種の杏葉を含む馬具セットを選択して入手したと考えている。(註1)

さて、入江によれば二〇数地点から出土しているという。上中古墳群から出土したこの種の杏葉が六世紀初頭の十善の森古墳から大谷古墳に至る約五〇年間にわたってみられ、それらが形式を異にすることに大きな特徴を見出すことができ、(註11)若狭を特色づける馬具である。類例の少ない杏葉だが、以下のように分類してみたい。

一類　双葉部が下を向くもので、ほぼ中央に二センチ強の緩やかな円形の凸部がある。奈良市野神古墳、葛城市芝塚二号墳、安来市仏山二号墳例は全面に金銅板が覆っており、周縁と凸部周囲に波状列点文を彫金する。大谷古墳例は金銅板で地板と縁金を鋲留するという違いがある。前者を一A類、後者を一B類と細分できよう。

二類　双葉部が上を向くもので、一類にある凸部はない。十善ノ森古墳は左右の双葉と先端部をそれぞれ分けるように縁金があり三葉文を連想するが、瀬戸内市築山古墳と高崎市前二子古墳例は双葉と剣菱部を分けるように縁金を配するという違いがある。前者を二A類、後者を二B類と細分できよう。

三類　双葉が上下両方向にあるもの。縁金の配置や剣菱部の形状に差があるので細分できる可能性がある。丸山塚古墳、高槻市梶原D一号墳、松鶴洞一号墳一A・一号石室および国学院大学所蔵品などがある。松鶴洞例は扁円部が前面に突出する。

四類　前記分類に属さないもの。高崎市保渡田薬師塚古墳は二類とよく似ているが、剣菱形ではなく三角形を呈し、鈴付鋳銅製である。伊勢崎市恵下古墳は上向きの双葉が左右に各二箇所、下段の双葉が三角形となって周縁に波状列点文を彫金する。一～三類と同じ類型と認識してよいか検討が必要かもしれない。

この種の杏葉は、数が少ないながら次のように特徴ある分布状況である。①大和、若狭、上毛野に複数出土。②畿内という視点でみれば、大和盆地および北摂と周縁部にあたる若狭と伊勢から出土。③東日本出土品は四類が主体。④若狭は一～三類の複数類型が出土。

また、一類と二類は主に六世紀初頭から前葉（MT一五型式）の古墳から出土し、三類はやや時期が下る古墳からも出土するが、高取町市尾墓山古墳例は三類で最も古い例となり、系譜的にさかのぼる可能性が高いとともに、高槻市今城塚古墳から三類によく似た杏葉が出土している点で注目できる。(註13)

四　若狭の優越と馬匹の飼育

朴天秀は五世紀後葉以降出土する馬具のうち、西塚古墳の剣菱形杏葉や十善の森古墳の鈴付龍文鏡板付轡、鈴付剣菱形杏葉などを大伽耶系とし、大伽耶地域で剣菱形杏葉の形態変化が追えることから、松鶴洞一号墳出土双葉剣菱形杏葉もその文脈で理解している。[註14]つまり、丸山塚古墳と大谷古墳の双葉剣菱形杏葉も大伽耶系で、六世紀中葉にかけて大伽耶系馬具が集中するのが若狭の特色という。さらに千賀久は、若狭の勢力と朝鮮半島勢力との直接交流によってこれらの馬具が供給されたと考えている。[註15]

六世紀前葉の北陸の馬具は、氷見市朝日長山古墳、羽咋市滝三号墳、同市山伏山一号墳、美浜町獅子塚古墳、高浜町二子山三号墳にみられるように五〇メートル規模の前方後円墳から出土することが多く、各地の主要な地域首長墳に馬具が入っている状況が看取される。越前でも未確認ながら同様の状況であろう。越前ではｆ字形鏡板付轡と剣菱形杏葉のセットが出土せず（盗掘の可能性を否定できないが）、鉄製楕円形鏡板付轡という一段劣る馬具となっている。越前の同級の前方後円墳の副葬内容が明確でないが、少なくとも若狭の首長が一段優れた馬具を保有している。

そして、若狭町きよしの二号墳と高浜町二子山三号墳の鉄製楕円形鏡板轡は鏡板周縁に擬鋲が打ち込まれているという共通した仕様となっており、同じ工房で作られ、同じ入手契機であった可能性があろう。十善の森古墳では龍を透かし彫した船載の金銅装楕円形鏡板があり、西塚古墳でも同種の鏡板の可能性もあることから、[註10]これらの轡について金銅製と鉄製を意識して使い分けるために意図的に選択した可能性があり、若狭の鉄製楕円形鏡板付轡も朝鮮半島で作られた可能性を示す。

六世紀中葉に越前で馬具の出土例が増え、五〇メートル級の前方後円墳である首長墳の馬具内容も明らかとなっている。あわら市神奈備山古墳は三角錐形壺鐙と金銅装鞍金具や各種の帯金具など装飾豊かな馬具が出土しているが、残念ながら轡や杏葉が出土せず、それらの種類はわからない。若狭の丸山塚古墳では断片的ながら剣菱形杏葉、双葉剣菱形杏葉、忍冬文鐘形杏葉、楕円形杏葉の四種類が出土している。丸山塚古墳に追葬の可能性を考え、初葬者が剣菱形杏葉、双葉剣菱形杏葉三類からなる馬具セット、追葬者が忍冬文鐘形杏葉からなる馬具セットを副葬したと考えることも可能である。忍冬文鐘形杏葉は、約一四センチの中型品で、忍冬文が斑鳩町藤の木古墳Ｂセットに直続し、畿内王権から分配されたと理解されている。[註1]

六世紀後葉以降、馬具の出土数が増える。能登や加賀では半郡程度を領域とする首長の古墳に馬具が入るものの断片的で、馬具セットを持つことはまれである。越前では群集墳中の規模の大きな古墳からも出土し、轡と鐙を基本セットとして保有している。その馬具は環状鏡板がほとんどで、敦賀市衣掛山四号墳で心葉形鏡板付轡と杏葉のセットの馬装は例外的存在である。しかし、若狭の群集墳に馬具が入る割合は少ないようで、おおい町鹿野一号墳のみである。

千賀久は、倭国の馬具を新羅系と非新羅系にこれらを分けて整理し、新羅系としたものは時期的に限定され、Ⅰ期の初期馬具とⅤ期の心葉形・棘葉形の一部の馬具に限られるという。[註16]衣掛山四号墳の透かし彫風の心葉形杏葉および鏡板が該当する可能性がある。

六世紀以降後半に普及する馬具が越前・若狭を中心に分布し、福井市法土寺一六号墳の貝装雲珠など北部九州とのつながりを示す馬具もあるなど、地域首長独自に馬具を入手することもあり得たことを確認したい。

なお、六世紀中葉の福井市漆谷一号墳から剣菱形杏葉の扁円部を鏡板に改造した轡と辻金具が出土しており、[註17]唯一きらびやかな装具が改造の鏡板である。この種の改造品が流通にのるとは考えられず、地元における改造である。当地に馬具工房があったと考えるよりも地元首長に属する鉄器工房の存在を具体的に示すものとして注目できる。

五　まとめ

中期から後期前葉の馬具は朝鮮半島南部の製品が若狭を中心に認められ、若狭を代表する首長とそれより下位の首長ともに同じ契機で入手したものと考えられる。越前における六世紀前葉～中葉の大型古墳の馬具資料の欠落によって明確にできないものの、越前の諸首長たちもおそらく若狭と同じ舶載馬具を持っていたことは、永平寺町鳥越山古墳から推測される。

加賀以北の地域では、首長墳を中心に馬具が出土するが絶対数が少ない。装飾付大刀を出土する横穴式石室を主とする群集墳や横穴墓が存在しながら、これらから馬具がほとんど出土しないという特徴がある。すなわち、歩兵を主とする軍編成であった可能性があり、北陸における古墳時代軍事編成を考える上で興味深い。

（註1）入江文敏「北陸地方における馬匹生産と馬具の様相（一）」『郷土研究部活動報告』六、福井県立若狭高等学校郷土研究部、二〇一二

（註2）青木豊昭「丸山4号墳（鯖江市中野町）と馬具等出土遺物について」『福井考古学会会誌』八、一九九〇

（註3）中屋克彦「馬具類」『石川県考古資料調査・集成事業報告書　武器・武具・馬具』Ⅰ、石川考古学研究会、一九九六

（註4）伊藤雅文「馬具」『石川県考古資料調査・集成事業報告書　補遺編』石川考古学研究会、二〇〇一

（註5）大野　究「富山県古墳副葬品集成・馬具」『大境』二三、富山考古学会、二〇〇三

（註6）田中祐樹「飯綱山一〇号墳出土馬具の再検討」『新潟考古』二三、新潟県考古学会、二〇一二

（註7）浅野良治編『石舟山古墳・鳥越山古墳・二本松山古墳』松岡町教育委員会・永平寺町教育委員会、二〇〇五

（註8）諫早直人「日本列島初期の轡の技術と衰退」『考古学研究』五六—四、考古学研究会、二〇一〇

（註9）中條英樹「鉄製f字形鏡板付轡の編年とその性格」『帝京大学山梨文化財研究所研究報告』一一集、二〇〇三

（註10）清喜祐二「福井県西塚古墳出土の来歴調査について」『書陵部紀要』六三、宮内庁書陵部、二〇一一

（註11）入江文敏「若狭地方における首長墓の動態」『福井県史　資料編一三　考古』福井県、一九八六

（註12）橋本英将「双葉剣菱形杏葉の検討」『大谷古墳』上中町教育委員会、二〇〇五

（註13）高槻市立今城塚古代歴史館『よみがえる古代の煌き—副葬品に見る今城塚古墳の時代—』二〇一二

（註14）朴　天秀「古代の韓半島からみた若狭との交流」『若狭の古墳時代　若狭町歴史シンポジウム記録集』若狭町、二〇〇八

（註15）千賀　久「日本出土初期馬具の系譜」『橿原考古学研究所論集』第一二集、吉川弘文館、一九九四

（註16）千賀　久「日本出土の「新羅系」馬装具の系譜」『東アジアと日本の考古学Ⅲ　交流と交易』同成社、二〇〇八

（註17）鈴木篤英「漆谷遺跡」福井県立埋蔵文化財調査センター、二〇〇八

第三章　手工業生産からみた若狭・越

玉・石製品

浅野良治

一　はじめに

古墳時代前期の北陸地方では、碧玉を用いて腕輪形を中心とする石製品の生産が行なわれる。日本全国で出土した石製品未成品一四一点のうち一一〇点、約七八％が北陸から出土しており[註1]、石製品の生産を一手に担った地域と言えよう。

突如として始まる石製品の生産は、弥生時代中期から続く碧玉製管玉生産を土台にしているようである。石製品生産を行なった遺跡は、越前北部から能登南部に至る北陸西部に集中しており、弥生時代の管玉生産遺跡が濃密に分布する地域と重なっている。また、石製品未成品が出土した遺跡のほとんどで、碧玉製管玉生産を併行して行なっている。

石製品生産の開始には、北陸の外からもたらされる二つの情報が必要であった。一つ目の情報は、石製品の祖型である。石製品は別素材で作られた同形の器物の写しであり[註2]、模写する祖型無しには生産できない。そして、その祖型は弥生時代の北陸には見られないものであり、北陸独自に成立したものとは考えられない。

二つ目の情報は、生産技術や工具の移入である。北陸で生産された石製品の中で圧倒的多数を占めるのは腕輪形石製品である。腕輪形石製品に共通する穿孔を行なうために用いる工具は、弥生時代の北陸地方には見ることの出来ないものである。また、穿孔以外の製作工程についても、石製品は弥生時代の管玉製作とはまったく異なる系譜にある[註3]。そもそも碧玉で管玉以外のものを作るという概念が、弥生時代における北陸の玉作工人には無い。弥生時代以来続く管玉製作に関する技術に加え、外部からの概念・技術・工具の移入が不可欠と思われる。

この二つの要素に加え、石製品は使用方法も北陸内部だけでは説明できない。石製品は古墳の副葬品として出土する例がほとんどであり、日常生活に使用する器物ではない。小林行雄は「碧玉製品は、社会の上層部に位置する特殊な地位の人々のために、世襲的な技術をもって奉仕すべき地位におかれた専門工人によって製作されたものである」といい、石製品が特殊な使用方法の器物であり、その製作技術は極めて専門的な技術で、誰でも手軽に生産できるものではないことを示した[註4]。

以上の点より、石製品生産の開始には、北陸地方以外の地域からの情報および技術の導入が必要不可欠であったと言えよう。また、製作に用いる工具やその使用方法は石製品生産に特化したものであるので、石製品生産はあまり広く拡散しない性質の技術であったと思われる。

しかし、私は二つの疑問を持つ。一つは古墳時代における管玉生産技術の変化について。古墳時代にはじまる石製品生産は、外部からの技術移入によるものであり、管玉の生産とは技術的にあまり繋がりがない。しかし、材料としては同じく碧玉を選択しており、同じ材料から二種類の製品を製作していた。弥生時代までには見られなかった現象であり、管玉の製作技術にも変化をもたらしたと思われる。

もう一つの疑問は、石製品未成品を出土した遺跡が広く分布することである。石製品の製作には、工具・製作技法の両面で、それまでにない新たな情報を必要とする。にもかかわらず、石製品未成品は北陸西部地方から広く見つかっているのである。

本論では、この二つの疑問について考察したい。

二　碧玉製管玉製作技法の変化

（一）石製品が大量に出土した遺跡の様相

北陸地方では、越前北部から能登南部に及ぶ二五遺跡で石製品未成品が出土している。遺跡は六群に集中しており、その内南加賀南部群と手取川扇状地群で、石製品未成品と管玉未成品が大量に出土した遺跡が確認されている。まず、この二つの遺跡について述べよう。

加賀市片山津上野遺跡(註5)　南加賀南部群に属する。柴山潟に面する台地上に立地する。古墳時代初頭から前期にかけて営まれた集落で、およそ三〇棟の竪穴住居のうち五棟より玉作に関連する遺物が出土した。この五棟の住居内部には、玉作に用いたと思われる特殊ピットが付随しており、すべて工房址と思われる。住居址の平面形は短辺と長辺にあまり差がない長方形を呈する。大きさは一辺八メートル前後である。すべての工房址が平面形・規模・内部構造の点で共通しているので、各工房に機能上の差は無く、それぞれの工房で同じ品目の石製品・玉類を生産したと思われる。

各工房址は若干時期差があり、古墳時代前期後葉が最も盛んに玉作りを行なったようである。なお、この内最も多くの玉作関係遺物が出土した四号住居は、この集落において最も長期間にわたって玉類生産を行なった工房と思われる。

玉作関連遺物は、数量としては管玉未成品が大部分を占める。さらに、腕輪形を中心とする石製品未成品がまとまって出土してい

1:河和田遺跡　2:伊井遺跡　3:潮津金場遺跡　4:片山津成山遺跡
5:富塚遺跡　6:弓波遺跡　7:片山津上野遺跡　8:漆町遺跡
9:荒木田遺跡　10:浜竹松Ｂ遺跡　11:村井キヒダ遺跡
12:御経塚遺跡　13:黒田遺跡　14:高畠遺跡　15:旭遺跡群
16:中屋サワ遺跡　17:畝田西遺跡　18:藤江Ｂ遺跡　19:藤江Ｃ遺跡
20:出雲じいさまだ遺跡　21:広坂遺跡　22:戸水大西遺跡
23:大友西遺跡　24:太田ニシカワダ遺跡　25:東三階Ｂ遺跡

図１　石製品未成品出土遺跡の位置

る。報告書に掲載されている石製品未成品は二五点で、腕輪形・鏃形・容器形など、多様な種類の石製品を製作していた。その内、腕輪形石製品は二一点と全体の八〇％以上を占めている。

白山市浜竹松B遺跡（註6） 加賀地域を南北に分ける手取川が造りだした扇状地に立地する。古墳時代前期後葉から中期初頭にかけて営まれた集落で、竪穴住居一七棟、平地式住居一棟が確認された。そのうち玉作に関連する遺物が出土し、工房址と推定された住居址は五棟である。工房址の平面形・規模ともに似通っており、飛び抜けて大きい工房址は認められない。片山津上野遺跡と同様に、すべての工房が同一の機能を持っていたと思われる。

石製品未成品四一点、刳貫円盤三点が見つかっており、全国最多の石製品未成品出土量を誇る。また、管玉未成品は、角柱状を呈する形割未成品、多角柱状の研磨工程未成品、穿孔工程未成品を中心に一七五点であり、前述の片山津上野遺跡と比べると、石製品未成品に対して管玉未成品は少量である。石製品生産に比重を置いた生産体制を採っていたと言えよう。

なお、本遺跡における石製品・管玉の材料の碧玉は、非常に軟質のものが大勢を占める。また、製作した石製品は腕輪形石製品のうち石釧・車輪石の二種に限られており、鍬形石やそのほかの石製品を生産した痕跡は確認できない。

（二）管玉製作工程の検討

加賀片山津遺跡と浜竹松B遺跡は、碧玉を用いて石製品と管玉を製作した遺跡である。また、玉作に関連する遺物が出土した住居址は、それぞれが同じ機能の工房と思われる。各工房が、それぞれで完結して石製品と管玉の製作を行なう生産体制を採っていたと想定する。

さて、この二つの集落で出土した管玉未成品は、製作工程に従って分類できる。古墳時代前期に北陸で行なわれた管玉製作技法は、弥生時代後期より引き継がれたものであり、技法上では大きな変化は無いと考えられてきた。しかし、古墳時代前期には石製品生産の開始という、弥生時代には存在しない大きな要素が加わっている。これが管玉製作に影響を与えなかったのだろうか。製作工程ごとの未成品の数量を見てみよう。

碧玉製管玉の製作工程は、荒割→形割→（調整）→研磨→穿孔→仕上げの工程を経る。調整工程は行なわないこともあり、工程数は五ないし六となる。各工程の途中にあるものと工程が終了した直後の未成品をまとめ、工程の名を冠して『〇〇未成品』と呼ぶ。この中で、各工程において出現する、理想的に作業が進んだ際に現われる定型的な未成品を『〇〇工程中間製品』と呼ぼう。中間製品は、各工程が終了して次の工程に移る段階に最も多く出現する。

なお、荒割工程は原石から材料を分割する工程で、箱状または板状の中間製品を作出し続けるのが理想であろう。明瞭な立方体・直方体でなくとも、未成品断面形の対面が平行であれば、次工程に移るに適した形状とみなし、中間製品と判断した。形割工程は、荒割工程中間製品をさらに分割する工程で、四角柱が中間製品である。調整工程は形割工程中間製品の側面を押圧剥離や間接打撃で整える工程で、棒状の中間製品を作出する。調整工程を経ない場合もあるので、形割工程と調整工程は併せて記述した。研磨工程は調整工程中間製品を磨いて整える工程で、中間製品は円柱に近い多角柱となる。

片山津上野遺跡の報告書に記載されている管玉未成品の中で、中間製品は荒割七点、形割・調整工程一六二点、研磨工程二八点、穿孔工程三六点である。荒割工程中間製品は明瞭な箱状・板状とならず、断面形の一対面が平行になっているのみのものが多い。

浜相川Ｂ遺跡の報告書に記載されている管玉未成品の中で、中間製品は荒割八点、形割・調整工程一一八点、研磨工程一〇点、穿孔工程六点である。荒割工程中間製品の形状は片山津上野遺跡よりもさらに不整形で、断面形の一対面がどうにか平行になる程度である。

参考までに、弥生時代における管玉未成品各工程の出土状況と比較してみよう。

(三) 弥生時代の管玉生産

北陸で管玉生産が始まる弥生時代中期の管玉製作は、明瞭な中間製品が各工程に存在する。各工程の中間製品の数量は、福井県加戸下屋敷遺跡を例に挙げると、荒割一六点・形割一八点・研磨三七点・穿孔一〇点・仕上げ六点があり、各工程の中間製品が出土している。この時期における管玉製作の大きな特徴は、荒割・形割工程における石材の分割方法にある。荒割工程では施溝分割技法を用いて石材の二分割を繰り返し、箱状・板状の中間素材を作出する。形割工程では荒割工程中間製品をさらに施溝分割し、四角柱の中間製品を作出する。

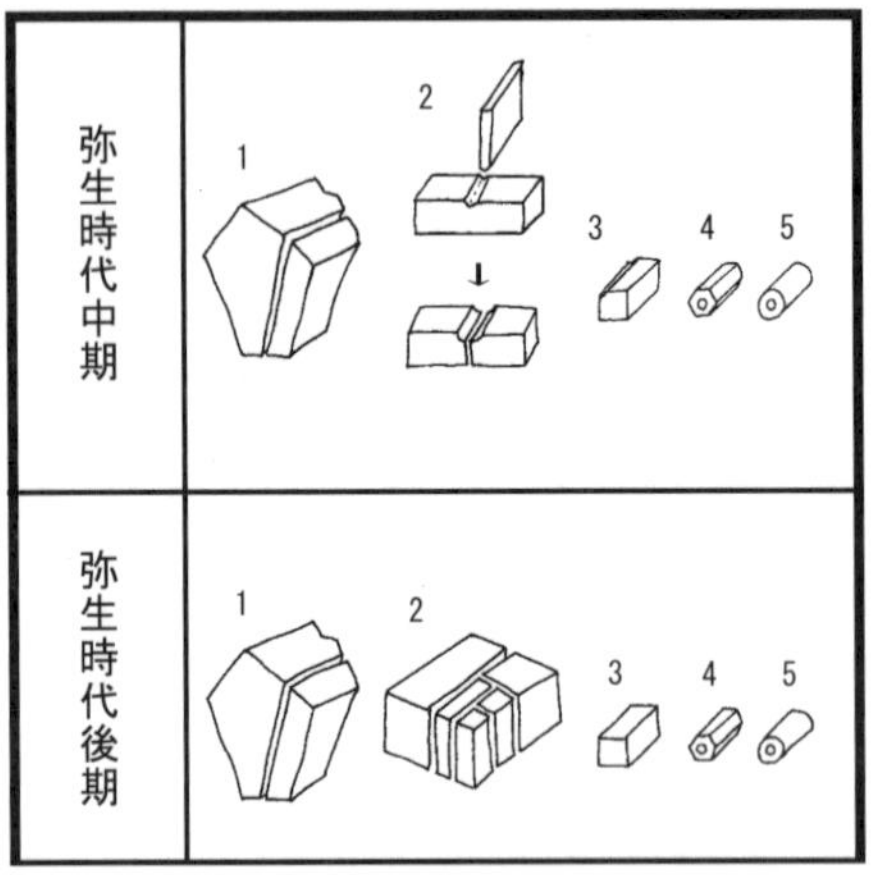

図２　管玉製作技法模式図
（大阪府立弥生博物館編『北陸の玉と鉄』より引用）

荒割工程中間製品は様々な大きさのものがあるが、総じてきれいな箱状・板状を呈する。また、弥生時代後期以降の玉作遺跡に比べ、荒割工程中間製品が占める比率が高い。

弥生時代後期になると、荒割工程で生じる明瞭な箱状・板状の中間製品があまり見られなくなる。福井市林藤島遺跡の報告書に記載された未成品のうちで、中間製品は荒割工程一一点、形割・調整工程八四点、研磨工程一五点、穿孔工程二三点、仕上げ工程一二点がある。

荒割工程の中間製品は整った箱・板状を呈しておらず、不整形な印象を受けるものが多い。この現象が起こる理由は、石器から鉄器に玉作工具が変わり、石材の分割方法が一変したことにある。弥生時代後期から、石材の分割に用いる工具としてタガネ状の鉄製工具が登場し、弥生時代中期の玉作遺跡で見られる玉鋸は見られなくなる。そして、石材分割時に必ず行なっていた施溝がなくなり、直接・間接打撃で分割する。この分割方法では、分割された未成品が綺麗な直方体・立方体になりにくく、弥生時代中期のような定型的な荒割工程中間製品は出来にくい。それでも、形割工程に進みやすいよう、荒割未成品の対面を平行に保つ意識が見て取れ、荒割工程で目指す中間製品の形状は読み取れる。

弥生時代においては、中期と後期とで形状に違いがあるが、荒割工程中間製品が一定量存在する。分割工程の最終目的である四角柱状の形割工程中間製品を得るため、形状を意識して荒割工程中間製品荒割工程が製作されていると言えよう。

(四) 古墳時代の管玉生産と石製品生産の関係

荒割工程中間製品は、時期が下るに従って、中間製品総数の中に占める割合を減じてゆく。とくに古墳時代の管玉製作では、非常に量が少ないことがわかる。

管玉未成品は、何らかの理由で作業の途中で製作が止まり、放棄されたものである。何も作業を止める理由が無ければ次の工程に移るので、前工程の未成品は使用されて残らない。荒割工程中間製品が存在しないということは、完全に使い切ってすべて形割工程に進んだという解釈ができる。

しかし、荒割以外の各工程では、中間製品が大量に存在している。荒割工程のみ効率の良い手法で管玉生産を行なっていたとは考えにくく、荒割工程中間製品の少なさには別の理由があると思われる。

この現象の原因を、石製品生産の開始に求めたい。弥生時代においては碧玉の使用目的は管玉生産以外に無く、素材となる原石を分割してゆけば良かった。しかし古墳時代になると、同じ碧玉を用いて、管玉と比すれば巨大としか言いようのない石製品生産が始まる。石製品の中では比較的小型の品である石釧を生産するにしても、一辺一〇センチ以上の原石が必要となる。さらに全国から出土した石製品と管玉の石質を比較すると、総じて石製品は管玉と同じか、やや良質な碧玉を用いているという。(註7) 北陸地方は碧玉の豊富な産地であったのだろうが、良質で大ぶりな原石は数が限られている。そのような原石は、石製品生産にまず向けられたため、原石に近い状態から分割を繰り返して中間製品を作出する弥生時代以来の伝統的な素材分割方法は、制限された可能性が高い。

つまり、碧玉原石の利用目的の第一は石製品製作を目的とする中間製品の作出であり、その際に出た不要部分を管玉生産に差し向けていると考える。

三 石製品出土遺跡の広がり

上記の二遺跡を含め、北陸西部には、二五の石製品未成品が出土した遺跡が六群に固まって存在する。特殊な技術を要する遺物と言うには広範囲に広がる石製品未成品について考えたい。

(一) 石製品未成品出土遺跡の分布

越前北部群・南加賀南部群・南加賀北部群・手取川扇状地群・北加賀群・能登南部群の六群に固まって分布しており、とくに南加賀・手取川扇状地・北加賀の三群に集中している。

越前北部地域では河和田遺跡・伊井遺跡の二遺跡がある。腕輪形石製品・刳貫円盤・紡錘車が確認されている。南加賀地域は、前述の加賀市片山津上野遺跡を中心に五遺跡がある。加賀市富塚遺跡からは全面を調整した板状の碧玉が出土しており、鍬形石未成品と思われる。片山津上野遺跡を除く四遺跡で出土した石製品とその未成品は、片山津成山遺跡九点、ほか三遺跡は一点ずつである。南加賀北部群では漆町遺跡・荒木田遺跡の二遺跡がある。出土数はいずれも二点で、漆町遺跡では硬質碧玉製の刳貫円盤が見つかっている。

手取川扇状地群は、前述の浜竹松B遺跡を除いて六遺跡がある。出土数は、旭遺跡群と中屋サワ遺跡が二点、ほか四遺跡が一点である。北加賀地域には七遺跡があるが、片山津上野遺跡・浜竹松B遺跡に匹敵する遺跡は存在しない。刳貫円盤三点・石釧完成品一点などの五点が見つかった金沢市藤江B遺跡、車輪石四点など八点が出土した畝田西遺跡群が目立ち、そのほかは三点以下の出土数である。能登南部群は、太田ニシカワダ遺跡・東三階B遺跡の二遺跡がある。太田ニシカワダ遺跡では三点が、東三階B遺跡では二点が出土している。

（二）石製品未成品の用途

以上のように石製品未成品出土遺跡は、越前北部から能登地域にかけて、ある一定の集中を持ちつつ幅広く分布している。しかし、一遺跡辺りの出土量は極めて少なく、最多が畝田西遺跡群の八点で、多くは一～二点の出土である。また、南加賀南部群を除き、腕輪形石製品生産に関係するもので完全な形を遺すものは紡錘車・剣貫円盤に限られている。

前述したように、石製品の生産は、北陸地方において独自に出現したものとは考えられず、外部からの技術導入が必要であった。生

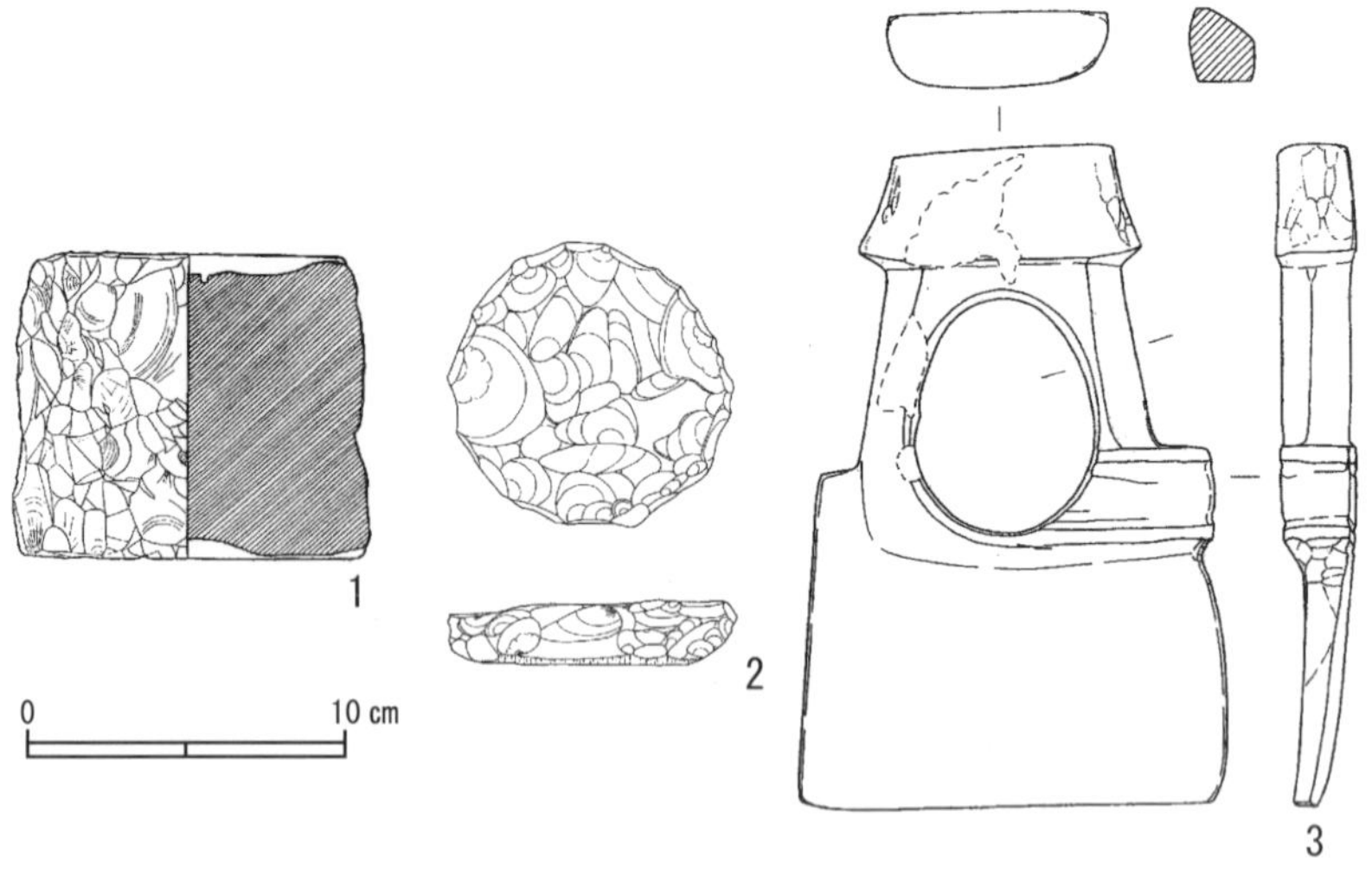

図３　石製品未成品
（S=1/4、1:註5 加賀市教育委員会1963　2:註6 松任市教育委員会1993　3:三浦2007 より）
1：片山津上野遺跡　2：浜竹松Ｂ遺跡　3：片山津成山遺跡

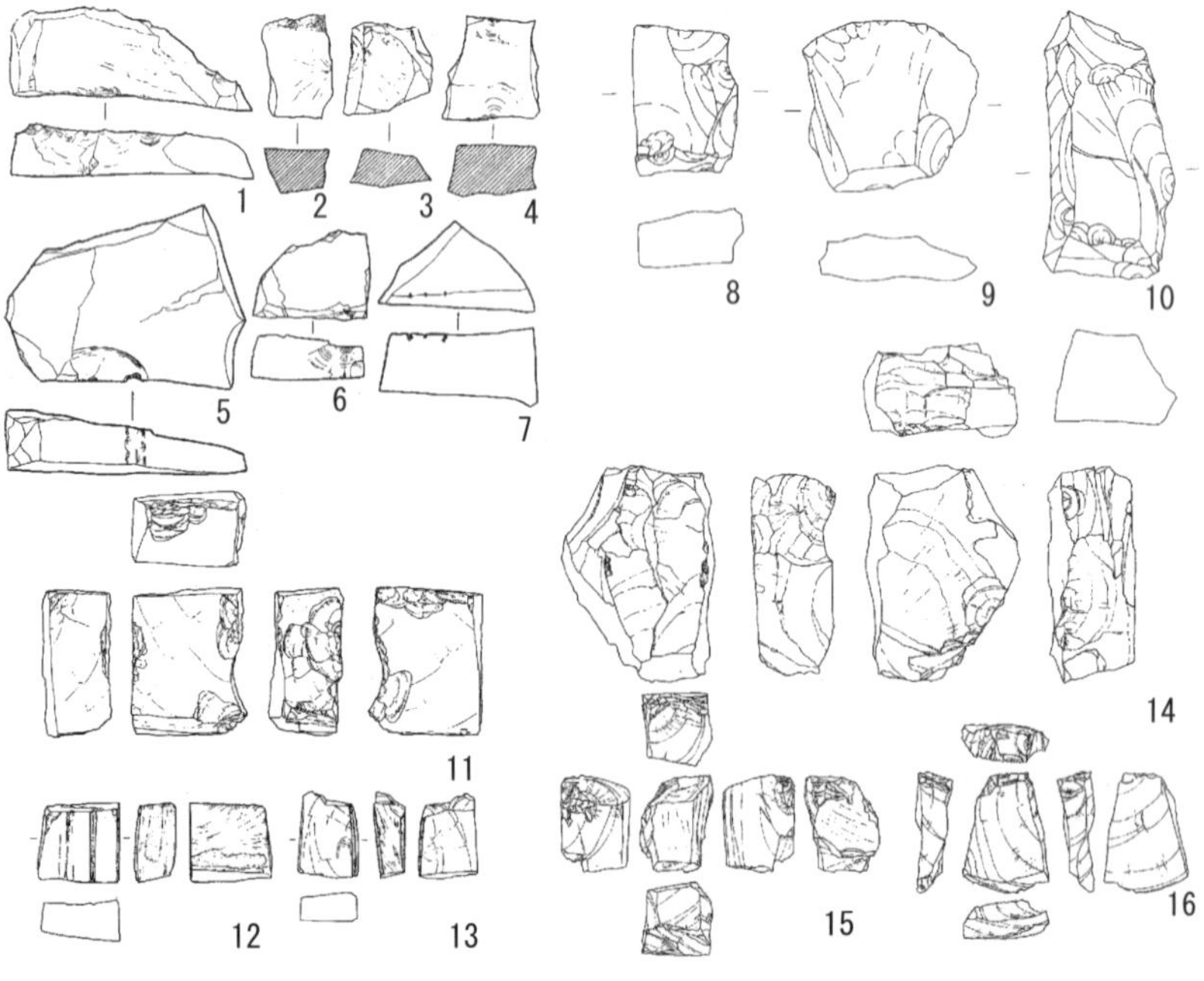

図４　管玉荒割工程未成品（S=1/4、各報告書より引用）
1～7:片山津上野遺跡 8～10:浜竹松B遺跡 11～13:加戸下屋敷遺跡 14～16:林藤島遺跡

産には特殊な工具の使用も想定されており、習得が困難な技術であったことが予想される。

　そのような特殊技術が、短い期間に北陸に面的に広がったとは想像し難い。また、せっかく習得した技術を用いて、僅かな数しか石製品を生産しなかったとも考えにくい。一～二点の破片しか出土していない遺跡については、そこで石製品への加工を行なったのではなく、何らかの目的があって、他の地から石製品未成品を入手している可能性が高いと考える。

　それでは、石製品生産以外の目的とは何だろうか。一つの事例を挙げよう。越前北部群に属する伊井遺跡で出土した碧玉製管玉形割工程未成品の中に、一面に回転痕を持つものがある。観察の結果、刳貫円盤を打割して利用したものであることが判明した。一例ではあるが、刳貫円盤を管玉の素材として使用した例であり、その意味は大きい。刳貫円盤は紡錘車の素材に想定されているが、管玉の材料として流通した品が確実に存在し、一概に紡錘車未成品とは言えないのだ。

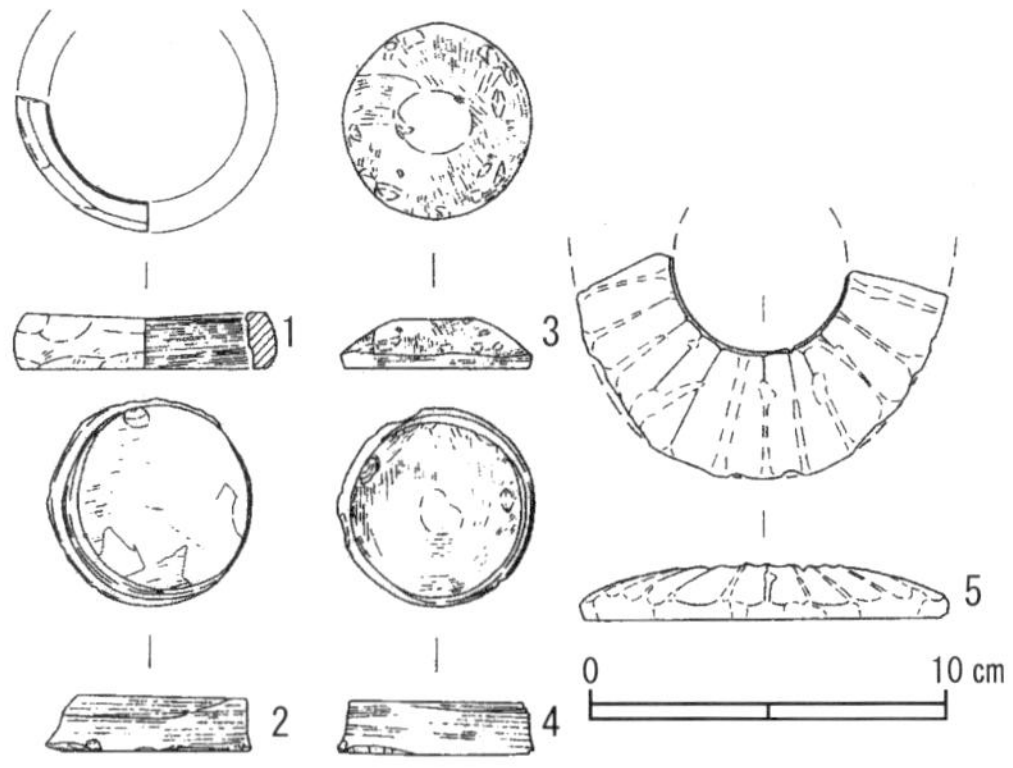

図５　石製品未成品（S=1/4、三浦 2007 より引用）
1・2：漆町遺跡　3：大友西遺跡
4：藤江Ｂ遺跡　5：中屋サワ遺跡

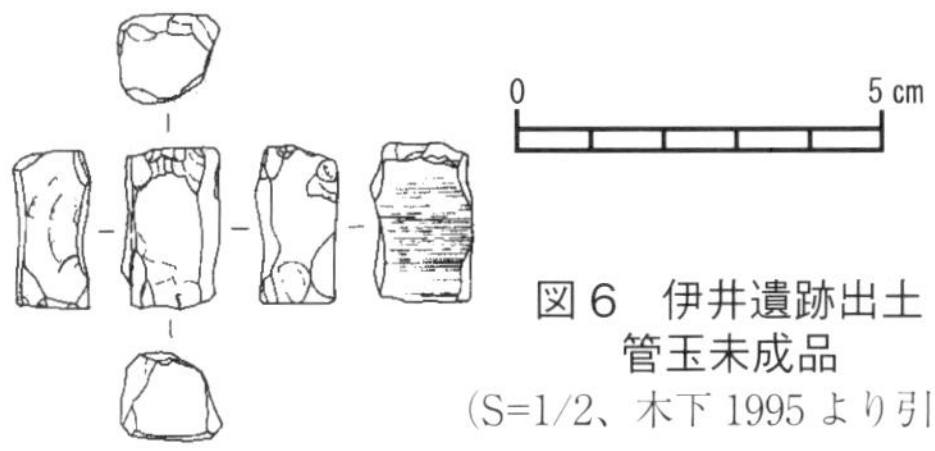

図６　伊井遺跡出土
管玉未成品
（S=1/2、木下 1995 より引用）

　このことは、各地で出土した石製品未成品についても再考を促す。石製品未成品が出土した遺跡のほとんどでは管玉生産を行なっている。南加賀南部群以外の各群で出土した腕輪形石製品未成品はすべて破片であり、石製品としては使えない、いわば失敗品である。しかし、管玉の素材としては使用可能であり、管玉素材として持ち込まれたことも想定できよう。

　石の加工は、すべてが作者の意図通りに運ぶものではない。失敗はつきものである。管玉未成品の中にも、少なからず失敗品が含まれている。石製品の生産においても、管玉と同様に一定量の失敗品が発生したであろう。しかし、石製品に用いる碧玉は、非常に良質なものが用いられている。石製品生産には使えずとも、管玉の生産は可能であった。片山津上野遺跡や浜竹松Ｂ遺跡のような生産遺跡で生じる石製品の失敗品が、周辺集落に運ばれて管玉の素材となった可能性を指摘したい。

四　おわりに

　弥生時代後期と古墳時代前期の管玉製作技法は、石製品生産の開始によって大きく変化したと思われる。それは石材分割方法であり、大型の原石は石製品に優先的に用いられるようになった。そのため、弥生時代中期以来の伝統的手法である石材二分割を繰り返す手法は活躍の場を失い、定型的な荒割工程中間製品が介在しにくい製作技法となった。古墳時代は、管玉生産よりも石製品生産に比重を置いた生産体制が採られていたと考える。

また、北陸が古墳時代における石製品の一大産地であったことには疑いない。しかし、石製品未成品出土が必ずしもその遺跡における石製品生産を証明する訳ではないと思う。石製品生産の証明には、複数工程にわたる未成品や、多種多様な器種の未成品が出土することが求められる。工具も揃って見つかればこの上ない。石製品といういわば希少品の生産方法は広く流布するものではなく、限定された専業工房で独占生産されていた姿を想像する。

謝辞　平成二四年九月に逝去なされた、田代弘さんに捧げます。田代さんに出会って、色々な話をして、毎日新しい発見ができた日々の事を、昨日の事のように思い出しています。もう会えないのが、今でも信じられません。田代さんに頂いたご指導とご助言と、温かい笑顔を瞼に浮かべながら書きました。これからも、できれば、見守っていて下さい。

（註1）河村好光『倭の玉器』青木書店、二〇一〇

（註2）北條芳隆「石製品と倭王権」講座日本の考古学八『古墳時代』下、青木書店、二〇一二

（註3）穿孔工具と推定できる遺物は確認されていない。中口裕は、縦軸轆轤に円筒状の管錐を装着した、大型の舞錐のような工具を想定している（中口裕「攻玉技術について」『加賀片山津玉作遺跡の研究』加賀市教育委員会、一九六三）。しかし河村好光は、横軸轆轤の軸部に未成品を装着して、ヤリガンナ状工具によって穿孔する方法を提唱している（前掲註1）。私はあまり複雑な装置を必要としない河村説に軍配が上がると感じているが、何も物証となるものがない。本論ではこの問題には立ち入らない。いずれにせよ、弥生時代の管玉生産には見られない工具と技術であることが重要である。

（註4）小林行雄「Ⅰ轆轤」『古代の技術』塙書房、一九六二

（註5）大場盤雄『加賀片山津玉造遺跡の研究』加賀市教育委員会、一九六三

（註6）前田清彦『松任市浜竹松Ｂ（竹松北）遺跡』松任市教育委員会、一九九三

（註7）前掲註1に同じ

参考文献

大賀克彦「弥生・古墳時代の玉」『考古資料大観』九　弥生・古墳時代、小学館、二〇〇二

岡寺　良「石製品研究の新視点―材質・製作技法に着目した視点―」『考古学ジャーナル』四五三、ニューサイエンス社、一九九九

蒲原宏行「石釧研究序説」『比較考古学試論』雄山閣出版、一九八八

河村好光「古墳社会成立期における玉生産の展開―北陸の玉生産の歴史的位置―」『考古学研究』二八―三、一九七六

河村好光「倭国成立期における北陸西部の玉生産」『石川考古学研究会々誌』四九、石川考古学研究会、二〇〇六

木下哲夫『金津町埋蔵文化財調査概要』金津町教育委員会、一九九五

田代　弘「（一）奈具岡遺跡」『京都府遺跡調査概要』第五五冊、京都府埋蔵文化財調査研究センター、一九九三

冨山正明『林・藤島遺跡泉田地区―一般県道大畑松岡線道路改良工事に伴う調査―』福井県埋蔵文化財調査センター、二〇〇九

北條芳隆「古墳時代前期の石製品」『考古資料大観』九　弥生・古墳時代、小学館、二〇〇二

三浦俊明「北陸における古墳時代前期の石製品生産」『石川県立博物館紀要』一九、石川県立博物館、二〇〇七

宮田　明「八日市地方遺跡における管玉製作の技法的特徴」『八日市地方遺跡Ⅰ』小松市埋蔵文化財センター、二〇〇三

鉄器

林 大智

一 はじめに

古墳の副葬品で主体を占める膨大な鉄器の存在は、各地の首長層が権力基盤を獲得・保持するために、鉄器や鉄素材の大量所有およびその生産技術の確保が重要視されていたことを示唆する。北陸地域も例外でなく、石川県能美市和田山五号墳などの地域を代表する大型古墳には、武器・武具をはじめとする多数の鉄器が副葬され、倭王権との密接な関係性を示す材料として、注目されてきた。

しかしながら、一部の武具・馬具などを除けば、鉄器の製作地を限定することは困難であり、その解明に際しては、地域毎に鉄器の諸特徴を把握すると共に、その生産体系や鍛冶技術レベルを明確にすることが必要となろう。現時点でこの難題を解明するための資料蓄積は望むべくもないが、近年の発掘調査により、パズルのピースが埋まるように、鍛冶・製鉄関連資料も徐々に増加している。

本稿では、鉄器導入期である弥生時代中期から古墳時代を対象にして、北陸地域の鍛冶・製鉄関連資料を整理することで、それらの変遷過程および地域的特質を明示する。また、鉄器生産とほかの手工業生産との関連などについても概観していきたい。

二 鉄器導入期の鍛冶技術

北陸地域における鉄器の導入は、弥生時代中期に開始され、後期後葉には集落出土鉄器の量が急増して、ほぼすべての利器が鉄器化する。鍛冶技術も同時期に普及・定着し、続く終末期には、石川県七尾市奥原峠遺跡で、異なる構造の鍛冶炉を備えた複数の竪穴建物が検出されると共に、鉄器の素材と考えられる多数の棒・板状鉄器が出土している。これらの鉄器・鉄素材や鍛冶技術は、日本海沿岸地域の流通ルートを通じて西方からもたらされた可能性が高く、北部九州や山陰地域に準じた、比較的高度で分業化された鉄器の生産体系が能登半島まで及んでいたことを推測できる。

三 鍛冶技術の変革

古墳時代前期は、鍛冶技術の変革期として捉えることができる。石川県小松市一針B遺跡や金沢市畝田遺跡では、前期前葉に属する鞴羽口や鉄滓が出土しており、なかでも一針B遺跡の鞴羽口には、大型で横断面蒲鉾形を呈するものが多く認められる。(註1)同時期で類似する特徴をもつ鞴羽口は、福岡県福岡市博多遺跡群や奈良県桜井市

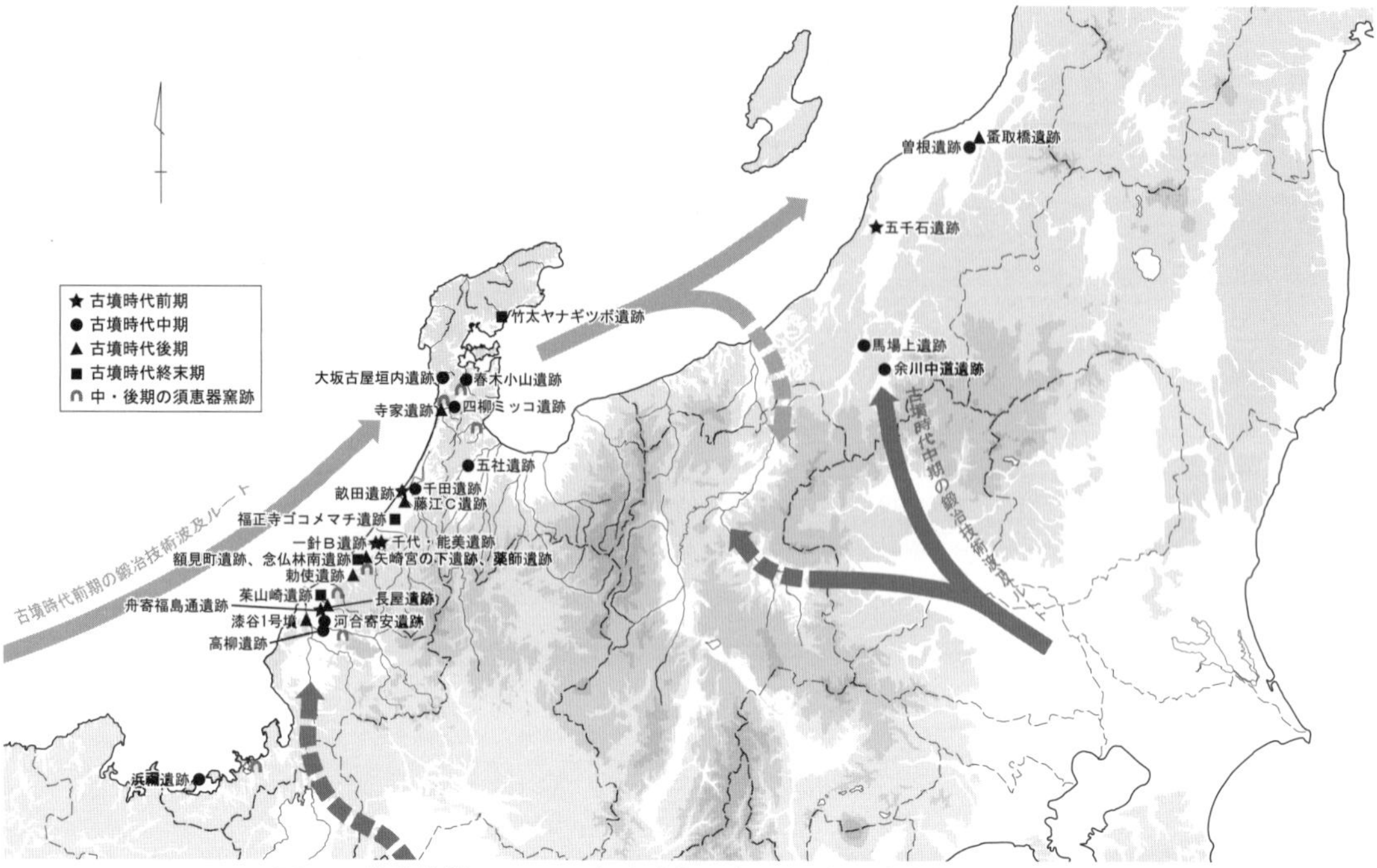

図１　北陸地域における古墳時代の主な鍛冶関連資料の出土遺跡

纒向遺跡から出土しており、朝鮮半島の技術を参考に、北部九州で成立した新たな高温鍛冶技術体系が急速に拡散し、（註2）北陸南西部地域で受容されたことを示している。この鍛冶技術の変革は、北陸地域が前段階に比較的高度な鉄器化を達成し、鉄の習熟度を高めていたことが背景となり成立したものと思われ、鍛冶技術の導入ルートも前段階と同じ日本海沿岸地域を通じたものであった可能性が高い。

鍛冶技術が導入された一針Ｂ遺跡の上流約三〇〇メートルの距離には、古墳時代前期の首長居館と想定される小松市千代・能美遺跡が所在し、（註3）畝田遺跡からは首長層の介在した祭儀施設と考えられる導水施設や玉杖形木製品、弧文板などが見つかっている。（註4）すなわち、両遺跡には首長居館と関連した鍛冶工房が存在し、新たな鍛冶技術の導入には、各地の首長層が強く関与していたことを窺わせる。

この鍛冶技術の変革と対応し、弥生時代終末期まで集落から多数出土していた鉄器や棒・板状鉄器が急激に減少する。このことは、この時期に高温操業の鍛冶技術が導入されたことで、鉄をある程度鍛接・溶解して再利用できる環境が整ったことを示している。

一方、墳墓に副葬される鉄器は、前段階よりも増加する。小松市八里向山Ｄ遺跡ＳＸ〇一（方墳）の第二主体では、棒状鉄器の片端両側辺を鍛打で爪形に成形した鉇が出土しており（図２）、弥生時代終末期の鉇と比べても簡易な鍛冶技術で製作されている。この鉇は地域内で製作された可能性が高く、新たな鍛冶技術を受容した後も、鍛冶技術の進展が順調でなく、精錬された鉄素材の供給がなければ操業できない簡易な鍛冶工房が主体であったことを示唆する。

続く古墳時代前期中葉以降には、福井県福井市高柳遺跡などから鞴羽口や鉄滓が定量出土し、前期後葉に至ると、この鍛冶技術の波が越後に到達する。新潟県長岡市と燕市にまたがり所在する五千石遺跡では、竪穴建物（ＳＩ〇三）内に鍛冶炉が検出され、遺跡からは横断面蒲鉾形を主体とした二〇個体を超える鞴羽口や炉壁などの鍛冶関連資料が出土した（図3）。しかし、共伴した椀形鍛冶滓は、極小クラスのものが少量存在するのみで、金属学的分析によれば、半製品的な鉄素材を用いた比較的低温の鍛打加工が行なわれたことを推測できる。これらのことは、導入された鍛冶技術と、実施された鉄器製作レベルに不均衡があったことを示している。北部九州から日本海沿岸地域を経由して導入された鍛冶技術が、北陸南西部地域で受容された後に、地域内で志向される製品レベルや、素材の形状・質に合わせて弛緩しながら、各地に拡散していたことを窺わせる。

なお、近畿中枢域の刀剣や甲冑研究でみられる古墳時代前期後葉における鍛冶技術の画期は、北陸地域で見出すことが困難である。

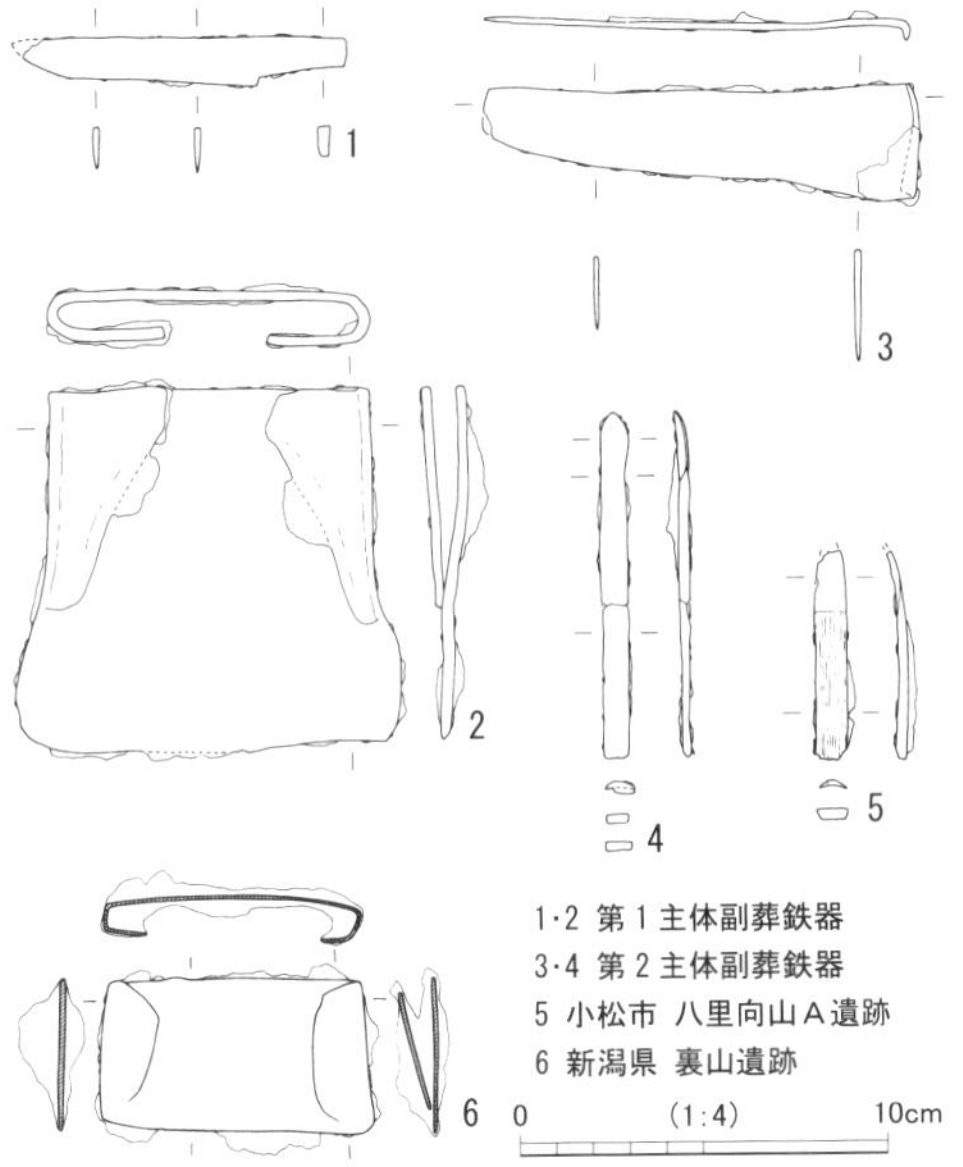

図２　八里向山Ｄ遺跡ＳＸ０１副葬鉄器（1～4）と弥生時代終末期（5・6）の鉄器比較

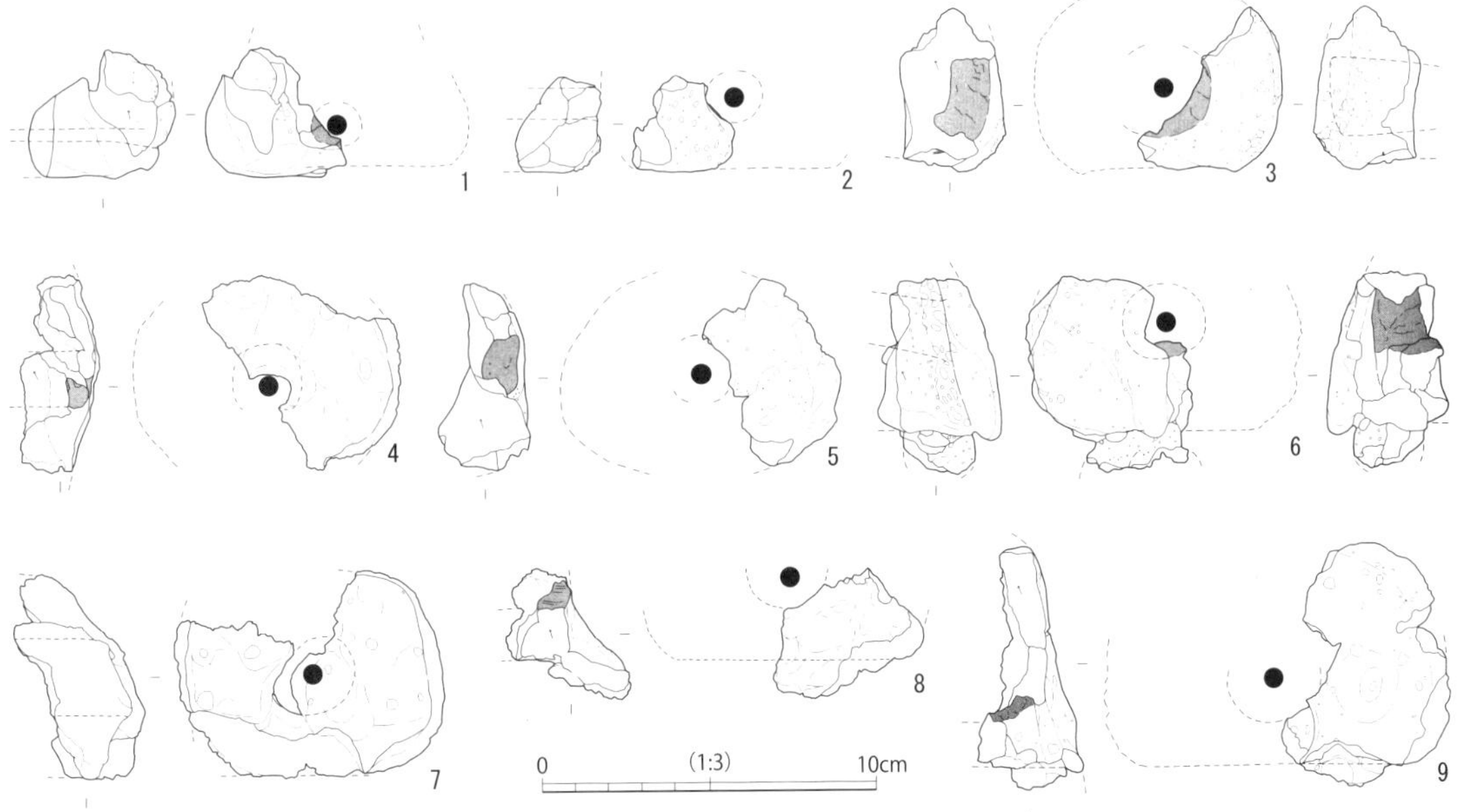

図３　新潟県五千石遺跡出土の鞴羽口（●は通風孔を示す）

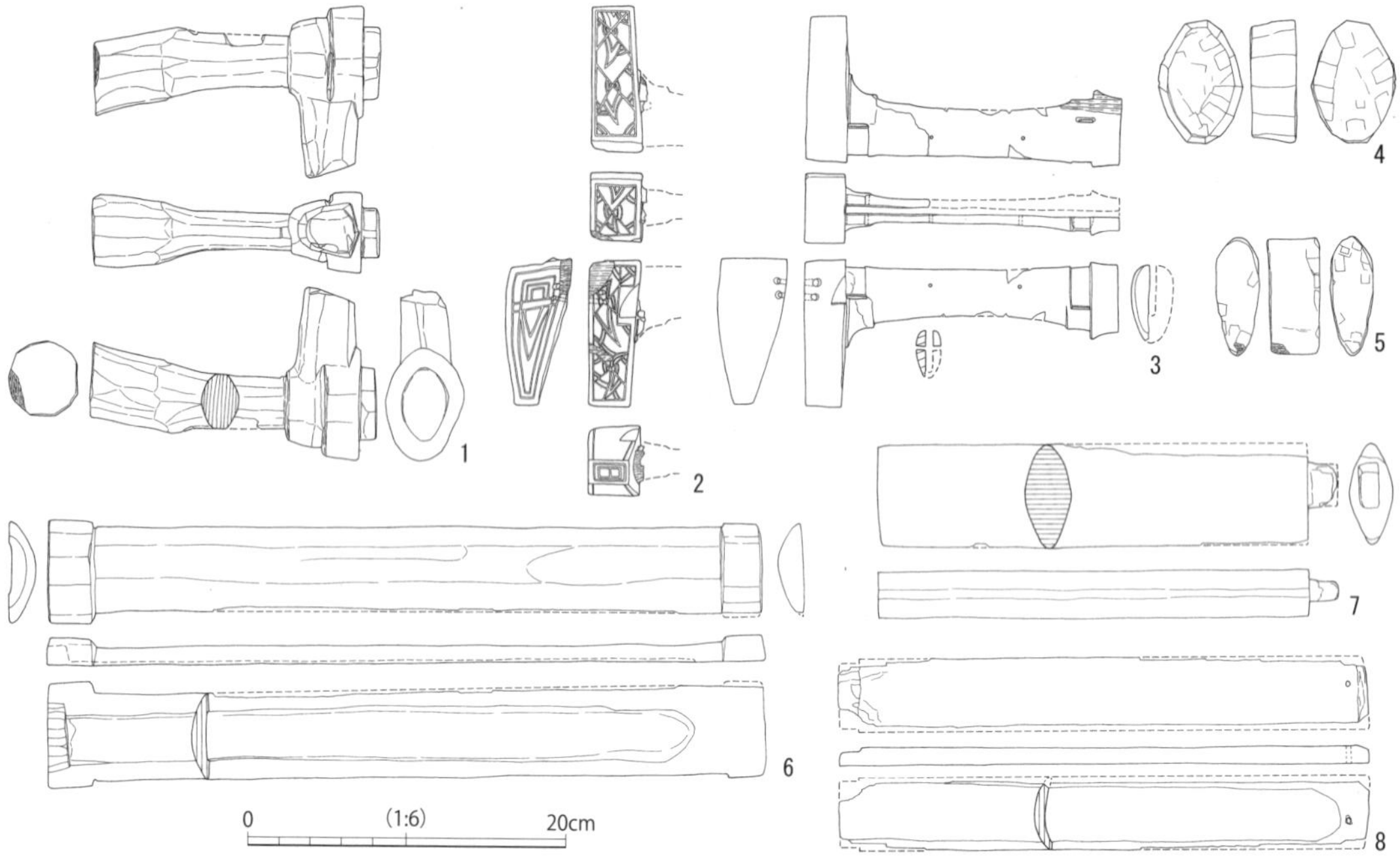

図４　河合寄安遺跡出土の木製刀剣装具

四　鍛冶工房の増加と多様化

古墳時代中期に至ると、鍛冶関連資料の出土例が増加すると共に、鉄器生産体制の多様化が顕著になる。福井県福井市河合寄安遺跡では、古墳時代中期前半に属する井泉周辺から多数の木製刀剣装具が出土しており、なかには黒漆塗りで把頭に直弧文を彫刻した刀把や、未製品が含まれる（図４）。また、九頭竜川を挟んで河合寄安遺跡の対岸に位置する高柳遺跡からは、同時期の未製品を含む木製刀剣鞘が複数出土している。同様に多数の木製刀剣装具が出土した奈良県天理市布留遺跡三島地区などの調査事例（註5）から、河合寄安遺跡や高柳遺跡では刀剣を主体とする武器生産を行なっていたことが推測され、遺跡の背後に存在し、北陸有数の規模を誇る前方後円墳が集中する、丸岡・松岡古墳群に埋葬された有力首長層の管轄する鍛冶工房が、九頭竜川中流域に集約されていた状況を窺わせる。

これらの木製刀剣装具は、他地域の出土資料と形態や構造の共通性が高く、倭王権が直轄する工房か、王権を支えた有力豪族の麾下におかれた工房からの技術移殖により製作された可能性が高い。

このことは、高柳遺跡出土品と類似する三角形鉄鏃が、大阪府藤井寺市アリ山古墳に大量副葬されると共に、倭王権の強い関与がみられる各地の大型古墳で出土することにより裏付けられる（図５）。

一方で、河合寄安遺跡の刀把装具には、把頭の佩表側から端面へ抜ける潜り穴を二個一対で穿ち、把間側は曲革のあたる部分を三角形に抉り込むものが顕著に認められ（註6）、剣鞘では、鞘尾に小孔を穿つなど、他地域で類例に乏しい特徴も看取される。倭王権から地域への技術移殖形態を考えるうえで注目される事象となろう。

刀剣のような長大な武器生産までも可能とする高度な鍛冶技術を有したであろう上記の工房に対し、古墳時代中期前半から後葉には、竪穴建物内に鍛冶炉を設置することで、住居を兼ねた短期的な鍛冶工房とする事例が増加する。後者の工房では、高杯脚部を転用した鞴羽口の使用が顕著で、共伴する炉壁などの鍛冶関連資料は少量に留まり、鉄滓の法量も小型品が主体を占める。富山県小矢部市五社遺跡では、竪穴建物床面を浅く掘り込み、内壁に土を貼った炉（SI五四六―三）が検出されており、炉の規模は長軸四八センチ、深さ八センチを測り、内部は炭を充満している。[註7] この建物からは、高杯脚部転用の鞴羽口や炉壁が出土しており、後者の鍛冶工房では小型の鍛冶炉による操業が通例であったことを示唆している。

これらの鍛冶関連資料から想定される作業は、農工具に代表される小型鉄器の製作・補修を主体とし、集落内や近隣地域における日常的な需要に対応して操業されていたことが推測できる。

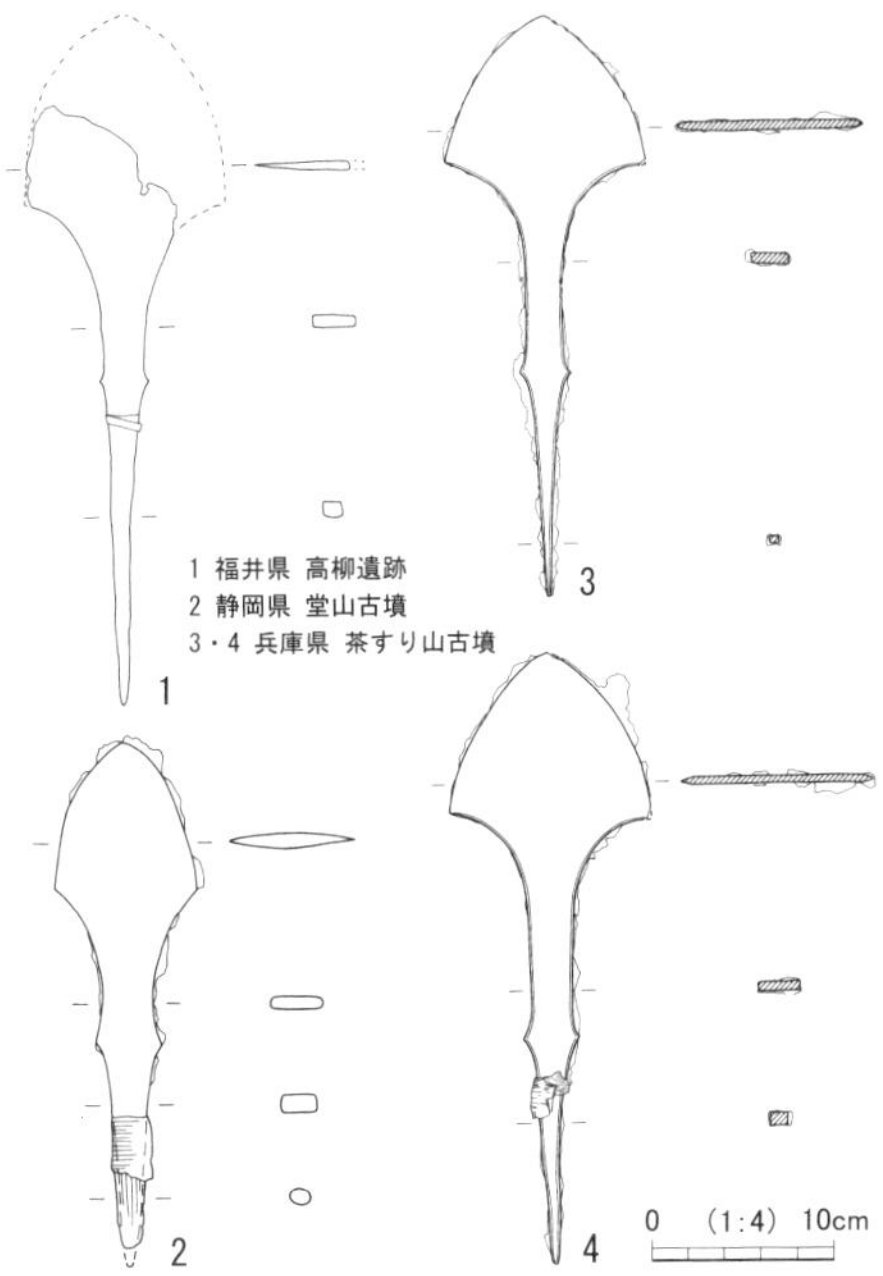

図５　高柳遺跡出土鉄鏃と関連資料

後者の鍛冶工房が盛行する古墳時代中期中葉は、直刃鎌と方形鍬鋤先で組合わされた前段階までの鉄製農具組成が、曲刃鎌とU字形鍬鋤先を主体とする組成に転換すると共に、両関の刀子が出現するなど、北陸地域における鉄製農工具の変革期に位置付けられる。この変革が生じた背景には、有力首長層が直轄する武器生産主体の鍛冶工房と、村方鍛冶的な住居兼用鍛冶工房の分化がこの頃に顕在化すると共に、後者の鍛冶工房が増加したことで、新たな鉄製農工具を製作・補修できる地域が拡散したことにある可能性が高い。

この変革を牽引した住居兼用鍛冶工房を備えた遺構・集落では、初期須恵器や竈などの先進的物資・住居様式が、他集落に先駆けて導入され、多量の土器と滑石製模造品を用いた祭祀痕跡が高い頻度で確認できる。また、これらの集落近辺では、鍛冶工房の導入期に北陸地域で希少な葺石や埴輪を備えた大型古墳を築く例が顕著で、古墳時代中期後半の高杯脚部転用鞴羽口が出土した新潟県南魚沼市余川中道遺跡の西側丘陵上には、直径三六メートルを測る円墳で、葺石と壺形埴輪を備えた飯綱山一〇号墳が造営され、埋葬施設からは横矧板鋲留短甲二領、馬具などの豊富な鉄器が確認された。[註8]

これらのことは、倭王権に貢献した特定首長墓を築くため、造墓や埴輪製作に関する技術者組織が編成され、これに付随するように各種先進的物資や鍛冶技術などが導入されたことを示唆する。一方、飯綱山一〇号墳の壺形埴輪は、上野地域のものと諸特徴が類似し、さらに、この頃の高杯脚部転用鞴羽口は、近畿・中国地域で出土例に乏しく、九州・中部・関東・東北南部などの周辺地域に多く分布する。[註9] このことは、技術者組織の編成が、近隣からの技術移殖などを主体にしており、倭王権の関与が間接的であったことを示す。

五　手工業生産の複合化と渡来系技術者の参与

古墳時代中期末以降は、前段階と同じく住居兼用鍛冶工房による小規模・短期的な鍛冶操業が、鉄器製作・補修の主力をなす一方、石川県加賀市勅使遺跡で確認できるような、掘立柱建物内に鍛冶炉の設置を想定できる地上式鍛冶工房が顕在化する。また、古墳時代中期に盛行した高杯脚部転用鞴羽口は姿を消し、定量の鉄滓が伴う専用羽口を用いた鍛冶操業が普及する。さらに、六世紀前半の福井県福井市漆谷一号墳では、鉄地金銅張りの剣菱形杏葉を改変して、轡の鏡板に作り替えており、馬具の構造を理解し、簡易な鍛冶技術による補修を可能とする技術者が出現したことを窺える（図6）。

これらの鍛冶関連資料は、古墳時代中期に営まれた工房の隣接地で見出されることが多く、古墳時代後期の鍛冶工房では、前段階に編成された技術者組織や技術基盤を背景に導入された、より専業度の高い鍛冶操業が行なわれたことを推測できる。

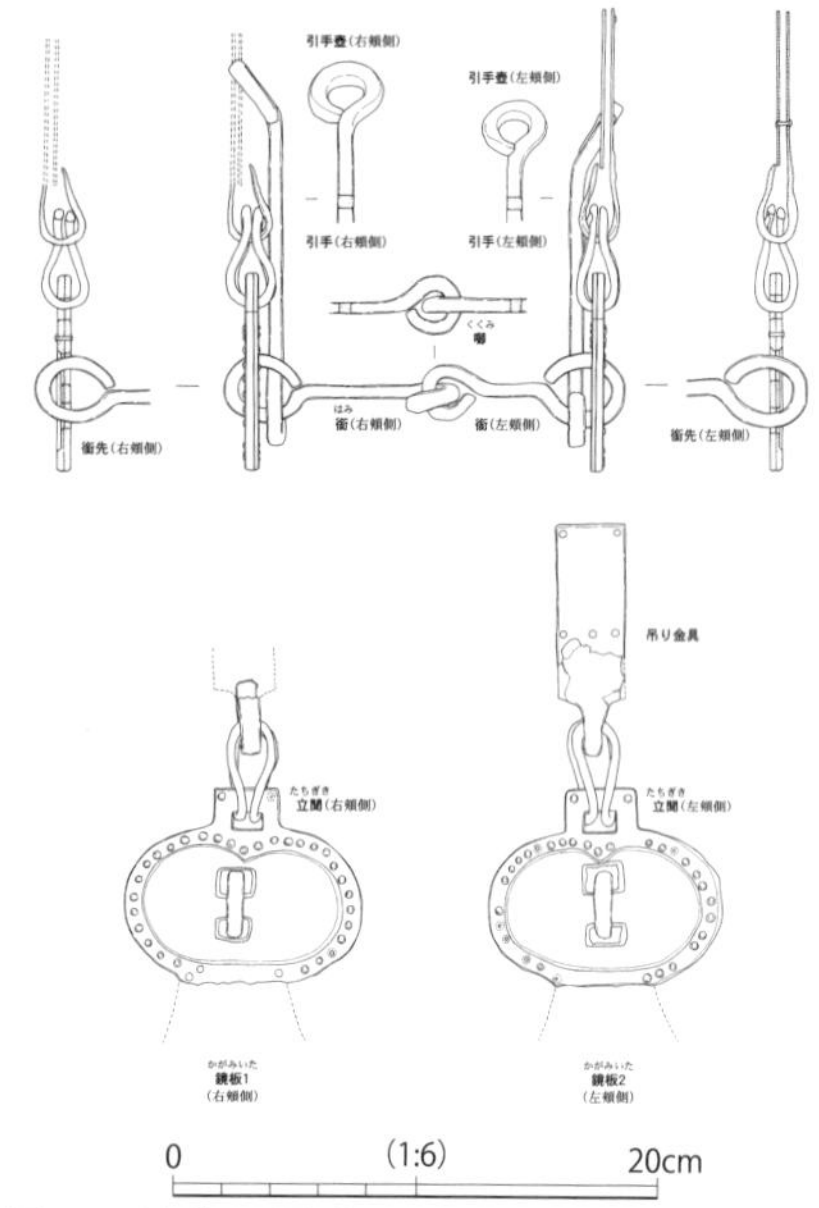

図６　漆谷１号墳にみられる馬具の補修痕

この新たな鍛冶技術の導入と対応して、古墳時代中期末から後期初頭には、北陸の各地域で須恵器生産が開始される。これら導入期の須恵器窯は、同時期の鍛冶工房と重複する地域に築かれることが多く、そこで生産された須恵器は、列島最大規模を誇る製陶遺跡群で、大阪府堺市を中心とした地域に集中する陶邑窯跡群産の製品と類似する特徴をもつものが多く認められる。また、北陸南西部地域に導入された須恵器窯では、同じ窖窯を使用して埴輪が併焼されており、この時期の鍛冶技術が、須恵器生産を基軸とする各種手工業生産と複合化した形で導入され、その技術移殖や組織編成に対する倭王権の関与が、前段階より直接的であったことを推測できる。

この手工業生産の複合化は、北陸有数の規模と内容を誇る小松市南加賀窯跡群で明瞭に認められ、須恵器窯で併焼された埴輪の多くは、同時期に隣接する月津台地上で造営され始めた三湖台古墳群に供給されている。三湖台古墳群は、小型の前方後円墳を核にして、群集する小型円墳が従属する構造を呈し、小型円墳の埋葬施設には、窯業に関与した技術者の墓制と考えられる横穴式木室を採用する。

一方、月津台地上には同時期の集落遺跡も散見され、小松市矢崎宮の下遺跡では、L字形カマドが設置された六世紀前半の竪穴建物（SI〇二）が検出され、建物内からは椀形鍛冶滓が出土している。(註10)

すなわち、この時期の月津台地上には、須恵器生産を基軸とする複合化した手工業生産を支えた技術者層が営む集落と墳墓が展開し、技術者層のなかには渡来系移民が含まれていたことを窺える。

なお、六世紀後半は鍛冶工房の検出例に乏しいが、大阪府柏原市大県遺跡群などで大規模な鍛冶操業が行なわれた時期と一致するため、倭王権による鉄の集中生産・管理を要因としたものと推測できる。(註11)

六　三湖台古代集落群の成立と鉄生産の開始

手工業生産の複合化が顕著にみられた月津台地では、多数の集落が六世紀末から七世紀初頭に出現し、三湖台古代集落群が成立する（図7）。この集落群の代表格である小松市額見町遺跡では、地上式鍛冶工房と住居兼用鍛冶工房の両者が併存し、前者には石囲い構造の鍛冶炉が設置される。この鍛冶炉では精錬鍛冶主体の操業を行なった可能性が高く、類似する構造の鍛冶炉は、列島内の類例に乏しい[註12]。また、集落群成立期の小松市念仏林南遺跡二九号竪穴建物では、砂鉄製錬系の炉底塊と流動滓が出土し[註13]、この地域における鉄生産の開始と集落群の成立が対応していたことを示している。

以上のことから、三湖台古代集落群は、製陶や製鉄などの大規模手工業生産を可能にするための計画的村落と推測され、集落群成立期の額見町遺跡では、竪穴建物の大半にL字形カマドが付設されることから、その構成員は渡来系移民が主体であった可能性が高い。

七　おわりに

北陸地域では、弥生時代終末期に達成された比較的高度な鉄器化を背景に、北部九州で成立した高温操業の鍛冶技術を速やかに受容できたが、その後、鍛冶技術の進展は順調なものではなく、簡易な鍛冶技術が主体を占める段階からの脱却は困難であった。

古墳時代中期以降には、断続的な技術移殖を契機とする住居兼用鍛冶工房の普及により、鉄製農工具組成に変革がもたらされ、続く古墳時代後期に至ると、倭王権の主導で鍛冶技術を包括する複合化された手工業生産体系が北陸地域にもたらされ、古墳時代終末期に

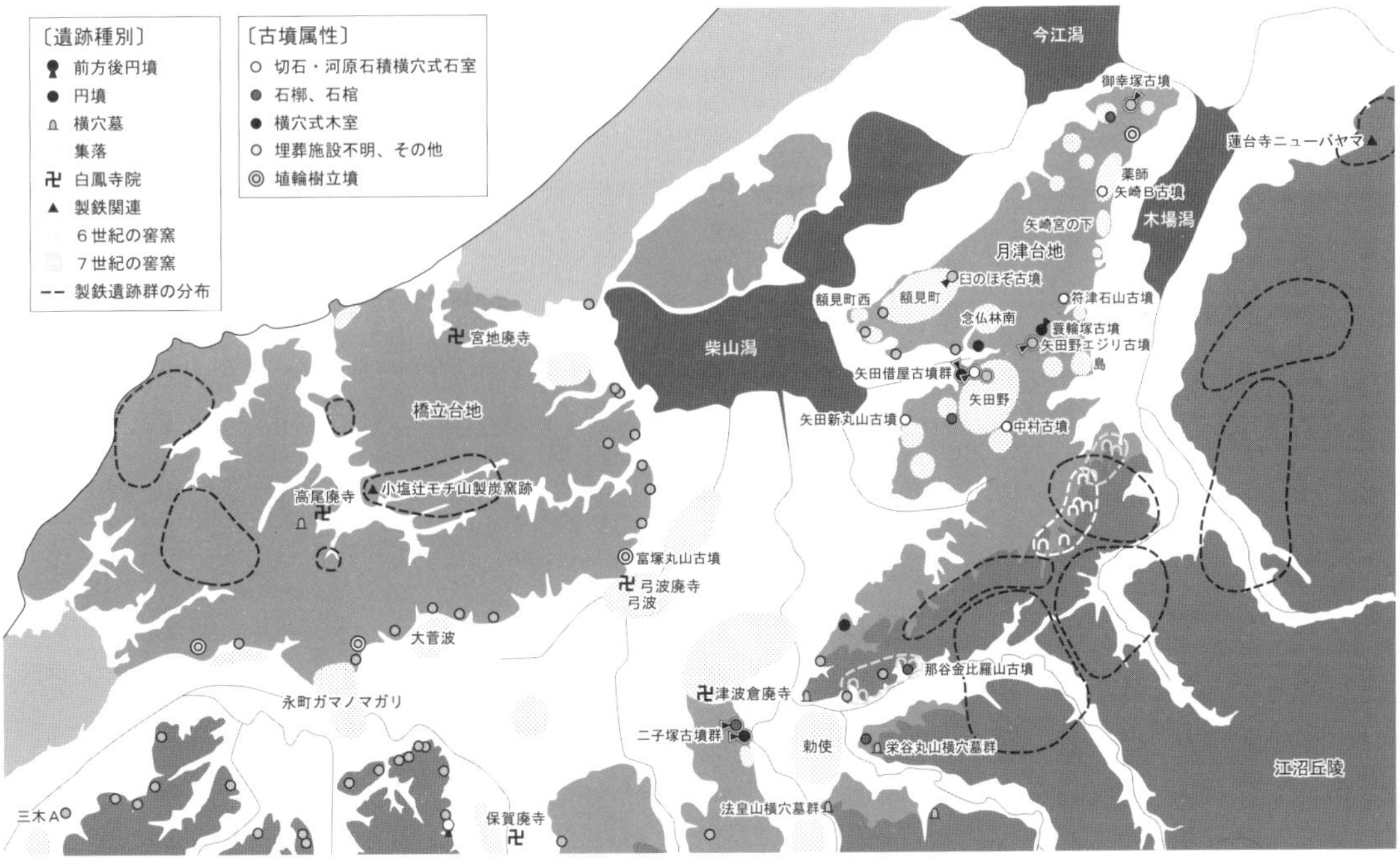

図7　古墳時代後期・終末期における江沼地域の主要遺跡分布

達成された大規模手工業生産を可能とする計画的村落の礎を築いた。

この渡来系移民を主体とする計画的村落の構成員は、倭王権中枢により編成された部に相当する集団と推測され、この計画的村落と手工業生産体制の成立からは、倭王権による地方支配体制の浸透と、これを直接管掌した国造層の勢威を窺うことができる。

（註1）林　大智「第六章　鍛冶関連資料について」『小松市　一針B遺跡・一針C遺跡』石川県教育委員会・㈶石川県埋蔵文化財センター、二〇〇五

（註2）村上恭通『古代国家成立過程と鉄器生産』青木書店、二〇〇七

（註3）林　大智『小松市　千代・能美遺跡』石川県教育委員会・㈶石川県埋蔵文化財センター、二〇一二

（註4）伊藤雅文ほか『畝田遺跡』石川県立埋蔵文化財センター、一九九一

（註5）山内紀嗣『布留遺跡三島（里中）地区発掘調査報告書』埋蔵文化財天理教調査団、一九九五

（註6）同様に把頭の佩表側を三角形に抉り込む刀剣把装具は、奈良県御所市長柄遺跡で確認できる（未製品）。

（註7）山本正敏ほか『五社遺跡発掘調査報告』財団法人富山県文化振興財団埋蔵文化財調査事務所、一九九八。報告書では、地床炉と判断されている。

（註8）橋本博文ほか「飯綱山一〇号墳発掘調査報告一」『新潟大学考古学研究室調査研究報告一』新潟大学人文学部、一九九八

（註9）野島　永「弥生・古墳時代の鉄器生産の一様相」『たたら研究会』三八、たたら研究会、一九九七

（註10）岩本信一ほか『小松市内遺跡発掘調査報告Ⅶ』小松市教育委員会、二〇一一

（註11）大道和人「滋賀県内の古墳時代の鍛冶について」『西田弘先生米寿記念論集　近江の考古と歴史』真陽社、二〇〇一

（註12）望月精司ほか『額見町遺跡Ⅵ（製鉄・鍛冶関連遺物の報告）』小松市教育委員会、二〇一一

（註13）望月精司ほか『念仏林南遺跡Ⅱ』社会福祉法人松寿園・小松市教育委員会、一九九五

図出典

図1　筆者作成

図2　下濱貴子ほか『八里向山遺跡群』小松市教育委員会、二〇〇四

小池義人ほか『上信越自動車道関係発掘調査報告書Ⅶ　裏山遺跡』新潟県教育委員会・㈶新潟県埋蔵文化財調査事業団、二〇〇〇

図3　加藤由美子ほか『五千石遺跡　一区・三区・四区東地区・五区』新潟県長岡市教育委員会、二〇一一

図4　福井市教育委員会『河合寄安遺跡』発掘調査報告書Ⅰ、二〇一一

図5　白崎一夫『高柳遺跡Ⅱ』福井市教育委員会、二〇一二

原秀三郎ほか『遠江堂山古墳』静岡県・磐田市教育委員会、一九九五

岸本一宏ほか『史跡茶すり山古墳』兵庫県教育委員会、二〇一〇

図6　鈴木篤英『漆谷遺跡』福井県埋蔵文化財調査報告第三一集、福井県教育庁埋蔵文化財調査センター、二〇〇八。ほかに補修痕のみられる馬具としては、六世紀初頭の羽咋市滝三号墳出土の轡（鏡板）が存在する。

図7　望月精司「古墳時代後期の江沼を考える―三湖台古墳群と南加賀窯跡群」『継体大王と江沼の豪族―古墳時代後期の江沼と三湖台古墳群』小松市教育委員会、二〇一〇を基に筆者作成

須恵器（窯）

入江文敏

一　はじめに

須恵器の研究は、編年や系譜を求める研究のほかに技術史・流通といった社会経済史的側面の研究が付随してくる。窯の構造の研究も、須恵器（窯）の系譜を追ううえで重要な視点である。これまでに、北陸地方（以下、北陸と表記）三県における古墳時代の須恵器窯の開窯期と、七世紀の律令制的窯場の開窯期の様相を明らかにすることを目指した研究、さらに石川県を中心にして、在地窯操業後の消費遺跡における須恵器と土師器の機能分化の問題にまで昇華させた研究が進められた。北陸における古墳時代の土器に関わる研究は、吉岡康暢(註1)・田嶋明人(註2)らによって先鞭がつけられ、その後池野正男・望月精司・木立雅朗・北野博司・出越茂和ら北陸古代土器研究会のメンバーを中心に精力的に進められている。

本稿では、古墳時代における列島の須恵器研究の動向について素描し、北陸の須恵器研究を列島の須恵器研究の中に位置づけることを目的にするが、後者についてはその一端を記述できるにすぎない。当該地方全般の様相の把握は、出越(註3)・木立(註4)・望月(註5)らの研究成果に拠るところが大きく、詳細は参考文献にある諸論攷を参照されたい。

二　須恵器研究の現況

須恵器は、朝鮮半島からの渡来工人が列島に伝えた焼物で、轆轤成形と窖窯による還元（高火焔）焼成を特色とする。須恵器は堅緻で水持ちに優れており、規格化された土器が大量に生産された。このことは、生産組織の確立、供給範囲の広域化・大量需要につながることになり、土器生産分野における一大変革であった。

須恵器の製作には、小阪遺跡（堺市）に代表されるように、在来の土師器や埴輪製作の工人が関与した形跡がままみられる。須恵器工人は、本来的には埴輪窯の構築・焼成に関与したのであろうが、地方窯においてはタタキ目の痕跡から須恵器の製作法が埴輪に取り入れられていたことがわかる。埴輪を併焼する須恵器窯は、東海地方から北陸を中心に盛行する。

須恵器の研究は、「型式編年の組みたて」と「製作技術の追究」の両面から進められてきたが、型式編年の組み立て作業が先行して行なわれた。このことは、古墳時代中期以降の時期の考定をするうえで須恵器の果たした役割を考えれば、前者の研究に力点が置かれたのは当然のことである。泉北地域の調査で、長年にわたって須恵器生産の基本に関わる分野の解明が進められ、その成果は列島各地の窯跡調査・須恵器編年の基準としての役割を果たしている。このことを可能にしたのは、陶邑古窯跡群（以下、陶邑窯と表記）産須恵器の広範な流布と地方窯工人の養成をとおして、列島全土において斉一性のある須恵器が製作されたからである。

後期群集墳研究が盛況期であった一九七〇～八〇年代は、群集墳の形成過程を明らかにする目的で、MT一五型式以降のⅡ・Ⅲ期（時期表記は、田辺昭三（註6）による。以下、同じ）の須恵器編年の確立が目指された。その後須恵器研究の大勢は、Ⅰ期・Ⅱ期前半（初期須恵器～TK一〇型式）の時期に関心が移行している。Ⅰ期前半の須恵器に関心が高まることになった背景にあるものは、列島各地で発見されつつあった初期須恵器（定型化（＝TK二〇八型式以前の須恵器）の意味で使用）窯の開窯にあたって、陶邑窯から一元的に拡散された体制に求め得るのか、あるいは、各々地方首長が朝鮮半島から直接工人を受け入れて操業を始めたのか、これらのことを明らかにすることが課題になっていたからである。

出現期の窯は、瀬戸内海をはさんで北部九州から大阪湾岸にいたる地域を中心にして、中部地方以西の地域で生産が開始されている。これらの窯のうち、朝倉古窯跡群（筑紫）を除いてはいずれも単基窯で、短期間に操業を終えている。須恵器生産の揺籃期の様相については意見の一致をみておらず、系譜を求める手がかりとして窯の形態の差異による検討、窯ごとの器種構成や文様構成、大甕底部の絞り目の有無などの諸特徴を抽出して比較する作業が進められている。その結果、地方窯の開窯に当たっても、加耶の工人による直接的な関与が認められる窯の存在が明らかにされている。中村浩は、元々初期須恵器の様相の差異については、時間的な変遷を示すものではなくて系譜の違いとみる視点をもっており、藤原学は、須恵器への石の混入の仕方や土器の調整を比較して、三谷三郎池西岸窯（讃岐）と吹田三二号窯（摂津）出土須恵器に親縁性を認めて、列島内における工人の移動を推定する。亀田修一は、出合遺跡（摂津）の調査成果から、最初期段階の窯構造と製品が百済と関わりをもつことを明らかにしている。その後の須恵器の定型化にいたる変遷について酒井清治は、列島内での展開に求めるのではなくて加耶から栄山江流域へと、須恵器の源流が変化したことに求めている。

一方で、植野浩三は、北部九州所在窯・一須賀二号窯・吹田三二号窯を除いては、一貫して陶邑窯からの何らかの関与を指摘する。山田邦和は、陶質土器との器種構成に差違を見出し、地方窯の成立の多くは大阪南部窯址群（陶邑窯）からの関与とみる。田中清美による陶邑窯の型式編年では、TG二三二型式→ON二三一型式→TK七三型式→TK二一六型式→ON四六型式……と変遷する型式序列が提示され、大和政権によって安定的に須恵器生産がなされていたことを明らかにしている。五世紀中葉（ON四六・TK二〇八型式）の須恵器の日本化が進んだ段階には、須恵器生産は東北地方の大蓮寺窯（陸奥）～四国・九州の広範囲に拡散している。この時期が、いわゆる地方窯の初期（第一）段階の拡散期にあたる。

北陸では、TK二〇八型式に遡及する窯跡は未発見であるが、浜禰遺跡（若狭）で開窯されている可能性を予測している。五世紀末～六世紀初頭（TK二三・TK四七型式）になると、列島規模で陶邑窯から地方に須恵器製作技術が扶植されるが、これが第二の拡散期である。北陸でもTK四七型式に遡及する窯として、柳田ウワノ一号窯・深沢五号（＝一号窯灰原）窯（能登）があり、この時期須恵器の在地生産が始まる。なお、南加賀古窯跡群（加賀）の開窯時期についても、二ッ梨殿様窯でTK四七型式に遡及する須恵器が採集されており、消費遺跡の検討からも蓋然性があるとされている。（註7）

MT一五型式（六世紀前半）段階に、北陸では興道寺窯（若狭）、鎌谷窯（越前）、二ッ梨東山四号窯I次床（加賀）、園カンデ窯（越中）と、旧国ごとに一斉に開窯する。これらの窯は、北陸において最後期に出現（復活）した前方後円墳の古墳祭式に用いる須恵器・埴輪を焼成するのが、開窯の直接的契機と考えてよい。（註8）該期の小規模前方後円墳築造の盛行地が、継体大王擁立に関わる伝承地域とオーバーラップしている事実は重要である。

MT一五型式に開窯した窯が、陶邑窯からの技術伝播によって成立をみただけでなく、他地域の特色を保持した須恵器や埴輪が共存している場合がみられる。埴輪を併焼するのは、東山一一一号窯以来東海地方の須恵器窯に特徴的であることから、一般的には北陸の埴輪併焼についても東海地方に系譜を求めるのが至当である。具体的には、興道寺窯、鎌谷窯、二ッ梨殿様池三号窯・二ッ梨豆岡向山窯（加賀）が併焼窯であり、円筒埴輪外面にタタキ目、内面に同心円文あて具の痕跡を残す事例を含む。具体的に東海地方と関わる事例については、若狭では円筒埴輪の最下段の内外面にヨコケズリ痕を残す日笠松塚古墳（TK一〇型式）の存在、陽徳寺古墳群一号墳（MT一五型式、美濃）へ搬入された角杯は、調整・焼成具合から興道寺窯産の可能性が高い。（註9）越前では、横山古墳群（椀貸山古墳・中川六五号墳）や近在する鎌谷窯では、尾張系の倒立技法で製作された埴輪が出土している。くわえて、中川六一号墳・鎌谷窯では、淡輪系埴輪の出土がある。（註10）須恵器では、七世紀前半を中心とする時期の王子保二号窯（越前）で東海系𤭯が焼成されている（註11）（小杉流団№六遺跡・小杉丸山一号窯（越中）も同様である）。

加賀では、二ッ梨殿様窯で焼成された人物埴輪と円筒埴輪を含めて、埴輪の多くが矢田野エジリ古墳に供給されている。大半の埴輪が、倒立技法・回転台離脱技法によって製作されているが、樫田誠は、元々人物埴輪や馬形埴輪を製作する目的で工人が東海地方から招聘されたことを推測している。（註12）このように東海地方を起点にして、近江・美濃を経て北陸一帯に共通する出土遺物・遺構が分布するゾーンが六世紀前半に形成される。（註13）この状況を継体擁立基盤と絡めて考察することで、研究者の関心の的になっているのである。

I期・II期前半の関心の高まりの背景については、須恵器の型式に対して暦年代を付与することが可能な事例が存在することに関連する。須恵器の研究には、考古学分野の研究に加えて、比較的早い段階から学際的研究が進められている。初期須恵器の暦年代を知る方法としては、一九九〇年代に入って実用化された年輪年代法が援用されており、TG二三二型式の須恵器の上限が三八九年を遡及しないこと、TK二一六型式の須恵器が四一二年を遡及しないことなどが提示されている。

くわえて、銘文鉄剣が出土した稲荷山古墳（行田市、TK四七型式）を始めとして、中期末から後期中葉にかけての古墳のなかに、真の継体大王墓に比定される今城塚古墳（高槻市、MT一五・TK一〇型式）、筑紫国造磐井の墳墓とされる岩戸山古墳（八女市、TK一〇型式）など、須恵器の暦年代に定点を見出せる資料がこの時期に存在する。これまで、相対的な位置づけにとどまっていた初期・古式須恵器に暦年代が付与されたことで、干支入り木簡と伴出する宮都出土須恵器を下限にした、須恵器の始まり～飛鳥期にいたる一応の年代観が示されたことになる。北陸出土須恵器の時期を考定する際には、古相を残存させた地方色の発現や新要素の扱いなど単純ではないが、形態や調整技法などの比較をとおして陶邑窯の須恵器編年を基準にした暦年代に相応させることが可能と考えている。

須恵器の胎土分析の分野では、三辻利一が蛍光X線分析法を使って、須恵器の供給（流通）範囲を客観的に提示する。考古学の方法で見出した結果を、理化学的方法によって裏づけることができ、遺物・遺構の評価に対する信用度がより増すことになった。

若狭では、獅子塚古墳と興道寺窯産の埴輪・須恵器について、技法の一致や特徴的な器種（角杯・筒形器台など）が共存する。本事例では、考古学の立場から同一とみなした所見と胎土分析の結果が一致をみたことから、二者の受給関係が実証された（註14）。

加賀では、先に触れた矢田野エジリ古墳のデータがある。人物埴輪・円筒埴輪は二ッ梨殿様窯の製品であり、須恵器については二ッ梨殿様窯と陶邑窯からの搬入品が含まれている。能登では、木立雅朗が矢田遺跡から出土した須恵器を肉眼観察で産地を予測して分類し、これを胎土分析によって追認する産地識別に成功している（註15）。

三　在地窯の概要

若狭ではTK二〇八型式に開窯している蓋然性が高く、TK四七型式に能登・（加賀）・（越前）、MT一五型式には若狭・越前・加賀・能登・越中の北陸全域で開窯している。この時期の窯は、近隣に有力古墳（群）が立地している場合が多いことから、地域の有力豪族が操業に関わっていたことが首肯される。しかしながら、窯のあり方が若狭・越中のように後に継続しない地域がある一方で、須恵器生産が在地に根づいた地域もある。TK一〇型式以降は、北陸全域が陶邑窯の供給圏から外れて在地窯の須恵器が占めていた蓋然性が高いとされており、地方窯の隆盛と連動する形で陶邑窯の経営が縮小の傾向にある実態とも符合する。

北陸で本格的に須恵器窯が操業されるのは、六世紀末～七世紀にかけての時期であり、いわゆる「一郡一窯体制」と称される分布を示す。在地窯が支群に分岐して規模の大きな窯業地帯に発展した窯跡群では、製鉄遺跡などの操業とも絡んで一大コンビナートの様相を呈する。該期の須恵器生産拡大期においても、外部からの移住工人の役割が大きかったことは、南加賀窯所在の林タカヤマ窯跡（註16）（加賀）や射水丘陵窯（越中）で排煙を調整する「溝付窯」が主体となることで明らかにされた。この種の築窯技術が、北部九州から時間を経ずして日本海沿岸を経由しながら北陸の地に伝播していること、移住工人によって能登や越中西部にもたらされた「置き竈」が、日本海沿岸一帯に広く分布していることが再確認されている（註17）。

以下、情報発信の少ない若狭についてはやや詳しく記述するが、いずれも単基窯に近いあり方をしている。他地域については、膨大な研究成果の一端を紹介するにとどめる。

若　狭（註18）　現段階では、古墳時代の窯跡二箇所、存在が予測できる窯跡一箇所が知られるだけであるが、個々の窯の概要を記述する。若狭の実態に即しているか不明であるが、浜禰遺跡では須恵器の占める割合は高い。第二の拡散期に開窯された興道寺窯（美浜町）は、地域首長墳・群集墳に供給された。今谷一・二号窯（おおい町）は、後期群集墳に供給する目的で開窯されている。

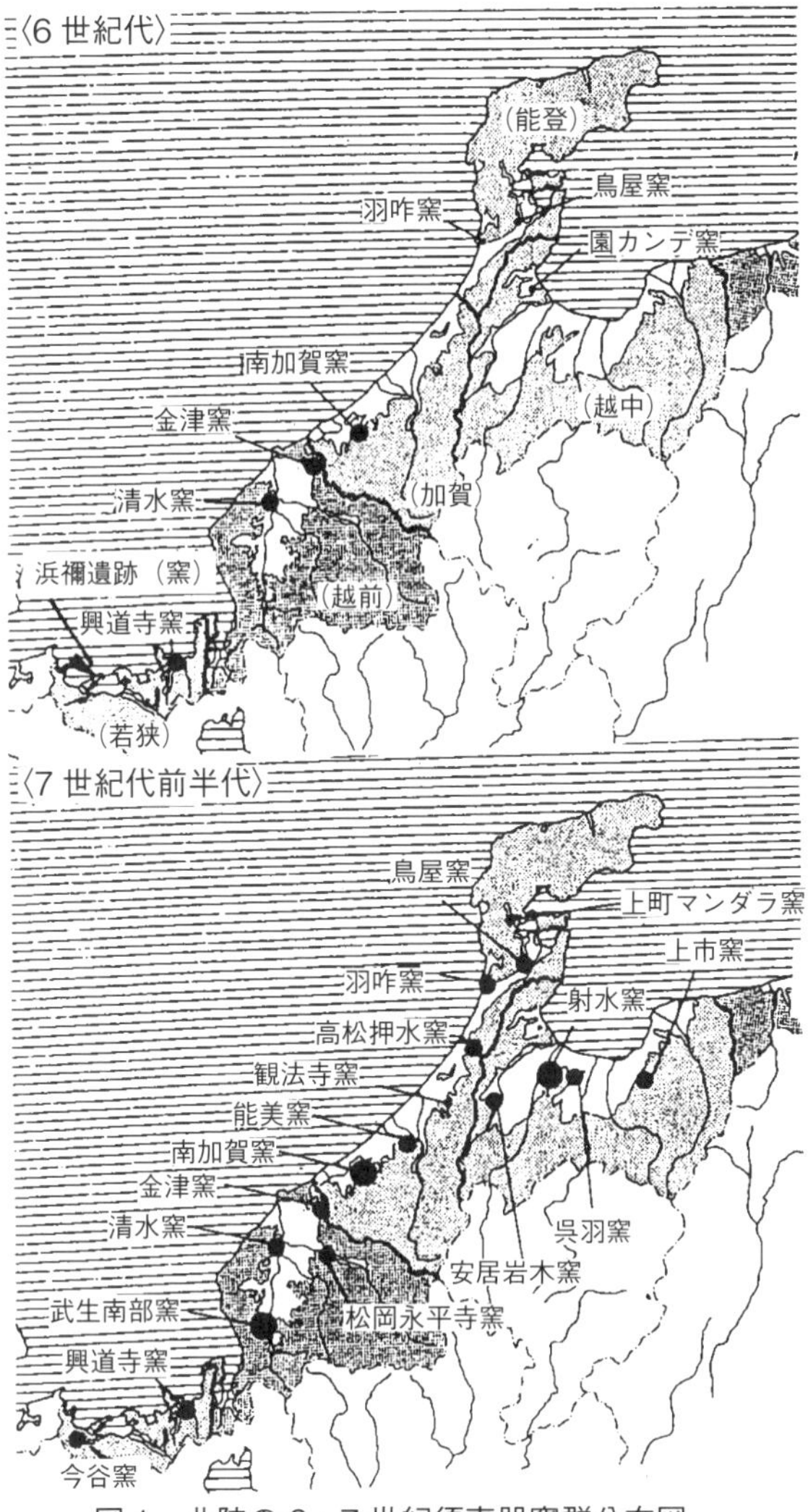

図１　北陸の６・７世紀須恵器窯群分布図
（註５①に一部追加）

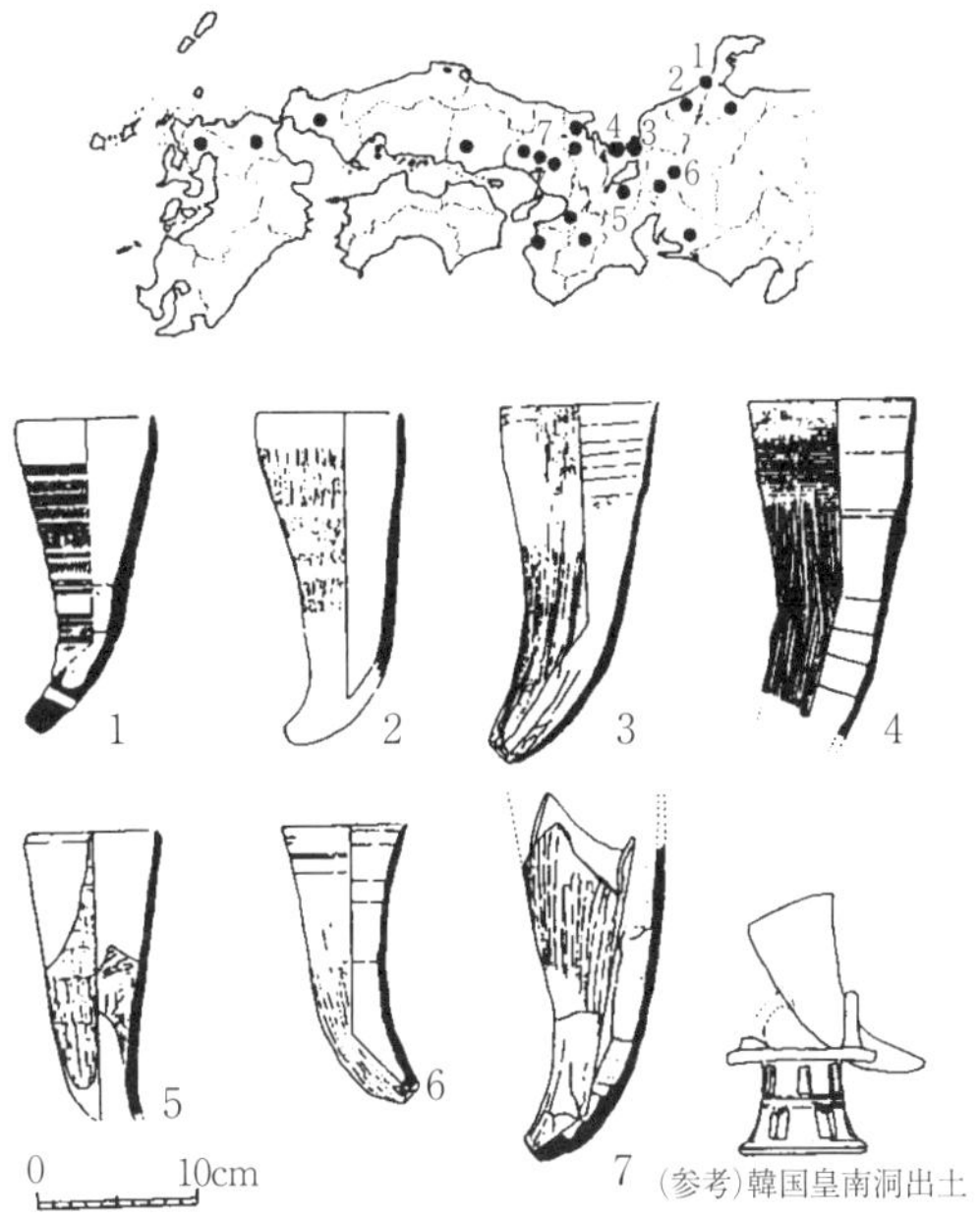

図２　角杯形土器と出土地（報告書による）
1：中村畑遺跡　2：天神山遺跡　3：獅子塚古墳　4：興道寺窯　5：小槻大社 10 号墳　6：陽徳寺第１号墳　7：金ヶ崎窯

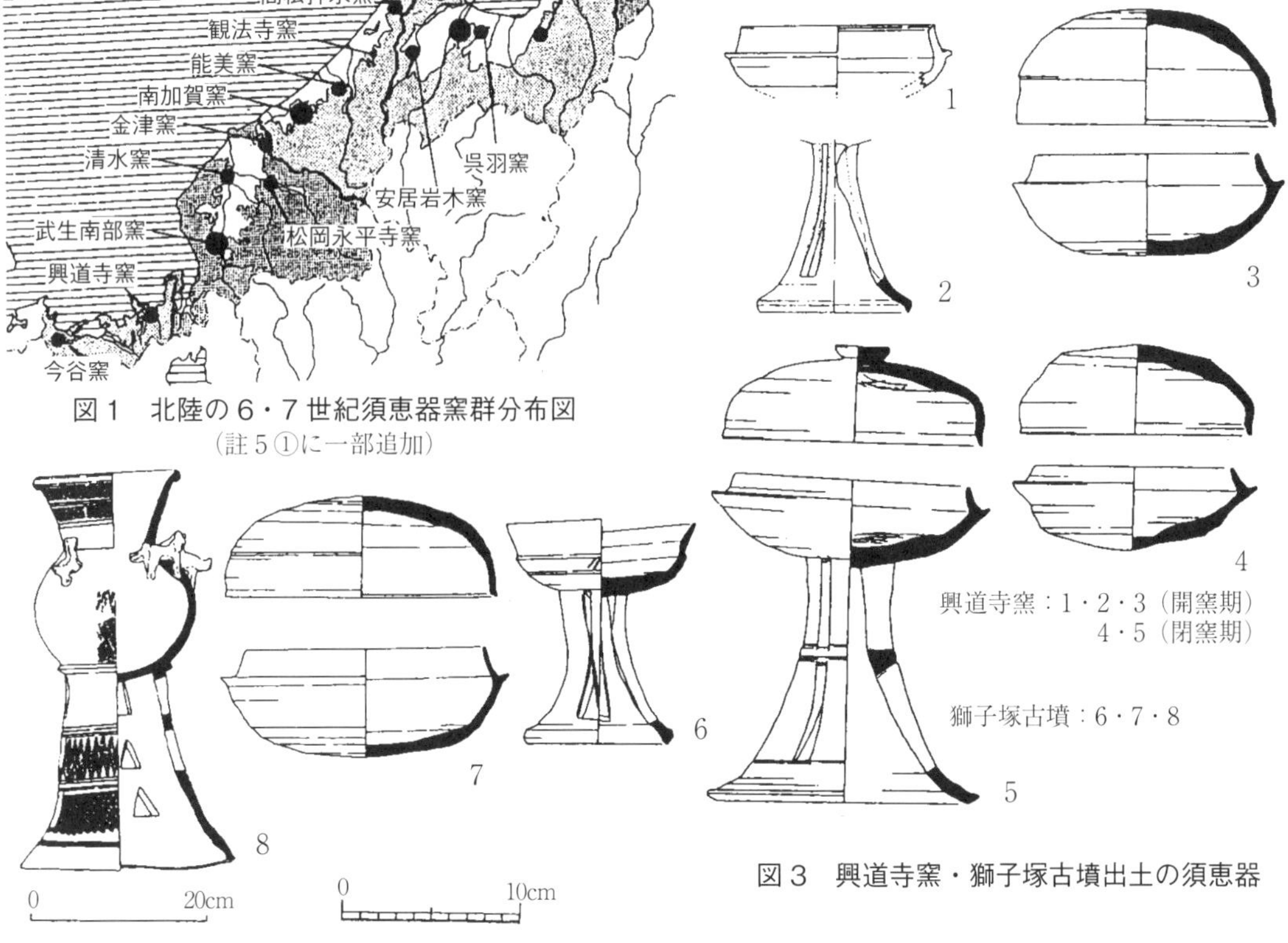

図３　興道寺窯・獅子塚古墳出土の須恵器

若狭湾西部の大島半島突端宮留地峡部（おおい町）に所在する浜禰遺跡は、古墳時代前期後半に大阪湾岸地帯から若狭へ土器製塩技術が最初に扶植された遺跡である。須恵器の生焼け・焼損品、陶製紡錘車・不明陶製品が出土し、一般的な消費遺跡と異なった様相をもつ。くわえて、鉄鋌・鹿角製刀剣装具・卜骨・石製模造品などの遺物の出土や製塩炉跡、祭祀が執行された土坑の検出があり、小島東遺跡（和泉）・西庄遺跡（紀伊）など、畿内中枢部および周縁地域の土器製塩盛行地帯のあり方と共通する。

浜禰遺跡の場合は、元々初期須恵器が搬入されていた遺跡にＴＫ二〇八型式の須恵器窯が開窯されたことが予測でき、その時期は製塩土器が台脚式から丸底Ｉ式に転換する時期と一致する。製塩土器の丸底化が須恵器の初現期とオーバーラップする事実からも、製塩土器生産の担い手を須恵器工人とする蓋然性は高い。私は、地方で成立した手工業生産分野については、他分野との協業もあり得るという立場をとる。浜禰遺跡には、須恵器・丸底Ｉ式（＝若狭第Ⅱ型式＝浜禰ⅡＡ式）製塩土器・鍛冶といったトータルな形で、手工業技術をもつ工人が扶植されたケースを想定している。その後も、若狭第Ⅲ型式（＝浜禰ⅡＢ式）製塩土器の焼成と後期群集墳（三〇数基以上）に副葬する須恵器の生産が断続的につづけられていたことは、焼損品の存在から首肯できる。浜禰遺跡に第Ⅱ型式の製塩土器と須恵器の生産技術を伝えた地域は、両技術を兼ね備えた泉北地方であったことを想定している。

興道寺窯は、獅子塚古墳造営を契機として開窯された。前庭部直下の灰原からは、開窯期を示す杯・長脚一段透し高杯・𤭯・提瓶・短頸壺・角杯など、ＭＴ一五型式の須恵器が出土する。さらに、首長級の古墳祭祀と関連する筒形器台・装飾付壺の一部、円筒埴輪片が含まれるが、これらの遺物は本窯の開窯の契機と窯の系譜を考えるうえで示唆的である。開窯期には、長脚一段透し高杯の透し部分に面取りした手法がみられ、有蓋高杯のつまみ部分は大きい傾向がある（大・小角杯の焼成、高杯脚部透しの面取り手法は、赤根川窯（播磨）と共通する）。閉窯期は、焼成部に整然と配置された生焼け（未焼成）土器群があり、これらは共時性のある一括遺物である。杯・高杯・短頸壺合わせて六〇点以上出土している。杯身と杯蓋は法量が大きく、いずれも回転ヘラ切り不調整の段階であり、杯Ｇはまったくみられない。高杯には有蓋高杯と無蓋高杯があるが、杯部の法量が大きく、脚部は二段三方透しで二方透しを確認していないけれどもＴＫ二〇九型式に比定できる。

興道寺古墳群に、興道寺窯産の須恵器が供給されているが、胎土分析の結果からは興道寺窯領域外の個体も含まれている。群集墳の盛行期には、東海地方に特徴的な注口部を突出させた𤭯の出土があり、本窯だけでは需要がまかなえなかったようである。

今谷一号窯・二号窯は、海岸から七キロほど谷奥に入った佐分利川左岸の小谷のなかほど、佐分利古墳群の鹿野支群中に開窯されている。佐分利川流域の群集墳は、ＴＫ一〇～ＴＫ二一七型式にかけて一三〇余基築造されている。[註19] 群集墳の盛行地は、佐分利谷のなかほどより前半部であり、窯の所在地は古墳の分布がもっとも希薄な奥部に当たる。若狭では集落遺跡の実態が不明であり、現時点では佐分利川流域の群集墳へ供給する須恵器の大量需要が本窯開窯の契機と考える。今谷一・二号窯は、後期群集墳に近接して開窯をみた典型的な事例である。両窯とも、杯・身はヘラ切り不調整の段階であるが、興道寺窯同様高杯が二段三方透しであるところから、ＴＫ二〇九型式に比定する。

越　前[註20]　鎌谷窯はＭＴ一五型式に開窯され、近隣の丘陵上には、五世紀から六世紀にかけて築造された前方後円墳一八基を含む三〇一基以上の横山古墳群が所在する。近在の古墳時代の須恵器窯は、これらの古墳に供給されていたことが推定される。東部金津窯に含まれる鎌谷窯出土の埴輪は、Ｍ字状タガが中川六四・六五号墳の形状に近く、椀貸山二号墳の埴輪に近似する。これらの埴輪にみられる底部内外面の横ケズリは、尾張からの技術伝播である。須恵器についても、広域首長墳の椀貸山古墳を始めとして二号墳出土須恵器と胎土が酷似し、壺・甕などの口縁部の整形手法が同様であることから、これらの古墳に供給されたことが推測されている。

杉谷三号墳・末遺跡（福井市）出土のＴＫ四七型式の高杯や、長屋遺跡（坂井市）のＭＴ一五型式の杯は在地窯産須恵器とされている。旧清水町に所在する前者の遺跡近隣に、鎌谷窯を遡及するＴＫ四七型式併行の須恵器窯が開窯されている蓋然性は高い。

古墳時代の代表的な須恵器窯を列記すると、松岡・永平寺窯の弁財天谷窯（永平寺町）はＴＫ四三型式、ＴＫ二〇九〜ＴＫ二一七型式開窯では、金津東部窯の瓦谷三号窯（あわら市）、丸岡窯の野中山王窯（坂井市）、松岡・永平寺窯の大畑窯（永平寺町）、福井市東部窯の東山公園墓地窯（福井市）、清水窯の加茂神社窯（福井市）などがある。越前最大規模をもつ武生南部窯跡群（越前市）には、王子保・広瀬ほか各支群に推定五〇基の操業が推定されており、ＴＫ二一七型式の王子保五号窯・広瀬三号窯が、もっとも遡及する。越前も、「一郡一窯」の形態で操業がなされた地域である。

加　賀[註21]　加賀も、「一郡一窯」の形態で操業をつづけている。南加賀古窯跡群は、小松市南東部から加賀市にかけての東西四・三キロ、南北三・〇キロの範囲内に二〇〇基以上（三〇〇基ともいわれる）の須恵器窯が分布している。ＴＫ四七型式ごろ（窯は未発見）〜一〇世紀後半の五〇〇年間あまりつづいた窯跡群で、北陸で最大規模をもつ。本古窯跡群は、北陸の古墳時代の窯で恒常的に操業をつづけた唯一の窯である。窯跡群の開窯が、三湖台古墳群の出現と軌を一にしており、埴輪・須恵器の搬出に至便な二ッ梨オオダニと戸津オダニの分岐する地点に、二ッ梨東山四号窯など開窯期の窯跡が分布する。七世紀前後には、林支群、分校・那谷支群に分離する。

窯跡の調査が進められる一方で、在地窯の出現に伴って消費遺跡から出土する須恵器が増加していることが見出されており、須恵器の供給が必ずしも古墳への供献を主体とするものではない、という研究成果がある。南加賀では、ＭＴ一五〜ＴＫ四三型式併行期に食器の大半が在地窯産の須恵器が占め、須恵器と土師器の用途区分が確立する。同時操業の窯の検討を踏まえた議論が必要であるが、加賀のように古窯跡群が大規模で須恵器の供給量が多いことからすれば、古墳との関わりのみに開窯の契機を限定する必要はない。ただ、加賀で開窯した初期段階の直接的契機については、北陸の他地域のあり方と同様に政治的契機で理解したい。

能　登[註22]　邑知地溝帯に面する西側の丘陵部に羽咋窯跡群（柳田ウワノ一号窯＝ＴＫ四七型式）、中央部からやや七尾湾側の丘陵部に立地する鳥屋窯跡群（深沢五号窯＝ＴＫ四七型式）の両窯跡群に代表させる。前者の窯跡群は、柳田古墳群の地域首長墳に近接して操業しており、日本海側の滝・柴垣古墳群にも近い。後者の鳥屋窯の近隣に分布する古墳群は、窯の年代を遡及することから本窯と直接的な関係はなく、七尾湾側の古墳に供給されたものとされる。窯の立地には、領域の問題と自然条件、くわえて流通の問題も関係する。羽咋窯・鳥屋窯は、ともにTK一〇型式で生産が停止された可能性が高いことが指摘されており、このことを裏づけるように、TK一〇型式以降南加賀窯産の須恵器の供給が増える状況が確認されている。このことの理解として、能登では在地窯出現後のMT一五〜TK一〇型式併行期にいたっても土師器と須恵器の用途区分の確立が遅れており、須恵器はおもに古墳祭祀用として、かつ土師器の補完土器として用いられたことにあると理解されている。

越　中(註23)　園カンデ窯（氷見市）は、MT一五型式の単基窯で後には継続しない。七世紀前半には、射水・砺波・婦負・新川の各郡ごとに、いわゆる「一郡一窯」の形態で操業を開始する。

園カンデ窯は、コンテナ一箱程度の表採資料があり、焼損品や焼き膨れしたものが目立つ。器種としては、蓋杯・直口壺・甕などがあり、表採資料には高杯・𤭯は含まれていない。断面はセピア色で、胎土に海綿骨針を含む。TK四七型式の要素を保持した、MT一五型式の早い段階に比定されている。本窯は、埴輪併焼窯ではない。朝日長山古墳（氷見市）の須恵器はMT一五型式、円筒埴輪は窖窯焼成されている。園カンデ窯との距離が二．二キロの至近距離にあるが、蓋杯の法量、整形・調整に差異がみられることから、報告者は両遺跡間の直接的な関係には否定的である。

射水丘陵窯跡群は三（五）支群からなり、七世紀前半に下条川左岸の生源寺窯ほかで生産を開始する。砺波郡では安居・岩木窯跡群が、婦負郡では呉羽窯群で西金屋センガリ山窯が、新川郡では上市窯跡群で堤谷窯がほぼ同じ時期に開窯している。越中の須恵器窯は、一般に操業回数が少なく、短期間で移動をくり返す特徴がある。したがって、窯跡数が比較的多いにもかかわらず生産量が少なく、消費遺跡への供給が少ないと解釈されている。

四　結　語

北陸における須恵器（窯）の研究は、古墳に副葬された須恵器と、集落遺跡における普及度から須恵器窯の動向をみる研究が進められている。この研究成果から、越前〜南加賀は須恵器卓越・自給地域、北加賀〜越中は土師器供膳卓越・須恵器移入地域に区分されている。これらの現象は、在地窯による須恵器生産の多寡と連動する。

北陸における須恵器窯の開窯時期は、若狭ではTK二〇八型式に遡及する可能性が高いこと、その後は第二の拡散期であるTK四七型式に能登で開窯されているが、越前・加賀でも開窯が予測できることを再確認した。MT一五型式には、北陸の旧国ごとに一斉に開窯する。このことは全土的な現象ではあるが、陶邑窯の要素だけでなく東海地方・渡来系要素が含まれていて多様である。該期の北陸においては、とくに最後の前方後円墳が出現（復活）する時期とオーバーラップすることから、継体擁立基盤勢力の勃興と関わる現象で理解することが可能である。また、当該地は特殊須恵器の「角杯」が頻度高く出土する地域である。『日本書紀』垂仁天皇の条には、日本海を介在させての新羅王子天日槍の来歴にまつわる渡来人説話の記載があり、この伝承の背景についても関心がもたれる。

六世紀末〜七世紀は、北陸各地で律令的土器の生産を志向した「一郡一窯体制」の分布を示す。該期の須恵器生産拡大期においても、外部からの移住工人が関わっていたことは、「溝付窯」の導入や住居遺構から出土する「置き竈」の存在から明らかである。

そのほかでは、該期に操業を開始した窯跡群において全土的にみられる現象であるが、(越前)・加賀・越中において陶棺を焼成している事例がみられる。(註24)

(註1) 吉岡康暢「北陸地方」『日本陶磁の源流』柏書房、一九八四
(註2) 田嶋明人「加賀・能登の古代土器生産」『北陸の古代手工業』北陸古代土器生産史研究会、一九八九
(註3) 出越茂和「北陸」『須恵器集成図録』第三巻 東日本編Ⅰ、雄山閣、一九九五
(註4) 木立雅朗「北陸」『古墳時代の研究』六、雄山閣、一九九八
(註5) ①望月誠司「北陸地域における飛鳥時代須恵器の様相」『白門考古論叢』中央大学考古学研究会、二〇〇四
②望月誠司「日本海地域の古代土器生産」『日本海域 歴史大系』古代篇Ⅱ 清文堂、二〇〇六
③望月誠司「南加賀窯跡群における在地窯の出現と地方窯成立」『石川考古学研究会々誌』五二、石川考古学研究会、二〇〇九
④望月誠司「能登における在地窯出現とその後の生産動向」『石川考古学研究会々誌』五三、石川考古学研究会、二〇一〇
(註6) 田辺昭三『陶邑古窯址群Ⅰ』平安学園考古学クラブ、一九六六
(註7) 河村好光・吉岡康暢・田嶋明人の見解がある。
(註8) 入江文敏『若狭・越古墳時代の研究』学生社、二〇一一
(註9) 前掲註8に同じ
(註10) ①古川 登「越前および加賀における六世紀代の埴輪について」『北陸の考古学』石川考古学研究会、一九八三
②久保智康「越前・若狭における在地窯の出現」『北陸古代土器研究』創刊号 北陸古代土器研究会、一九九一
③中司照世「椀貸山・神奈備山両古墳と横山古墳群」『福井県立博物館紀要』八、福井県立博物館、一九九一
④中司照世「継体伝承地域における首長墳の動向」『継体大王とその時代』和泉書院、二〇〇〇
(註11) 前掲 註5①に同じ
(註12) 『矢田野エジリ古墳』石川県小松市教育委員会、一九九二
(註13) 入江文敏「最後の前方後円墳―福井県若狭地方―」『古代学研究』一〇五、古代学研究会、一九八四、前掲註10④に同じ、ほかにも多くの論者がいる。
(註14) 三辻利一ほか「元素分析による古代土器の産地推定の実例(3)」『奈良教育大学紀要』三一―二、奈良教育大学、一九八一
(註15) 木立雅朗「加賀・能登における在地窯の出現」『北陸古代土器研究』創刊号、北陸古代土器研究会、一九九一
(註16) 『林タカヤマ窯跡』石川県小松市教育委員会、一九九九
(註17) 池野正男「須恵器生産開始期の工人の出自について」『富山考古学研究』(財)富山県文化振興財団埋蔵文化財調査事務所、二〇一〇
(註18) 入江文敏「美浜の古墳時代」『わかさ美浜町誌』第六巻、美浜町、二〇〇九、前掲註8に同じ
(註19) 『若狭大飯』福井県大飯町、一九六六
(註20) 前掲註10①②③④に同じ、山田邦和「北陸地方における須恵器生産の変革」『須恵器生産の研究』学生社、一九九八
(註21) 前掲註5③・15に同じ
(註22) 前掲註5④・15に同じ
(註23) 西井龍儀ほか「氷見市園カンデ窯跡」『大境』一二、富山考古学会、一九八八
(註24) 前掲註8に同じ

土器製塩

入江文敏

一　はじめに

日本列島（以下、列島と表記）における古墳時代の土器製塩は、須恵器生産・鉄器生産などの手工業生産分野と一連のものである。とくに、中・後期の手工業生産分野における生産遺跡・製品の流通に関わる研究は、今なお盛況である。

本稿では、北陸の古墳時代土器製塩を列島における土器製塩、東アジアの土器製塩研究の中に位置づけることを目的にする。

二　列島の土器製塩

「塩」は、食塩以外に祭祀、馬飼い、鍛冶などの生産遺跡で使用された痕跡を残す。列島は岩塩を産出しないことから、海水から塩を獲得するのが唯一の方法であった（本州の山岳地方に、塩水の湧水地はある）。しかしながら、列島は全土的に湿潤な気候であることから、天日で海水を結晶させることは容易なことではなかった。そこで、塩づくりの専用土器（以下、製塩土器と表記）を用いて、海水を煮沸する「煎熬」の工程を経て塩を獲得したのである。ところが、海水の塩分濃度が三％ほどしかないことから、燃料の能率化を図るためには六％まで濃縮する「採鹹」の工程を必要とした。最後に、潮解するのを防いで保存可能な塩を得るために、「焼き塩」に処理する工程が加わる。内陸部から出土する製塩土器は、焼き塩する際に用いられた後、塩の運搬に利用された土器が大半を占める。

近年の研究でもっとも進展をみたものは、採鹹工程の復元である。海水を濃縮させる工程の痕跡については、具体的に遺構として確認できることは少なく、奈良時代の『万葉集』に「藻塩垂る」という表現があることから、藻が濃縮に利用されたことが推定されていたにとどまっていた。現在では、濃縮工程に「藻」が用いられた具体的な根拠が提示され、そのうえ「藻塩焼く」作業を経ていたことも実証されつつある。前者については、製塩土器に付着している珪藻の遺骸が、ホンダワラなどの海藻に付着する種類の珪藻が大多数を占めていたこと[註1]、後者については製塩遺跡から出土した貝殻類を分析した結果、海藻に付着して生息する環形動物ウズマキゴカイが、火に焼かれて炭化した状態で大量に残存していたことなど[註2]が明らかにされている。これらの研究を経て、乾燥させた塩のついた藻を燃やして灰にし、その灰を海水に混ぜて濃度をあげ、その鹹水を煮沸して塩を採取したことが推測されているのである。

さて、列島における土器製塩は、縄文時代後期安行1式の段階に関東地方の霞ヶ浦南岸を中心にして成立している。弥生時代中期後半には、備讃瀬戸地域の児島（岡山県）で開始され、中部瀬戸内を中心に西日本の広範囲に波及する。古墳時代前期には、小型台脚付製塩土器が列島西部一帯に拡散しているが、土器の形態からみてその発信源は備讃瀬戸や大阪湾岸地帯であった。前期の斉一性をもった土器と地床炉をもつ形態は、本来は近畿および周辺部の煮沸形態を踏襲したものである。

中期中葉には、前期の小形台脚付土器の斉一性が払拭されるが、大和政権の直接的な関与のもとで操業をつづける地域では近畿中枢部での製塩遺跡の形態を踏襲しており、共通した遺物を保有する。つまり該期は、製塩土器・製塩炉のあり方が地域によって異なり、薄手丸底式に転換する地域（中央群＝中央型）と、台脚の長脚化・棒状化へと変遷をとげる地域（東群・西群＝地方型）に分かれる。(註3) 中央型と地方型の差は、土器製塩の経営の違いを表出したものであり、前者の地域は、大和政権主導による中期的生産体制が及んだ範囲であることを示している。地方型の製塩土器の形態である長脚や棒状脚は、弥生時代以来のその地における煮沸形態を踏襲したものであり、支脚や台付甕が盛行した地域の形態と考えてよい。それが他地域でみられる場合には、源流にあたる地域から波及したものと理解する。交流の痕跡は、山陰と能登、東海と能登における棒状脚を具えた共通する形態を例にあげることができる。

三　東アジアの土器製塩(註4)

東アジアにおける土器製塩についても近藤義郎の強い関心があったが、最近まで、中国・朝鮮半島（以下、半島と表記）においては、山東省渤海湾西南岸一帯での土器製塩の可能性が指摘される以外、具体的な事例については明らかでなかった。近年、三峡ダム建設が直接の契機となって調査が実施され、商・周時代に遡及して重慶市忠県の塩水湧水地区で土器製塩が盛行していたことが確かなものとなった。中国と列島における土器製塩が、ほぼ時期を同じくして開始していたことが判明したことで、始源の問題にも関心がもたれる。忠県の瓫井溝遺跡出土の尖底形・甕形の二種類の製塩土器を観察する機会をもつことができたが、製塩土器は器壁が厚くて重い印象を受けた。これらの土器が機能を同じくする土器とはいえ、地域を異にして普遍性をもった形態を保有する。最近も、渤海湾に面した双王城ダム塩業遺跡の調査が進められた。

一方、列島の弥生時代・古墳時代に連綿と影響を与えてきた半島の実態といえば、土器製塩や塩についての関心は考古学・文献史学関係者ともに高くない。東亜大学校博物館で、勒島（慶南・泗川、B.C.二世紀前後）出土の中型の甕型土器を観察する機会を得ている。この種の土器に、器壁が剥離している土器やピンクに変色した土器が含まれていることから、塩水を煮沸した形跡を残存させている。しかしながら、完形品が多いことや変色した土器の出土量も不明であるところから、すぐには製塩専用土器とは判断できなかった。韓国の博物館展示資料の見学や報告書を検索すると、列島の製塩土器と類似した形態の土器がままみられることがあるが、実態は不明である。半島南部沿岸地帯の貝塚資料中に、製塩土器が含まれている可能性を期待しているものの、食用の貝を湯がいた土器の可能性があって、必ずしも煎熬に使用した土器と断言できないというのが現

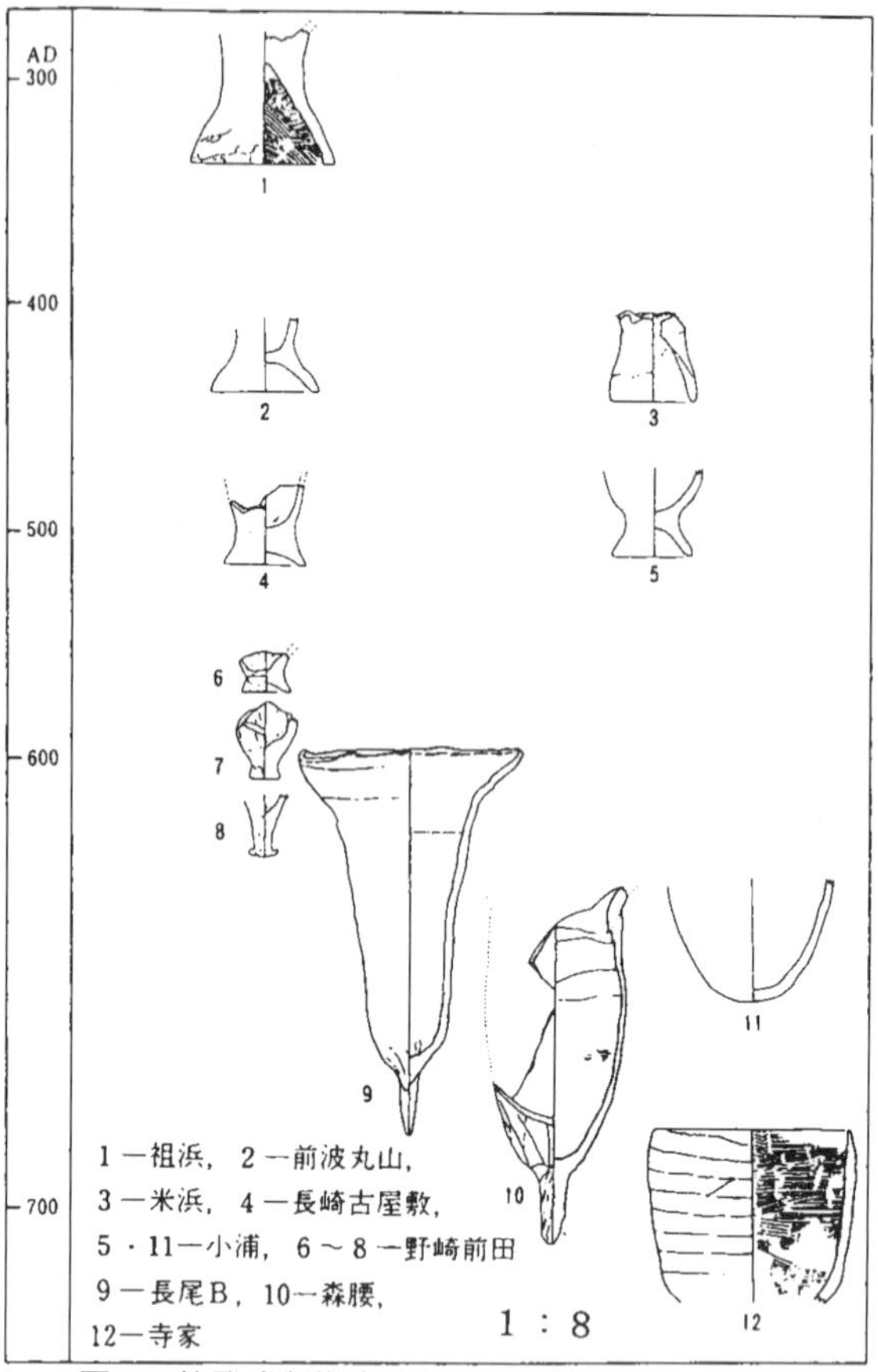

図１　能登式製塩土器編年図（橋本・戸潤 1994）

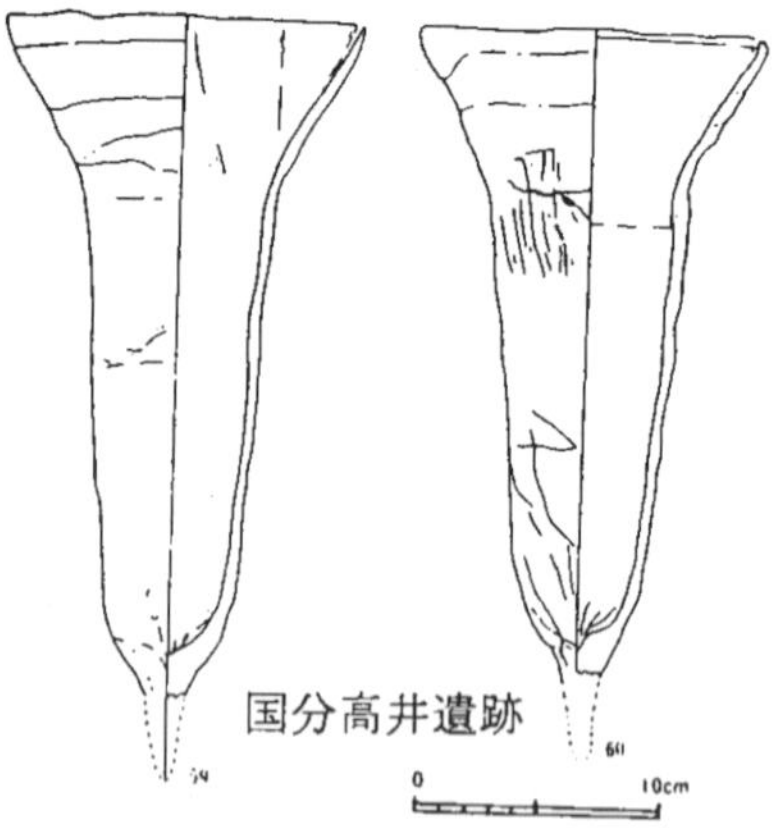

図２　能登式製塩土器（第Ⅱ類第Ⅱ型式）

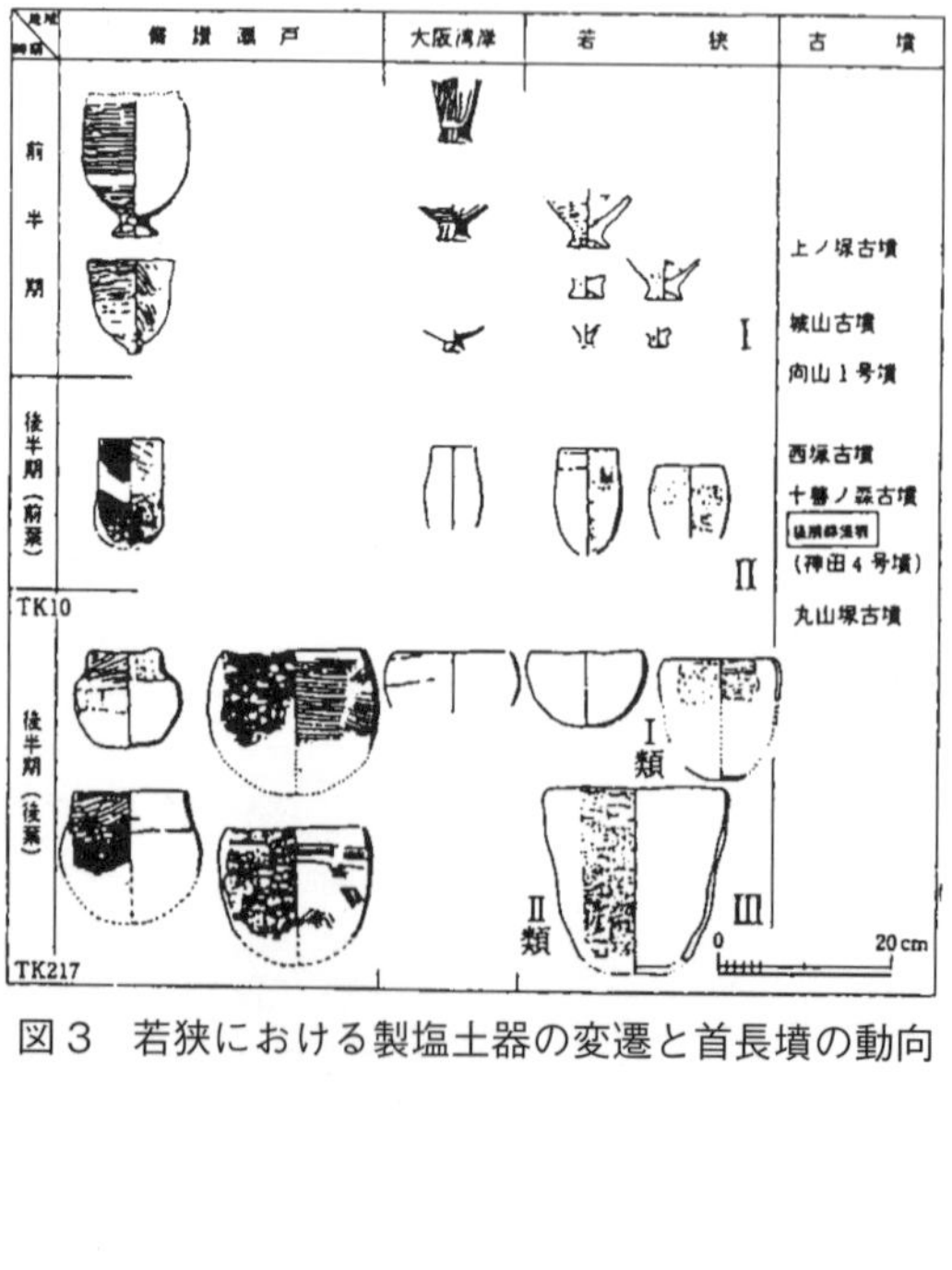

図３　若狭における製塩土器の変遷と首長墳の動向

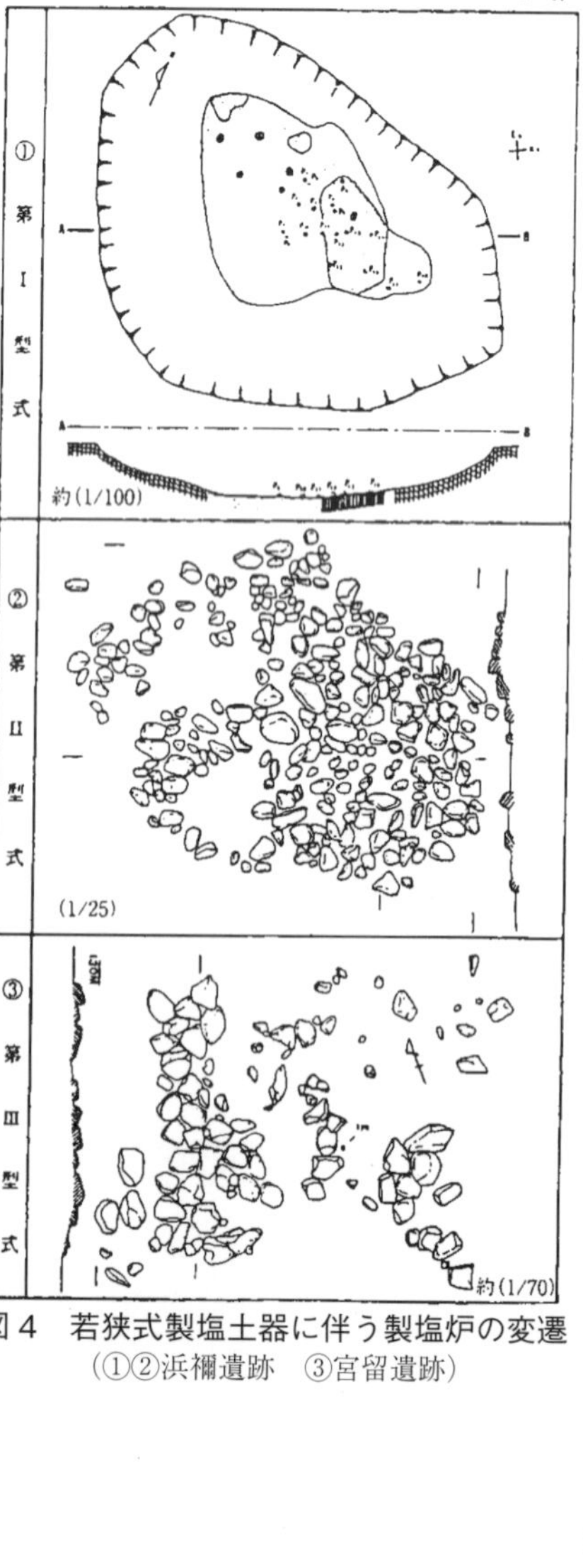

図４　若狭式製塩土器に伴う製塩炉の変遷
（①②浜禰遺跡　③宮留遺跡）

状での認識である。

これらの観点から、列島で生産された塩が半島に搬出されていたのではないか、とする考古学や文献史学研究者の意見がある。近藤義郎は、半島から製塩土器の出土がないことを前提にして、弥生中期以降「韓の鉄と倭の塩の交換」を想定し、金井塚良一は、五世紀後半における「倭から大加耶への主要な交易品」として塩を位置づけている。文献史学の面からは、平野邦雄・勝浦令子らの見解があり、勝浦は『三国史記』二五三年の記事に、倭王が新羅の塩を賄う役割を果たしたと理解できる記述があることに注目する。

私は、以下の理由によって、列島から半島へ塩を搬出したとする見解に対して賛成しない。古墳時代中期はいわゆる中期的生産体制が確立した時期であり、半島と倭において手工業分野の展開が多くの分野で連動していることが周知されている。したがって、塩についてのみ半島で生産されなかった理由が説明できないからである。具体的には、馬飼いや鍛冶などには塩が不可欠であり、これらの技術が半島から列島に導入されたことを想起すれば、塩の確保を後発の列島に委ねる必要がなかったのではないかと考えている。

半島における塩の入手も、おそらく東アジア地域に普遍的な形態の土器製塩によったことが推測できる。近い将来、丸底I式に近似する製塩土器が、半島西南地域から加耶の海岸地帯で出土することが期待される。関連することとして、中世併行期と時代は降るが、全羅南道の多島海に釣り魚・煮塩を業とする水賊がいたとの指摘があることを付言しておきたい。

四　北陸の土器製塩

能登（註5）　能登における土器製塩の研究は、近藤義郎・橋本澄夫らによって先鞭がつけられ、能登式製塩土器の底部形態が倒杯→尖底→丸底→平底と変遷する編年を明らかにされている。その後、戸潤幹夫・小島芳孝によって再構築されている。近年は、律令期を中心に発掘調査が進められており、棒状尖底土器の下限や遺構面での新知見が得られている。

能登は海岸線が長いことから遺跡数が多く、内陸部を除いて二〇〇箇所以上の遺跡が分布している。北陸でもっとも遡及する時期の製塩遺跡は、弥生時代後期後半～古墳時代初頭（月影式）に能登の七尾湾岸では祖浜遺跡・小島遺跡（七尾市）、外海側ではナカノB遺跡（志賀町）などですでに操業されている。これらの遺跡では、製塩土器の出土量が少なく、専業度の低い製塩遺跡であったことが推測されている。器形は、鉢形の胴部に倒杯形の大型の脚台をつけた形態で、大阪湾岸の脚台付製塩土器（広瀬I式、積山I・1式A1類）に系譜をもつ。しかしながら、祖浜型式は器面のタタキしめの痕跡を残しておらず、ナデ調整であるところから古墳時代に帰属させる考えもある。

東海地方の知多湾東岸地域においても、能登に類似したタタキしめの痕跡を残さない清水式二類の存在が明らかにされており、後期段階においても能登と東海の製塩土器は棒状脚部を具えた形態を共有している。庄内式併行期に遡及して、製塩土器の形態が両地方で類似する現象の解釈として、該期の北陸に前方後方形墳墓の伝播や東海系土器の移入が著しい一時期があったことから、戸潤幹夫は七尾湾における土器製塩の誕生は大阪湾岸地帯からの直接的な影響を想定する一方で、東海を経由した二次的伝播を考慮している。

能登での前期から中期にかけての形態は、倒杯形台脚付製塩土器である。中期は遺跡数が増え、庵遺跡（七尾市）、小浦遺跡・米浜遺跡（志賀町）などがある。後期は棒状尖底土器が出現するが、倒杯形の痕跡を残す段階（Ⅰ型式）から小形棒状尖脚（Ⅱ型式）へ、そして太い棒状尖脚（Ⅲ型式）へと変遷する。Ⅱ型式の段階に能登半島全域、北加賀・越中へと拡散する。製塩遺跡の操業と深く関わっていることが推測される首長墳（高木森古墳・七尾市）は造営されているが、経営の実態や供給先の問題など不明なところが多い。

第Ⅲ型式は容量が大型化する段階であるが、限られた範囲での操業に縮小するという。奈良時代には、焼成固形塩用の容器としてⅢ型式の土器と、若狭から伝播した煎熬用の平底の製塩土器が併用される（両種土器の併用は、真脇製塩遺跡で一〇世紀後半まで確認されている）。該期に遺跡数が減少する現象は、量産体制が確立して特定工房で集中的な塩生産がなされた段階にいたって、藻塩法によって鹹水を得る方法から揚げ浜塩田法に変わったことを表出したものと理解されている。大谷中学校東遺跡（珠洲市）で検出されているような、粘性土を貼った初期塩田を志向した調査事例が増えることが予測できる（これまでにも、岡津・船岡遺跡（若狭）において、同様の性格をもった遺構の検出が周知されている）。

土器が形態を変化させる事情は、「製作技法あるいは技術上の変化を伴う」[註6]のが一般的である。土器の製作技法の摘出については、国分高井遺跡（七尾市）出土の製塩土器（Ⅱ型式）に代表させる。[註7]この種の土器は、分割成形によって三段階の工程をとる。①長さ二五センチ内外、先細り気味の円筒形の粘土筒を製作する。→②円筒部の下部を握り締めて、底部と尖脚部分を製作する。→③円筒の上部に粘土紐を積み上げて、加水を注ぎやすくする目的で大きく開いた口縁部を成形する。この体部と口縁部の成形・調整の差こそ、結果的に製作方法の差異を示している。棒状尖脚の製塩土器段階は、能登半島における土器製塩の盛行期であることを踏まえて、旧稿では「製作労働量の軽減」と「規格生産を可能にする」こと、それに加えて「量産する」ことを目的にして、筒部の製作に型づくりが導入されていたことを提示している。[註8]

若狭[註9]　若狭における土器製塩の研究は、石部正志らによる若狭西部のおおい町大島半島に所在する浜禰遺跡の調査を嚆矢とする。その後、同地に所在する吉見浜遺跡・宮留遺跡の調査事例を加えて、四世紀後半～七世紀中葉にかけての古墳時代前期（第Ⅰ型式＝浜禰Ⅰ式）・中期（第Ⅱ型式＝浜禰ⅡA式）・後期（第Ⅲ型式＝浜禰ⅡB式）の製塩土器を組列化して、この変化に対応した製塩炉の構造を把握することができる。製塩土器の変遷については、型式内の細分についてはその後もなされてきたが、今なお大枠は『若狭大飯』[註10]以来の単系列の編年観にしたがっており、複数タイプの製塩土器が併存するという畿内中枢部からの提言[註11]については、若狭ではまだ追跡できていない。炉の形態については、土器の形態に適応する形で、粘土床炉→石敷炉→大型石敷炉と変遷することが確定している。

製塩遺跡における「土器・炉の画期」の時期が、若狭における「広域首長墳の画期」とオーバーラップしていることを見出しているが、このことは製塩遺跡の経営母体を考えるうえで重要な視点となる。若狭の場合大半の製塩遺跡は、リアス式海岸に突き出た半島の猫額ほどの狭小な浜辺に隔離された状況で立地しているが、全体像を把握する目的をもっての発掘調査はほとんど行なわれていない。そのような中で、後背地をもつ浜禰遺跡では、山裾の地山を掘削して掘立柱建物群・祭祀土坑、砂丘上に製塩作業場、そして製塩場から少し離れた地点に後期の群集墳が築造されるなど、整然とレイアウトされていたことが判明している。

　中期段階の土器製塩は、丸底I式製塩土器・須恵器・鉄製品生産といったトータルな形で、手工業生産技術をもつ工人が新たに若狭の地（浜禰遺跡）に扶植されたというのが、畿内周縁地域の若狭の実態である。中期中葉以降の須恵器のなかに焼損品の類が混在していることや、製塩土器の丸底化が須恵器の丸底化とオーバーラップすることを考えれば、浜禰遺跡付近に窖窯が存在したことを予測させる。第II型式製塩土器は乳灰色で、胎土がきわめて緻密であり、器壁は薄く堅固に焼成されている。[註12]このように焼成の度合いが金属質で、自然釉が付着した土器が大量にみられる状況がある。これらのことは取りも直さず、この種の製塩土器の源流を求める際のメルクマールになる。

　第III型式の製塩土器についても、還元焔焼成された土器があり、まれに器壁が海綿状に変化した土器を含む。これらのことから、浜禰遺跡においては、中・後期の製塩土器は窖窯か窖窯を志向した窯で焼成したものと判断する。後期の六世紀中葉段階には、若狭湾沿岸全域に遺跡が拡がっていっそう盛行期をむかえるが、国造制・屯倉制・部民制が制度化された時期に連動した現象と理解する。このことは、広域首長墳・群集墳の動向と照らし合わせることで首肯できる。

　工人組織のあり方については、畿内中枢部と周縁地域の若狭を同一視できるものではないが、地方においては浜禰遺跡に近い経営形態をとっていたことが推測できる。前・中期を通じて、浜禰遺跡が大阪湾岸地帯と直結した形態の製塩土器・炉を採用していることを根拠にすると、大和政権の周辺部に成立させることを目的にして、設置された拠点製塩遺跡の一つであったことが理解できる。同様の性格をもつ遺跡として、畿内周辺では日出遺跡（阿波）をあげることができる。

　これまで、滋賀県下の湖北・湖南・湖西の遺跡から出土した中期末の製塩土器を観察する機会を得ている。大久保徹也[註13]は、若狭から入っていたと考える方が合理的としており、私もその考えに同意できるが、若狭（浜禰遺跡）産に断定できる土器は確認できていない。若狭には、高月南遺跡（長浜市）の土器のように、軟質な焼成で口縁部が細まって胴部が下膨れする形態や、横江遺跡（守山市）の土器のようなタタキ目の痕跡を残した土器は、基本的に存在しないのである。

五　結　語

　列島における土器製塩の大枠や、今日的課題をまとめた良書が数多く刊行されていることから、本稿では視点をかえて東アジアにおける土器製塩の紹介と、北陸の土器製塩研究の現状について能登と若狭を取りあげて記述した。

　とくに古墳時代中・後期の生産・流通の研究は、須恵器生産・鉄器生産などの手工業生産分野と一連のものである。これらの生産遺跡は、大和政権の一翼を担った伴造豪族が直接経営に携わり、大和政権による管理が想定される。若狭は、中期的生産体制が確立された地域と評価され、浜禰遺跡はおそらく畿内一円に分散的に配置された手工業生産を専業とする遺跡の一つであったと思われる。(註14) 浜禰遺跡は、小島東遺跡（岬町）、西庄遺跡（和歌山市）、日出遺跡（鳴門市）と共通する製塩土器・石敷き製塩炉をもち、鹿角製刀剣装具・鉄鋌・石製模造品などの普遍性を保持した遺物が出土している。これらの遺跡は、いずれも大和政権とつながることで操業を始めた畿内色の強い遺跡である。

能登の後期・律令期の土器製塩が、橋本澄夫や岸本雅敏がいう東北経営に関わるものであったことは重要な視点である。阿倍比羅夫が斉明四・五（六五八・九）年に粛慎・蝦夷を討った軍事行動などに、能登の塩が重要な働きをした蓋然性は高い。古墳時代・律令期をとおして能登の塩は北方に、若狭の塩は畿内（中央政権）に搬出されたのである。

（註1）森　勇一「珪藻分析によって得られた古代製塩についての一考察」『考古学雑誌』七六―三、日本考古学会、一九九一

（註2）渡辺　誠「松崎遺跡におけるブロック・サンプリングの調査報告」『松崎遺跡』㈶愛知県埋蔵文化財センター、一九九一

（註3）中央型と地方型の区分は、近藤義郎・石部正志による。

（註4）入江文敏「土器製塩の研究」『若狭・越古墳時代の研究』学生社、二〇一一

（註5）戸澗幹夫「能登半島における土器製塩研究の現状と課題」・空　良寛「能登半島の土器製塩遺跡」『日本海域の土器製塩』㈶石川県埋蔵文化財センター、二〇〇九

戸澗幹夫「能登半島における土器製塩研究の課題」・空　良寛「能登地方の土器製塩遺跡」『石川県埋蔵文化財情報』二三、㈶石川県埋蔵文化財センター、二〇一〇

戸澗幹夫「生産技術の発達とムラの暮らし」『新修 七尾市史』通史編I、七尾市、二〇一一

外浦沿岸で、丸底形製塩土器の存在が知られており、若狭からの影響で脚台→丸底→平底へ推移したと考える人もいる。能登の記述は、右記文献を参考にさせていただいている。

（註6）田中　琢「古代・中世における手工業の発達」『日本の考古学VI』河出書房新社、一九七三

（註7）前掲註4に同じ

（註8）前掲註4に同じ

（註9）前掲註4に同じ

（註10）『若狭大飯』福井県大飯町、一九六六

（註11）積山　洋「大阪湾沿岸の古墳時代土器製塩」『畿内の巨大古墳とその時代』雄山閣、二〇〇四

（註12）丸底I式土器の窖窯焼成については、石部・広瀬和雄・入江・積山らが支持している。

（註13）大久保徹也『製塩土器の型式学的検討に基づく古墳時代中後期、中部瀬戸内海産塩流通システムの復元』平成一一～一二年度科学研究費補助金研究成果報告書、二〇〇〇

（註14）和田清吾「古墳時代の生業と社会―古墳の秩序と生産・流通システム」『考古学研究』五〇―三、考古学研究会、二〇〇三

参考文献

近藤義郎『土器製塩の研究』青木書店、一九八四

石部正志「原始・古代の土器製塩」『講座・日本技術の社会史』第二巻、日本評論社、一九八五

橋本澄夫・戸澗幹夫「石川県」『日本土器製塩研究』青木書店、一九九四

コラム

若狭における土器製塩遺跡と集落・古墳

西島伸彦

一　はじめに

若狭湾沿岸一帯には、七八箇所以上の土器製塩遺跡が確認されており（一九九四年現在）、古墳時代から平安時代まで土器製塩が盛行していたことがわかっている。(註1)また、近年内陸部で製塩土器の発見が相次いでおり、おおい町大飯神社古墳群や、小浜市高塚遺跡、稲葉城跡などが注目される遺跡である。本稿では、若狭湾沿岸の土器製塩を代表する遺跡を紹介する。

二　土器製塩遺跡

浜禰遺跡は、一九五八（昭和三三）年以来七次の調査が実施されており、掘立柱建物群、祭祀土坑、製塩作業場が検出されている。本遺跡は、若狭で土器製塩が開始された古墳時代前期後半から後期までの製塩活動を示す、浜禰Ⅰ式製塩土器と浜禰ⅡA式製塩土器を中心に出土する。製塩炉については、前者は粘土敷き炉、後者は小礫の石敷き炉であることが確認されている。当遺跡は、神田古墳群との関わりが想定できる。

宮留遺跡は、一九八四（昭和五九）年に調査が実施されている。縄文時代・弥生時代・古墳時代の遺構・遺物が確認され、とくに古墳時代の敷石を用いた大規模な製塩炉群が検出されている。浜禰ⅡB式製塩土器の単独遺跡であるが、層序からこの浜禰ⅡB式を古・新に細分化できることが確認された。当遺跡は、ヒガンジョ古墳群との関わりが想定できる。(註2・3・4)

岡津製塩遺跡は、一九七八（昭和五三）年から二次、二ヶ年にわたって調査が実施された。第一次調査では、焼土面、海岸部遺構、製塩炉が検出されている。製塩炉は九面確認されており、すべてが

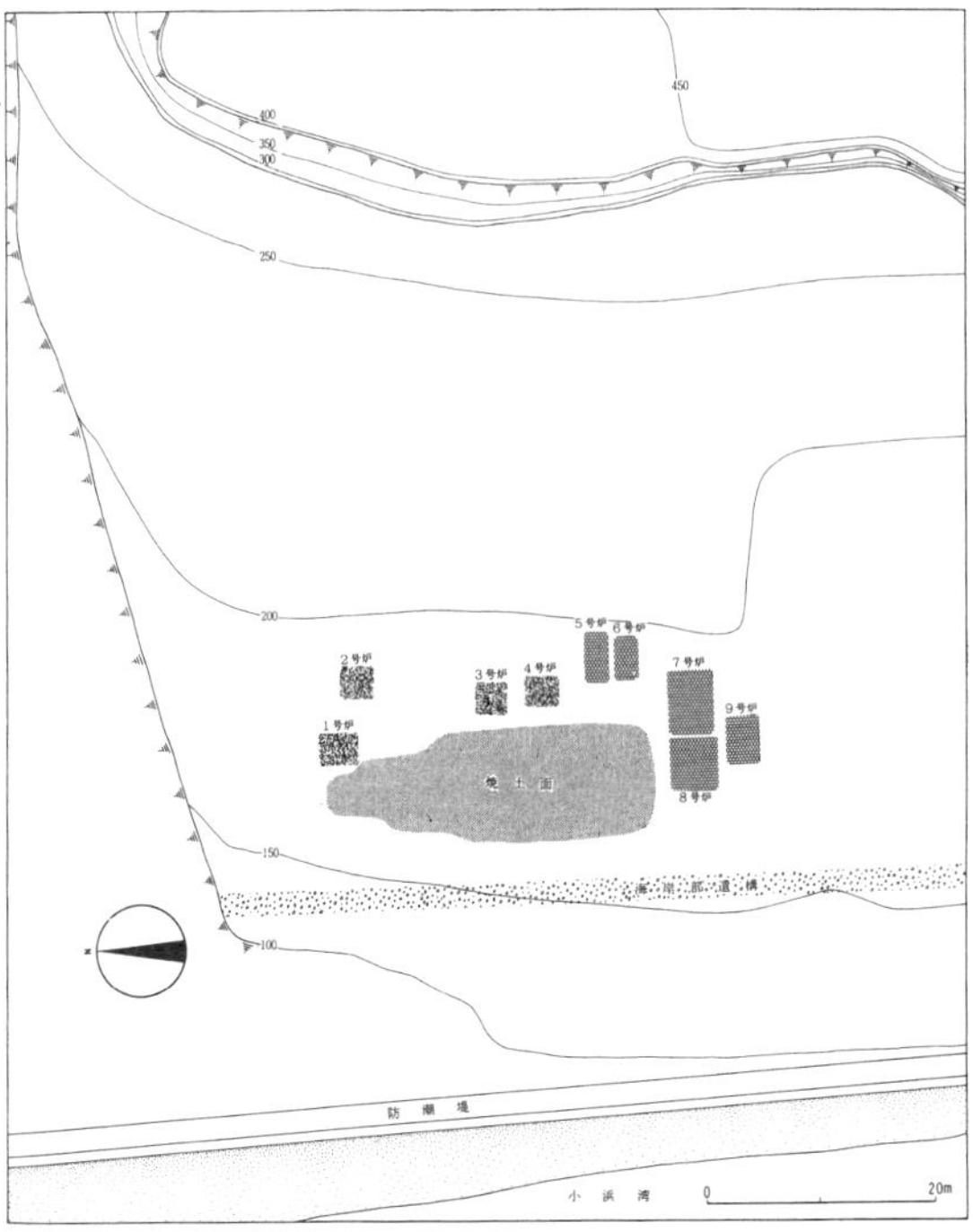

図1　岡津製塩遺跡配置模式図（註5から引用）

敷石炉であるが、一～四号炉と五～九号炉に大別することができる。一～四号炉は、浜禰ⅡB式製塩土器に対応する製塩炉で、五～九号炉は、船岡式製塩土器に対応する製塩炉である。当遺跡では浜禰ⅡB式製塩土器、船岡式製塩土器のほか、その間隙を埋める型式の製塩土器として岡津式製塩土器が提唱されたが、浜禰ⅡB式製塩土器の範疇に入るとの意見がある。当遺跡は、沓掛古墳群との関わりが想定できる。なお、本遺跡は土器製塩遺跡として喜兵衛島遺跡（香川県）に次いで国指定史跡となっている。(註5)

三　土器製塩と集落・古墳

浜禰Ⅰ式や同ⅡA式製塩土器は、形態や胎土に至るまで大阪湾周辺の製塩遺跡と酷似していることから、技術移転が背景にあると思われ、同時に技術者も移転して新たな集落を形成した可能性がある。その集落が浜禰遺跡や宮留遺跡、阿納塩浜遺跡などであり、大島半島と内外海半島でまず土器製塩が開始されたのである。入江文敏などが指摘しているように、上ノ塚古墳が築造される古墳時代前期末頃に、若狭の土器製塩が本格的に操業を開始していると考えられる。この時期に若狭の広域首長が、若狭に土器製塩という新たな手工業生産を持ち込んだことは十分に考えられることである。(註6)その背景は、大久保徹也が指摘する、畿内地域などの塩需要を充足する目的で塩供給基地の開発がなされたと考える。(註7)

また、小浜市高塚遺跡などのように、海岸部から離れた場所の集落遺跡から製塩土器が出土する。この遺跡は、奈良時代に集落の盛期を迎え、遺構・遺物の内容から物資集積場の機能を有する遺跡である。製塩土器は、浜禰ⅡB式と船岡式が主体である。(註8)さらに、小浜市稲葉山城跡E地点では、掘立柱建物や土器集中区から製塩土器が出土しており、この遺跡は、岡津遺跡に搬出する製塩土器の製作場の可能性がある。

土器製塩に従事した人々は、神田古墳群やヒガンジョ古墳群など、製塩遺跡に近接した場所に墓域を設けた。大飯神社古墳群などのように、海岸部から離れた古墳から製塩土器が副葬される事例もある。それらは、若狭の広域首長を補佐する階層の墓域であり、土器製塩に従事する人々を統括・管理する立場の人々であったと考える。

四　まとめ

以上、若狭における土器製塩を考えるうえで重要な遺跡について概観した。近年、舞鶴市浦入遺跡群をはじめとする京都府丹後地方の土器製塩研究の進展によって、若狭における編年研究を再検討する必要性が出てきている。今後は、製塩土器や製塩遺構だけではなく、広く塩生産体制の究明を含めた多角的視野から検討を進めていくことが必要である。

（註1）近藤義郎編『日本土器製塩研究』青木書店、一九九四
（註2）大飯町『若狭大飯』一九六六
（註3）若狭考古学研究会『浜禰遺跡』一九七一
（註4）大飯町教育委員会『大島浜禰・宮留遺跡』一九八五
（註5）小浜市教育委員会『岡津製塩遺跡』一九八〇
（註6）入江文敏『若狭・越古墳時代の研究』学生社、二〇一一
（註7）大久保徹也「塩生産・流通の古墳時代後期的特質について―とくに備讃瀬戸海域の生産再開と畿内における塩調達方式―」『古墳時代の海人集団を再検討する発表要旨集・資料集Ⅰ』二〇〇七
（註8）小浜市教育委員会『高塚遺跡』二〇〇三

第四章　ヤマト政権・朝鮮（韓）半島からみた日本海中部沿岸地域

文献からみた若狭・越

和田　萃

一　はじめに

先頃、編集部から、「文献からみた若狭・越《こし》」というテーマでの執筆依頼をいただいた。承諾したものの改めて考えると、これまでに若狭や越については数多くの優れた研究が発表されており、ことさら私が新たな知見を加える余地はないように思われた。それで本稿では、これまでに余り言及されることのなかった若狭や越の伝承と信仰をとり上げ、その歴史的背景を私なりに考察して責めを塞ぎたく思う。加えて近年の考古学研究の成果をも踏まえ、私なりに古代の若狭や越の伝承・信仰の特質を明らかにしたい。

私は日本古代史の研究者であるが、大学一、二回生の教養部時代、京都大学考古学研究会（京大考古研）に所属し、嵯峨野の古墳巡りや、京田辺市の飯岡《いのおか》古墳群の測量、下司《げす》古墳群の発掘調査などに参加した。また院生時代、岸 俊男先生の指導のもと、三年余にわたり奈良県立橿原考古学研究所（橿考研《かしこうけん》）で、藤原宮跡から出土した二二〇〇点余の木簡の整理や釈読、報告書の作成、藤原宮域の確定作業に従事した。そうしたことが機縁となり、ここ四十年来、橿考研の指導研究員（非常勤）として活動している。

そうした経緯もあって、日頃、日本古代史研究と考古学研究の接点を埋めたいと考え、各地の遺跡や古墳を訪ねることも多い。本稿でふれる四隅突出型墳丘墓に関しても、島根県安来市の仲仙寺墳丘墓群の発掘調査現場を訪ねたことがあるし、西谷墳丘墓群や富山市杉谷の杉谷四号墳丘墓も見学した。また時折、考古学研究者と一緒して、シンポジウムに参加する機会もある。以下、本稿では考古学研究の成果に依拠して記述する所が多いのも、そうした背景に基づく。

二　北つ海

『古事記』にみえる国生み伝承では、①淡路の穂の狭別の島、②伊予の二名の島、③隠伎の三子の島、④筑紫の島、⑤伊岐の島、⑥津島、⑦佐渡の島、⑧大倭豊秋津島を、大八島国とする。一方、『日本書紀』の本文では、①大日本豊秋津洲、②伊予の二名洲、③筑紫洲、④億岐洲、⑤佐度洲（億岐洲と佐度洲を双子とする）、⑥越洲、⑦大洲、⑧吉備の子洲とし、越洲と大洲については、それぞれ北陸道の総称、周防国の大島（今の屋代島）かとされる。

『古事記』では、日本海に浮かぶ隠岐島・壱岐島・対馬・佐渡島を挙げるのに対し、『日本書紀』では隠岐島と佐渡島のみであり、

『古事記』の方が北つ海（日本海）に対する関心度が大きかったと言えよう。『古事記』序文によれば、天武朝のある時期に（天武十二、三年頃か）、天武天皇は諸家の所持する、或いは諸家から朝廷に提出された帝紀と旧辞を削偽定實し、それを稗田阿礼が誦習したと記す。

次いで『古事記』序文によれば、和銅四年（七一一）九月十八日、元明天皇は太朝臣安萬侶に対し、稗田阿礼が誦習していた「勅語の旧辞」を撰録して、献上するように命じた。それで安萬侶は表記に工夫を凝らして、和銅五年（七一二）正月二十八日に『古事記』を元明天皇に献上した。

従って『古事記』の記述は、天武十二、三年頃の状況を反映しているとみてよい。天武朝においては、遣唐使は途絶していたものの、高句麗・新羅・耽羅の使節は度々、来朝しており、また倭国からも新羅や高句麗へ遣使している。そうした状況下、『古事記』の国生み伝承に、大八島国の内に隠伎の三子の島、伊岐の島、津島、佐渡の島の四島を挙げている背景があるのだろう。

次に『古事記』や『日本書紀』にみえる伝承をとりあげよう。『日本書紀』の崇神六十五年七月条に、任那からソナカシチ（蘇那曷叱知）が倭国に遣わされて調貢したことがみえ、垂仁二年に帰国したという。

垂仁二年是歳条の「一云」に、大加羅国の王子、ツヌガアラシト（都怒我阿羅斯等）の伝承がみえる。大加羅から穴門《あなと》（長門の西南部）に至り、北つ海を巡って出雲から越の国の笥飯浦《けひのうら》に停泊したことから、そこを角鹿《つぬが》（福井県敦賀市）と称すると伝える。

いずれも伝承の域を出ないが、北つ海（日本海）が倭国と伽耶（加羅）・百済・新羅を結ぶ「海の道」であったことは間違いない。『日本書紀』の神代上（第六段の一書第三）に、宗像の三女神について、「海の北の道の中（海北道中）に在《いま》す。號けて道主貴《みちぬしのむち》と曰す。此《これ》、筑紫の水沼君《みぬまのきみ》等が祭る神、是なり」と記す。

宗像三女神は、それぞれ辺津宮（宗像市大字田島）、中津宮（宗像郡大島村大岸）、沖津宮（同村沖ノ島）に鎮座する。玄界灘に浮かぶ沖ノ島では、宗像氏のみならず筑後の水沼君も祭祀を担っていたことを伝えており、興味深い。壱岐や対馬をへて朝鮮半島へ渡るルートのほかに、沖ノ島を経由するルートも存在した。海流との関わりで言えば、朝鮮半島からの帰路に沖ノ島に立ち寄り、響灘を渡って下関に至るルートも存在した可能性もある。

三　高志（越）のヌナカハヒメ

『古事記』によれば、高天原で乱暴狼籍を尽したスサノヲ命（須佐男命）は八百万神により追放され、出雲国の肥の河上に降臨する。八俣のヲロチ（大蛇）を退治して、クシナダヒメ（櫛名田比売）を娶り、ヤシマジヌミ（八島士奴美）神を儲ける。その六世孫が大国主神であり、またの名をオホアナムヂ（大穴牟遅）神、アシハラシコヲ（葦原色許男）神、ヤチホコ（八千矛）神、ウツシクニタマ（宇都志国玉）神という。以下、大国主神・葦原色許男神・八千矛神をそれぞれ主人公とする説話が続くのであるが、最後の八千矛神をめぐる伝承には、長大な優れた歌謡が四首みえている。

第一の歌謡は、八千矛神が出雲から高志《こし》の国（北陸地方の総称）のヌナカハヒメ（沼河比売）に求婚しに行った時の歌である。沼河比売の家に到り、「八千矛の　神の命は、八島国　妻娶《ま》きかねて、遠々し　高志の国に　賢《さか》し女《め》を　ありと聞かして、麗《くは》し女を　ありと聞こして、さ呼《よば》ひに　あり立たし　呼《よば》ひに　あり通はせ…」と歌いだす。「八千矛神は、八島国の内に妻を求めることが出来ず、遙か遠くの高志の国に、聡明で麗しい乙女がいると聞いて、求婚しにやって来た」の意。

高志のヌナカハヒメをめぐる伝承で注目されるのは、その名にみえる「ヌナ」がヒスイ（翡翠）を指すことだろう。『日本書紀』の神功皇后摂政元年二月条に、麛坂《かごさか》王と忍熊王の兄弟が難波の住吉の地で、神功皇后と皇子（後の応神天皇）を待ち伏せる件《くだり》があり、住吉三神である表筒男・中筒男・底筒男の三神が神功皇后に、「吾が和魂をば大津の渟中倉《ぬなくら》の長峡《ながを》に居《ま》さしむべし。便ち因りて往来《ゆきかよ》ふ船を看《みそなは》さむ」と託宣したとみえる。

ヌナクラの「ヌナ」は、「ヌ（瓊）ナ（助詞のノ）」の意。『万葉集』巻十三―三二四七に、「渟名川の　底なる玉　求めて　得し玉かも　拾《ひり》ひて　得し玉かも　惜《あたら》しき　君が　老ゆらく惜しも」とみえ、「渟（ヌ）」は美しい緑色の鉱石、翡翠を指す。

日本産のヒスイについては、藤田富士夫の『玉とヒスイ』に詳しい。よく知られているように、昭和十三年（一九三八）に新潟県糸魚川市を流れる小滝川で、ヒスイの原産地が発見された。翌年、東北大学の河野義禮により、ヒスイ原産地発見の論文が『岩石鉱物鉱床学』に発表されたものの、考古学研究者の目にふれるところとはならなかった。その後、考古学者の島田貞彦の目にとまり、昭和十六年（一九四一）に『考古学雑誌』（第三一巻第五号）で河野論文が紹介され、周知されるようになった。昭和二十九年（一九五四）・三十年には、藤田亮作を中心に糸魚川市の長者ヶ原遺跡の発掘調査が実施された。縄文中期に硬玉製大珠の加工が行なわれていたことが確認され、日本産のヒスイの存在が確定した経緯がある。

縄文時代中期以降、弥生・古墳時代を通じ攻玉遺跡で硬玉大珠や勾玉に加工され、種々に用いられてきた。三種の神器の一つである八坂（尺）瓊勾玉がどのようなものなのか、知る由もないが、長い帯や紐に大小の勾玉を飾り付けたものと思われる。翡翠の色は緑や青に近く、あるいは月光の色を放つと観念されていたのかもしれない。

四　出雲と越

出雲を中心とした地域が八島国《やしまくに》であり、高志《こし》の国は含まれていない。八島国の内に大和が含まれていたのか否かは不明であるが、おそらくは出雲を中心とした出雲的世界（出雲を中心に、石見・伯耆・因幡を合わせた地域）が八島国であろう。

天平五年（七三三）二月三十日に勘造された『出雲国風土記』の意宇郡条に、有名な「国引き詞章」がみえる。「高志の都都《つつ》（能登の珠洲崎の辺り）の三埼（岬）」の余りを引き寄せて「闇見《くらみ》の国」としたとみえ、高志国は出雲的世界を遠く離れた地にあると認識されていた。また『出雲国風土記』では、意宇郡母理《もり》郷の条に、大穴持命（八千矛神）が「越の八口」を平定して還ったとみえ、同郡拝志郷の条にも「拝志」の地名は、大神が「越の八口」を平定しに行く際に、樹林が茂っていたことに由来すると記す。

嶋根郡美保郷の条にも、大神命（八千矛神）が高志国のヌナカハヒメ（奴奈宜波比賣）を娶って産んだ神、ミホススミ命が坐《い》ましますと記している。とりわけ注目されるのは、神門郡古志郷の条に、イザナミ命が日淵川を池に造った際、古志の国人らが到って堤を作ったので、「古志」と云うと記す。同じく狭結駅《さよふのうまや》条には、神門郡の郡家と同じ所に狭結駅があって、「古志国の佐與布《さよふ》と云ふ人来り居《す》めり。故、最邑《さよふ》と云ふ」と記し、神亀三年（七二六）に最邑を狭結と改めたと注記する。古志の佐與布が出雲の神門の地に住み着いた時期は不明であるが、かなり古い伝承であると思われる。

出雲と古志（越）の交流がいつ頃まで遡るのか、文献史料からは推測できない。しかし近年の考古学研究では土器の移動に基づいて、その時期が推定されている。石野博信や森岡秀人らの指摘によれば、二世紀末に出雲西部の西谷三号王墓で行なわれた喪葬儀礼に際し、吉備の特殊器台埴輪が飾られ、丹後・但馬の供物を土器に盛って供えているのは、吉備や丹後・但馬の使者がこれらの土器を出雲まで持参したと考えられる。同じ頃、丹波・但馬・越の人々が因幡の地に集団で移動し、三世紀前半には伯耆東部にまで進出した。二、三世紀を通じて丹波・但馬・越と因幡・伯耆・出雲との間には、海路（北つ海）による交流があったことを示している。三世紀前半から後半にかけて、伯耆西部と出雲東部に大和や河内の人々が定住すると共に、吉備の人々は姿を消した。

以上の指摘に基づけば、出雲と越は北つ海を利用することで、三世紀前半〜後半には交流が確立していた。また同時期、出雲は大和・河内とも交流を深めていたことが推測される。

島根県中部から富山県域までの日本海側を中心に、四隅突出型の墳丘墓が分布している。ただし現状では、但馬・丹後地域に四隅突出型墳丘墓は検出されていない。四隅突出型墳丘墓は、昭和四十三年（一九六八）に順庵原遺跡（島根県美郷町）で初めて確認された。弥生時代中期末頃に、中国地方山間部で出現し、古墳時代初頭に至るまで築かれた。方形台状の四隅が、陸橋状に外方に突出した墳丘墓である。島根県出雲市の出雲市駅のすぐ北東、出雲市大津町に西谷墳丘墓群が広がる。四隅突出型墳丘墓を含む二十基余の墳墓で構成されており、先にふれた三号墓は東西四五メートル、南北四〇メートル、高さ四メートル以上の規模をもつ。墳頂部には八基の埋葬施設があり、その内の二つの木棺は二重構造で、棺の内側には朱が厚く敷かれ、ガラスの勾玉や数多くの玉類、大量の土器片が出土した。二世紀末の出雲の王者とその一族の奥津城とみてよい。

五　北つ海に望む港湾

少し時代は前後するが、弥生時代中期末〜後期初頭に、伯耆大山の西麓に妻木晩田《むきばんだ》遺跡、後期に出雲の西谷墳丘墓群、ほぼ同時期に伯耆の青谷上寺地《あおやかみじち》遺跡が出現する。西谷墳丘墓群のみ、斐伊川を少し遡った地に所在するが、妻木晩田遺跡と青谷上寺地遺跡の地は北つ海（日本海）に面している。

大山の西麓に広がり北つ海に望む妻木晩田遺跡（鳥取県大山町・淀江町）は、平成七〜十年に実施された発掘調査で、弥生時代中期後葉〜古墳時代前期初頭に至る大遺跡であることが判明した。とりわけ標高約九〇メートルほどの洞ノ原地区西側丘陵では、弥生時代後期〜古墳時代前期初頭の竪穴住居跡と共に、鍛冶炉が検出され注目された。遺跡全体では、総数二七〇点を超える在地産の鉄製品が出土している。洞ノ原地区は、眼下に淀江平野が広がり（かつては入江）、遠く島根半島や中海、さらに隠岐島を一望できる。

青谷上寺地遺跡（鳥取県鳥取市青谷）は、北つ海（日本海）に注ぐ勝部川の河口から、上流へ約一キロメートルほど遡った地に所在する。弥生時代前期後半に始まり、中期後半には掘立柱建物が幾棟か所在し、後期になると集落は東側に広がって大型の溝が掘削された。しかし後期後半に何らかの原因で多数の死者を出し、そのまま放置された。そして古墳時代前期初頭を境に、衰退したことが判明している。

日本の古代において、北つ海に面して開かれた重要な港をあげると、私見によれば以下の如くである。西から、玄界灘に面した唐津湾や博多湾、遠賀川河口、出雲の斐伊川（出雲大川）の河口（中世以前には、斐伊川は神門水海《かんどのみずうみ》をへて日本海に注いでいた）、同じく中海の奥の朝酌渡《あさくみのわたし》付近、大山西南麓の淀江、勝部川河口の青谷、京都府の久美浜湾、網野の福田川河口、竹野川《たかのがわ》河口、若狭の小浜湾、敦賀湾、九頭龍川河口の三国港などが思い浮かぶ。いずれも河口から少し遡った所に港が置かれた。船底に船虫が付着するのを防ぐため、河口から少し遡った海水と淡水が混じり合った汽水域に、港が設けられたと推測しうる。なおここでは、古代の瀬戸内海航路については言及を避けている。瀬戸内海航路については、近年刊行された拙著『ヤマト国家の成立』（文英堂、二〇一〇年）を参照されたい。

六　若狭湾と若狭国

『古事記』や『日本書紀』に、第九代開化天皇の皇子に日子坐王《ひこいます》（彦坐王命）がみえ、その子の丹波道主王は、垂仁天皇の妃となったヒバスヒメ命ら四人の女王の父と伝承されている。日子坐王は、春日・佐保・山代・淡海・旦波など、各地の諸豪族を血縁で結ぶ要《かなめ》の位置にいた人物と伝承されており、畿内から丹波に及ぶ広域政治連合が存在していた可能性がある。

丹後半島の福田川河口部南東の台地先端に、日本海沿岸では最大の前方後円墳で、四世紀後半〜五世紀初頭の築造かとされる網野銚子山古墳（全長一九八メートル。国史跡）が所在する。また日本海をすぐ北に望む京都府竹野郡丹後町字《あざ》宮の丘陵端に、五世紀初頭前後の築造かと推定される神明山古墳（全長約一九〇メートル。国史跡）が所在している。当時、丹後半島北部に巨大な勢力が所在していたことを示していて、まことに注目すべきものと言えよう。

日本古代における北つ海に面した要港の内、大和王権にとって最も重要視されたのは、若狭湾に面した港、とりわけ若狭の小浜の港であった。竹野川河口や網野の福田川河口が日本海に面していたのに比し、小浜の港は広大な若狭湾の内にあり、日本海沿岸では屈指の良港であった。若狭では、五世紀初頭頃、上中町から小浜市東部の北川流域に首長墓が築造されるようになった。上ノ塚古墳を嚆矢《こうし》とし、城山古墳、西塚古墳、中塚古墳、六世紀初頭前後の十善の森古墳、上船塚古墳、六世紀前半の下船塚古墳に至る。城山古墳に続く小古墳、向山一号墳の前方部に、畿内的な武器埋納施設が存在することから、若狭の首長層は大和王権の傘下に入って朝鮮半島に進出する一方、北部九州とも交流があったことが指摘されている。

六世紀中頃前後になると、畿内的な円墳の丸山塚古墳が出現することから、若狭は大和王権の支配下に入ったと考えられている。そうした時期に、膳臣《かしわでのおみ》の一族が若狭国造に任じられた可能性が大きい。

七　若狭の国造

『先代旧事本紀《くじほんぎ》』の「国造本紀」に若狭国造がみえ、「遠つ飛鳥の御代、膳臣の祖佐白米命《さしろめのみこと》の児、荒礪命《あらと》を国造と定め賜ふ」とみえている。しかし後にもふれるように、国造制の成立時期を考えると、五世紀中頃に若狭国造が置かれたとは考えにくい。なお『古事記』では允恭天皇の「遠つ飛鳥宮」とみえるが、『日本書紀』には宮の記事はみえない。『日本書紀』編纂に際し、漏れたのであろう。

『日本書紀』の履中三年十一月条に、履中天皇が磐余市磯池に両枝《ふたまた》船《ぶね》を浮かべて遊宴した際、膳臣余磯《あれし》が酒を献じたところ、時ならぬ桜の花が天皇の盞に落ちた。それで履中は物部長眞膽連《ながまいのむらじ》に命じて、桜の所在地を探させたところ、掖上《わきがみ》の室山（奈良県御所市室付近の山）で桜の木を見出した。それで履中は宮号を磐余稚桜宮とし、また物部長眞膽連の本姓を若桜部造とし、膳臣余磯を稚桜部臣としたと伝える。「国造本紀」にみえる荒礪命は、稚桜部臣（膳臣）余磯とみてよい。

『日本書紀』の景行五十三年冬十月条に、膳臣の遠祖である磐鹿《いはか》六雁《むつかり》は功により、膳大伴部の管掌者となったとみえる。また『高橋氏文』には、「和加佐の国は六雁命（磐鹿六雁命）に永く子孫等が遠き世の国家《くにいへ》と為よと定めて授け賜ひてき」とみえている。

伴信友は『若狭旧辞考』において、稚桜部臣余磯の子孫が若狭国の国造に任命された際、若桜部という氏名に基づいて、若桜部の「ワカサ」が若狭国の国名になったとしている。しかしその解釈には問題があるように思われる。

「国造本紀」にみえる各地の国造の名の由来をみると、氏の名が国名となった事例は見当たらない。いずれも国名に基づくものと判断される。「ワカサ（若狭・和加佐）」は、形容詞「若し」の語幹「若」に、接尾語の「サ」が付いたものである。稲荷山鉄剣銘文にみえる「ワカタケル大王」の事例を勘案すると、「ワカ」は単に若いだけではなく、「若々しい霊力に満ちた意」をも含んでいるのかと思われる。

長屋王邸跡から出土した木簡に、「円方若翁《わかおきな》」や「忍海若翁」などの事例がみえ、十歳前後かと思われる長屋王の子女たちを「若翁」と称しており注目される。あるいは曾祖父母や祖父母の生まれ変わりと捉え、また長命を保つように、との希望を込めた呼称かとも思われる。源義朝の子の今若・乙若・牛若、室町後期に隆盛を誇った幸若舞いの幸若などにも、「若翁」の「若」と共通する要素があるのだろう。近世に及んでも幕府の要職者は大老・老中・若年寄であるが、若年寄は年齢に関わりはない。また沖縄の「おもろさうし」にも、琉球王や各地の按司《あじ》に対する尊称として「若子」や「若テダ」がみえ、琉球語の「ワカサ」は若々しい、新しい生命力が漲っている様を指している。

こうした事例を踏まえると、ワカサ（若狭・和加佐）の国名は「若々しい国」の意であり、さらに憶測を加えるならば、「若々しい霊力に満ちた地」を意味するかと思われ、その背景には、若狭における変若水《をちみづ》の信仰と深く関わりがあるのでは、と思われる。

八　海の彼方の常世

若狭・丹波・越と関わって注目されるのは、常世《とこよ》や変若水の信仰が色濃く存在していたことだろう。常世の信仰は、古代中国における不老不死とは異なる。常世にあるとされた変若水を飲めば、永遠に若さを保つことが出来るとする信仰であった。

フィリピン付近を起点とする黒潮（日本海流）と、その分流である対馬海流は、日本列島を挟むようにして北流し、北からは千島海流が南流している。「北つ海」の項でふれたように、任那のソナカシチや大加羅のツヌガアラシトの渡来伝承がみえ、また倭国と伽耶や百済、さらには新羅との交流も、対馬海流の存在に負う所が大きい。

日本の古代においては、黒潮の流れ来る彼方に永遠の若さに溢れた世界、「常世《とこよ》」を幻視していた。『日本書紀』には、太平洋岸の伊勢湾や富士川の辺で、常世の信仰があったことを伝えている。垂仁紀の二十五年三月丙申条に、天照大神が倭姫命に「是の神風の伊勢国は、常世の波の重波《しきなみ》帰《よ》する国なり、傍国《かたくに》の可怜《うま》し国なり。是の国に居《を》らむと欲《おも》ふ」と語ったとみえる。

また皇極三年（六四四）七月に、東国の不盡河（富士川）の辺の人、大生部多《おおうべのおお》が村里の人々に虫を祭ることを勧め、「その虫は常世神であり、祭れば豊かな富と長命を得る」と言いふらした。やがてその宗教運動は畿内にまで及び、人々は常世虫を祀って歌舞し、福を求めて珍財を捨て窮乏した。そのため葛野の秦造河勝が大生部多を討ったので、その運動は消滅したという。いずれも黒潮の流れ来る彼方に、常世を幻視していたことを示している。

一方、対馬海流の洗う北つ海に面した若狭・丹波や越の地でも、常世や変若水の信仰が色濃く存在していた。『日本書紀』の雄略二十二年七月条に、丹波国餘社郡筒川の人、瑞江浦嶋子《みずのえのうらしまのこ》は舟に乗って釣りをし大亀を得たが、大亀は立ち所に女となったので、結ばれて海の彼方の蓬莱山に到ったとみえる。

『丹後国風土記』の逸文にみえる「浦嶼子《うらしまこ》」の伝承はさらに詳しい。雄略朝のこととして、丹後国與謝郡日置里の筒川の村に住む筒川嶋子（水江浦嶋子）は、海に出て三日三夜の後、五色の亀を釣り上げた。舟に亀を置いて眠ったところ、その亀は美しい乙女に変じ、導かれて瞬時の内に海中の大きな嶋に到る。そこは仙都（常世）で、二人は結ばれて三年を経る。嶋子は両親に会いたく思い、その思いを妻に語る。妻は玉匣《たまくしげ》を嶋子に手渡し、常世に戻りたいのなら決して玉匣を開かぬように、と言った。舟に乗った嶋子が目を閉じると、瞬時に筒川の村に到ったが、村の様子はすっかり変わっていた。村人に聞くと、水江浦嶋子は三百年も前に、海に出たまま帰らないとのこと。嶋子は悲しみの余り、妻との契りを忘れて玉匣を開く。嶋子は瞬時に天上に飛び去り、その姿は消えてしまったという。

『丹後国風土記』逸文では、筒川嶋子が訪れた常世を、永遠の若さに溢れた所で年をとらない世界として描いている。この伝承は、『万葉集』巻九の一七四〇・一七四一に、住吉の水江浦嶋子の歌として、やや変容した形でみえている。日本の古代では、月読命《つくよみのみこと》がいる月の世界と、海の彼方の常世にのみ、変若水があると考えられていた。中世以降になると変若水は「若水」とされ、現代に至るまで、元日の早朝に一家の主人が汲むものとなっている。

九　変若水

『延喜式』の神名帳に、若狭国遠敷《おにふ》郡に若狭比古神社二座がみえ、また同郡に丹生神社、三方郡には丹生神社と仁布神社がみえている。若狭比古神社二座は名神大社とされ、祭神は若狭比古神であり、もう一柱は若狭比賣神であろう。よく知られているように若狭比古神社では、三月一日に同社から遠敷川を少し遡った「鵜の瀬」で、東大寺の「お水取り」に用いられる水を送る、「お水送り」の神事が行なわれる。三月一日にお水送りされた水は、三月十三日の早朝、晨朝《じんちょう》に東大寺二月堂の下にある「若狭井」から湧き出し、それを汲んで二月堂の御本尊にお供えする。

『東大寺要録』に、二月堂は天平勝宝四年（七五二）に実忠和尚により草創されたとみえる。しかし天平勝宝八歳（七五六）の「東大寺山堺四至図《さんがいしいしず》（正倉院蔵）」には、二月堂は見えない。実忠が十一面悔過を行なった宝亀四年（七七三）頃までに建立されたらしい。いずれにしても一二四〇年余も前から現在に至るまで、若狭の鵜の瀬から東大寺二月堂へ「お水送り」が行なわれていたのであり、その歴史的背景が注目される。遠敷川の水が神聖視されていたことは勿論であるが、永江秀雄が指摘したように、若狭比古神社と若狭比賣神社の中間に、かつて辰砂（硫化水銀）が掘削されていたことが注目される。

斉梁間の処士、陶　弘景（四五六―五三六）が著わした『本草集注』によれば、同書巻二の玉石上品にみえる玉石の内、「不死」の効能をもつのは、唯一、水銀のみとすることが注目される。かつて小論「薬獵《くすりがり》と本草集注」（『日本古代の儀礼と祭祀・信仰』中巻所収）で指摘した如く、水銀を服用すれば死に至る。しかし地下に水銀鉱床が広がる山野の水を飲み植物や動物を摂取することで、間接的に不死の効能を得ると考えられていたらしい。

『日本霊異記』の上巻第十三に、大和国宇太郡漆部里に住む貧しい女人が山野の菜を摘んで食とし、七人の子を育て、天に飛んだとの説話は、推古十九年（六一一）五月五日に、わが国最初の薬獵が行なわれた地であることと併せ、注目される。

水銀鉱床は、中央構造線に沿う一帯に分布することはよく知られているが、若狭から越前の敦賀郡・丹生郡にかけての一帯にも集中していて、注目される。若狭国遠敷郡は、藤原宮跡出土木簡に「小丹生評」とみえ、また『延喜式』の神名帳には、遠敷郡の丹生神社、三方郡の丹生神社・仁布神社がみえている。また越前国敦賀郡の丹生神社や丹生郡の存在も注目されよう。

古代においては、水銀は金よりも高価なものであった。水銀アマルガム法により、青銅製の武具や仏像などに、金や銀の薄膜を被《かぶ》せることが容易に出来たからである。若狭や越が有力化した背景には、北つ海を通じての対外・対内の交易に加えて、水銀鉱床が豊富に存在したことを挙げうる。

なお越の地は、藤原宮跡出土の木簡に「高志」と表記されており、七世紀末に越前国（越《こし》の前《さき》の国）・越後国（越の後《しり》の国）に分かれ、大宝二年（七〇二）に越中国が設置された。「越」を漢音では「エッ」と発音するが、呉音では「オッ」であった。それを飲めば若返るとされた変若水《をちみづ》は、月と常世にあると観念されていたのである。越の地でも、あるいは白山信仰と関わって、変若水の信仰があったのでは、と考えている。

以上、甚だ蕪雑な内容となった。ご寛恕を請う次第である。

参考文献

香芝市教育委員会・香芝市二上山博物館『耶馬台国時代の出雲と大和』（ふたかみ邪馬台国シンポジウム3）二〇〇三
島根県立古代出雲歴史博物館『壮大なる交流』（図録）二〇一一
永江秀雄『若狭の歴史と民俗』株式会社雄山閣、二〇一二
福井県立若狭歴史民俗資料館『若狭の古代遺跡』（図録）一九九九
藤田富士夫『玉とヒスイ』同朋舎出版、一九九二
和田　萃「神器論―戦う王、統治する王―」岩波講座「天皇と王権を考える」第二巻『統治と権力』所収、二〇一〇
同「薬獵と本草集注―日本古代における道教的信仰の実態―」『日本古代の儀礼と祭祀・信仰 中巻』所収、塙 書房、一九九五
同「越とヲチミヅ（変若水）」『富山市日本海文化研究所報』四四、二〇一〇
同『ヤマト国家の成立』文英堂、二〇一〇

越前三尾氏について
—継体大王との関連で—

山尾幸久

一　『上宮記』逸文の撰述年代

文献史学の継体大王論といえば、これまで大半が、『釈日本紀』（一三世紀後半）が引用する『上宮記』の「一に云ふ」の研究であった。何しろその文は、『古事記』よりも百年以上古い、「推古朝遺文」と見られていたからである。初めて本格的なテクスト研究をされたのは黛弘道で（一九六六年と一九七二年）、強く断定されたわけではないが、「推古朝の遺文とみて差支えない」とは書かれていた。(註1)

確かに『上宮記』逸文には、「希」（け乙）、「弥」（メ甲）、「義」（げ乙）、「余」（よ乙）、「侈」（タ甲）、「里」（ろ乙）、「蒼（巷）」（ソ甲）、「宜」（ガ甲）、「俾」（へ甲）など、八世紀には稀になる古い音仮名が見られる。しかし、八世紀に一般的な仮名字もたくさん使われている。「践坂《おしさか》」「他田《をさだ》」「橘」「馬屋」「経俣《くひまた》」「三枝《さいぐさ》」「星河《ほしかは》」といった地名表記もある。『万葉集』や出土木簡の表記から推して、漢字の訓読みの一般化を、六世紀末ごろの「推古朝」に溯らせるのは、何といっても無理である。

ところが、上代文学を専攻される瀬間正之の論文を読むと、(註2)国語学界では次のことが通説化しているらしい。『記』『紀』歌謡の音仮名の体系と同じ時代に、それとは位相を異にする、「古韓音」による日常的な仮名表記の体系があった。「上古漢語音」による表記法が朝鮮（の百済）でひとたび定着し、しかる後に倭国に導入された。それが「古韓音」である。『書紀』所引のいわゆる「百済三書」の史料価値の研究と整合する。(註3)

してみれば、金石文や出土木簡、また古文書・古典籍に「古韓音」の仮名が使われていることを以て、「推古朝遺文」とするわけにはいかないのである。

漢語を使って、文法構造がまったく違う和文を綴るのは、六世紀頃から段々と普及してきたわけではない。以前から漢字漢文は知っていたが、黙読して、直接に和語を対応させて意味を理解してきたらしい。(註4)主に百済であるが、朝鮮半島で行なわれてきた、漢字によって百済語の文を表記する体系が導入されてその原理が和語に適用され、律令制国家への志向の出現により全土に拡がったのであった。

この視点から見ると、六六三、四年、百済王朝の復興の企てに蹉跌をきたし、百済の貴族・官人が大挙して倭国に亡命してきたことが一大画期であった。(註5)漢字の音訓の字引らしい『新字《にいな》』四四巻の編纂は六八二年だった。(註6)木簡に和文の特徴が現われてくるのはその間からである。

彼此勘案すると、『上宮記』逸文の原史料が書かれた年代は、七世紀末か八世紀初めに最も安定した位置を占める。『古事記』の元のテクスト（原形になった書冊）は六八一～五年に成立した。[註7] 逐一天武天皇が決裁した文で、これ以外の正説はないという、文字通りの「欽定正典」である。継体大王についての『上宮記』逸文が書かれたのはその後、それもだいぶ時間がたって『日本書紀』の編修が始まっていた八世紀初めの蓋然性が大である。

『上宮記』逸文は『継体紀』の即位前紀と矛盾する処がまったくない。『継体紀』を補完する内容である。『書紀』修史局の『継体紀』担当者たちが作った、出自についての草稿と見る説[註8]で良いだろう。

これまで『上宮記』逸文が限りなく信用され、『継体記』が百年後の一異伝のように軽く扱われてきたのは、ひとえに史料成立年代の誤認によるものだった。

二　継体大王の母方の本拠

そうすると、継体の出自や即位前の事跡には、一は『古事記』、他は『上宮記』「一云」と『継体紀』、この二種類の伝承があるわけである。

『古事記』はいたって簡単に、

（小長谷若雀《をはつせのわかさざき》）天皇すでに崩《かむあが》りまして、日続《ひつぎ》知らすべき王《みこ》なし。故《かれ》、品太《ほむだ》天皇の五世の孫袁本杼命《ひこをほどのみこと》を、近つ淡海の国より上り坐《ま》さしめて、手白髪《たしらか》命に合はせまつりて、天下を授けまつりき。

と書いている。『上宮記』逸文が六世紀末の「推古朝遺文」として尊重されていた時代には、七世紀末の一異伝として軽んじられてきた。しかし『古事記』は、二種類の元のテクスト（「帝紀」＝「帝皇日継」と、「本辞」＝「先代旧辞」）に基づいて、天武天皇の直接の統括下において、これのみが正説という天皇の強い意思で、今後諸氏が世襲する爵位（姓《かばね》）の歴史的根拠として決定された規範である。

『継体記』の即位前の記述は至って簡略で、『上宮記』逸文や『継体紀』には遠く及ばない。しかしそれは事実の信偽とは直接の関係がない。天武にとっての必要という権威ある意思の次元と、素朴な事実の次元とは混同してはならないのである。

『継体紀』も似たことを書いているのだが、ここでは『上宮記』逸文によって記す。

汙斯《うし》王弥乎《みを》国高嶋宮に坐《いま》しし時、此の布利比売《ふりひめ》命の甚美《いとうるは》しき女なりといふことを聞きて、人を遣《まだ》して三国の坂井県《さかないのあがた》より召上《めさ》れて、娶《みあ》ひて生めるは、伊波礼《いはれ》宮に天下治《しら》しし乎富等《をほど》大公王なり。

父の汙斯《うし》王崩去《かむさり》ましし後、王の母布利比売命言ひて曰く、「我独り王子を持ち抱きて親族部《うがらども》无《な》き国に在り。唯我れ独りにては養育（比陁斯《ひだし》）奉ること難《かた》し」と云ふ。尓《ここ》に祖《みおや》の在《いま》す三国に将《ゐ》て下《い》り去にて、多加牟久《たかむく》村に坐《ま》さしめき。

ここに引いた文の末尾は、

尓将（一本作「時」）下去於在祖三国命坐多加牟久村也。

である。「命」字は「令」字と通用する。同じ意味で使われる。一九八三年に公表した右の訓読を、白崎昭一郎は「恣意的」だと批判された。古文書・古典籍釈読の常識を大仰に言うのが嫌で多言しなかったまでである。出まかせを言ったわけではない。「命」は「令」に「口《さい》」を加えた形で「令」から分化した。中国古代の甲骨文では「令」を「命」の意味で使っているという。[註9]『金石異体字典』[註10]には、「命」と「令」とが通用する実例が数例示されている。『千字文異体字類』[註11]には「『令』と『命』は古く同義であった」と解説されている。さすがは宣長で、何の断りもなく「下二去於在祖三国一、令レ坐二多加牟久村一也」と訓んでいる。[註12]日本思想大系の『古事記』[註13]も同じである。これと同類のものはほかに数例あるが、くどくなるので略す。

建多胡郡弁官符碑（七一一年）のような違例は遺るが、「至って貴きを尊といふ。自余を命といふ。並に美挙等《みこと》と訓む也。」（『神代紀』第一段の註）とある通りである。尊称「命」の上には神か貴人の名が来るのが普通で、地名に付けたのでは何のことかわからない。[註14]この程度は調べた上で書いた。「恣意的」という白崎の批判は的はずれだと思う。

そうすると、『上宮記』逸文や『継体紀』即位前紀が伝えているのは、継体は、近江の高嶋で誕生したが、父が亡くなったので、母と一緒に母方親族の本拠地に戻り、還暦近くまで越前で過ごしたという内容である。その地は、越前「三国の坂中井《さかない》」の「高向」（『継体紀』）、越前「三国の坂井県」の「多加牟久村」（『上宮記』逸文）であったという。継体を擁立すべく使者が迎えに行った先も「三国」である。三国真人《まひと》氏の族称「三国」がとくに強調されていることは認めてよいであろう。そのため、継体の母フリヒメの出自を三国君（のちの三国真人）と見る説[註15]がある程である。

「真人」というのは、八世紀の律令制の貴族社会では最高位の世襲的爵階で、社会経済的には小規模の族集団ばかりだが、正真正銘天皇家の近親で、「朝臣《あそみ》」「宿祢《すくね》」「忌寸《いみき》」でさえない「三尾君」などとは格が違うのである。だが三国君（真人）というのは継体の子供（母は三尾君）の「丸高王《まろこ》」「椀子《まろこ》皇子」から始まる一族である。即位前の継体とのゆかりなど全く事実ではない。憶測だが、天皇家近親という立場を利用して『書紀』修史局に圧力をかけ、「三国」の地を強調させたのではあるまいか。『上宮記』逸文を「三国の命」と読むのは二重の誤りだと思う。

三　三尾君と三国真人

三国君（六八四年以後は三国真人）氏は、継体大王が越前三尾君堅槭《かたひ》（加多夫《かたぶ》）の妹または娘である倭媛《やまとひめ》との間に儲けた椀子皇子（丸高王）を始祖とする、至って新しい氏族である。越前三尾氏から分岐独立したのは六世紀の初めである。この一族の墳墓はあわら市（旧坂井郡金津町）の横山古墳群がそれで、椀貸山古墳（須恵器MT一五型式と並行）、神奈備山古墳（須恵器TK一〇～TK四三型式）が六世紀代の首長の墓と見られている。この頃には三国氏が福井平野の盟主の地位に立った。しかし四、五世紀はそうではなかった。

三国真人（欠名）は七三〇（天平二）年の坂井郡司大領外正八位下であった。[註16]七八〇（宝亀一一）年の「越前国坂井郡司解《げ》」でも「三国真人浄乗《きよのり》」は「大領」だった。[註17]それに較べると越前三尾氏は、退潮の一途を辿っていた。だが、四、五世紀の福井平野は、盟主は越前三尾氏だったのである。

松岡古墳群と丸岡古墳群とは九頭竜川が福井平野に出てきた地、平野全体を一望できる高みに営まれている。この古墳群は、福井平野を統合した盟主がヤマト王権の構成員となり、大王に仕えるようになった証である。中司照世や青木豊昭によると次の六古墳がきわ

だっている。[註18]

手繰ヶ城山古墳（埴輪Ⅱ期。四世紀中葉）

六呂瀬山一号墳（Ⅱ期。四世紀後半）

六呂瀬山三号墳（Ⅲ期。四世紀末～五世紀初頭）

泰遠寺山古墳（Ⅳ期。五世紀前半）

石舟山古墳（ＴＫ二〇八型式。Ⅳ期。五世紀中葉）

二本松山古墳（ＴＫ二三型式。Ⅳ期。五世紀後半。第４四半期）

　このうち、二本松山古墳では、舟形石棺二つのうち一つから金銅製と銀銅製の二つの冠（加耶系の舶載品らしい）が見つかっている。松岡・丸岡古墳群の大型前方後円墳の築造は五世紀後半（第４四半期）で終わることに留意しておきたい。

　右の六古墳は、継体の母フリヒメの先祖累代が所属した、越前三尾氏が造営したものと断定してよいだろう。「水尾」「三尾」の地名は、継体が誕生した近江の高嶋と継体の母親の出身地越前の坂井とにある。これを自然地形による偶然と見ては研究の課題が発見できない。もともとは越前の地名である。二本松山古墳の被葬者の次の首長が近江に進出移住したので、近江にも「三尾」の地名ができた。

　越前の三尾一族が近江の湖西に進出してきたのはフリヒメの輿入れの時、五世紀の末近いと思われる。継体は迎えられた時五七の老人で、亡くなったのは八二の高齢という『書紀』の記載が流布している。『古事記』に、五二七年亡くなった時「御年、肆拾参歳」（四三歳）とあるのはほとんど知られてもいない。しかし、常識的にも『記』の信頼度からも（五〇三年の隅田《すだ》八幡鏡銘からも）、継体の誕生は五世紀末葉、フリヒメが越前三尾氏の人々と共に近江に移ってきたのは五世紀第４四半期のどこかだった。

　越前の「水尾里」、「坂井郡水尾郷」、「三尾駅」、「雄島三尾大明神」[註19]などは、越前三尾氏が残した自らの痕跡である。[註20]

　「ミヲ」はミヲツクシ（水緒つ串。船に航路を知らせる杭。澪標）のミヲ、「水緒《みを》」「水脈《みを》」のことである。船が航行に使う、大きな川の深い流れである。九頭竜川が即ちミヲに他ならない。

　近江には高嶋郡「三尾郷」（高島市高島町と安曇川《あどがわ》町南部）、壬申の乱の終局に出てくる「三尾城」（長法寺山の朝鮮式山城）、「水尾神社」や「三尾駅」は「水尾の中山」[註21]（高島町音羽・拝戸あたり）にあった。「三尾の勝野」はそのまま今日に遺っている。後述の鴨稲荷山古墳の所在は「近江国高島郡水尾村」なのである。

　水尾神社の祭神は近江の古代豪族三尾君氏の祖先である。『記』は垂仁天皇の子の「石衝別《いはつくわけ》王」を、「羽咋《はくい》君・三尾君が祖《おや》ぞ」としている。『紀』も垂仁の皇子「磐衝別《いはつくわけ》命」を三尾氏の祖とし、景行の妃は「三尾氏の磐城別」の妹だとしている。ほかに『旧事紀』の「国造本紀」にも三尾君氏が現われている。加我《かが》国造（道君氏）は「三尾君の祖の石撞別《いはつくわけ》命」が国造に任用されたのだとし、羽咋国造（羽咋君氏）には「三尾君の祖の石撞別命の児石城別王」が任用されたとある。『上宮記』逸文によると、フリヒメの生母（継体の母方祖母）は「余奴臣の祖」つまり江沼国造家江沼臣氏に他ならない。

　北陸南部は八二三年に統治組織が改編されたので[註22]、それ以前について書く。フリヒメの出身は三尾君で、本拠は越前の坂井郡である。だから、坂井から北へ江沼・加賀・羽咋と、四郡の地は互いに隣接していた。そしてそれぞれの地は、白方（串方江）・柴山潟・河北潟・邑知潟という天然の良港（潟湖《せきこ》・ラグーン）を擁している。

　これらの族集団の同祖同族の系譜観念を支えていたのは、沿岸海上交通を介する首長層の社会的ネットワークなのであった。

その結合の核、北陸南部の盟主、そんな三尾君氏が、もともとから琵琶湖西岸の高嶋郡に起こったとすると（一九七八年の米澤康の論考[註23]以前はそうだったのだが）、右の関係は、歴史的説明を放棄する他ない。しかし幸いにも、九頭竜川を族称とする土着の名族三尾君氏が、四、五世紀には継続して大型前方後円墳を築造してきたこと（松岡・丸岡古墳群）がわかったのであった。墳形の現状はひどく崩れているように見えるが私には言及する資格がない。

四　三尾氏の近江への移住

そこで推理されるのが、越前三尾氏は、フリヒメの輿入れの時、中心的構成員の一部が、近江の高嶋に移住したのではないかということである。端的に言えば、五世紀第4四半期（TK二三型式）の二本松山古墳に続く首長墳を、六世紀第2四半期（TK一〇型式）の高島市鴨の鴨稲荷山古墳と見たいのである。磁鉄鉱の鉱石の採掘と製鉄、および日本海沿岸と王権中枢とを結ぶ湖上交通のシステム、この二つへの関与が移住の現実的要因であろう。

鴨稲荷山古墳の付近一帯には、円墳（径五八メートル）一基があるだけで、先行する前方後円墳はまったく一つもない。後続するものもないがすでに後期群集墳の時代である。鴨稲荷山古墳が弥生時代以来この地で成長してきた首長権を表象しないこと、被葬者が移住してきた鼻祖ならば理解できること、それは大事である。一九〇二（明治三五）年に始まった県道敷設工事用土砂の採取地となって、墳丘も規模も今では不明である。一九二三（大正一二）年の濱田耕作・梅原末治の文章[註24]を読むと、周濠をもつ全長約四五メートルの前方後円墳が復元されている。大きな家形石棺（二上山白石だという）に対応する墳丘としてはそれでよいのだろう。

棺外にあった馬具一式は後の国産品の手本となった舶載品である。石棺の中にあった金の耳飾や、金銅製の冠・美豆良《みづら》金具・沓《くつ》のセットは、朝鮮半島からの「技術者そのものの移入によって」「被葬者の葬儀にあたって特別に作られた[註25]」とされている。一九二三年の報告書では、遺物は「其の全部或は一部が彼地から舶載したものとしても何等異論はない」とされていた。二本松山の冠に続く。

フリヒメは継体大王の父系の一族[註26]の「三尾の別業」（本拠の外の経営拠点）の高嶋に迎えられた。鴨稲荷山古墳の被葬者を首長とする一統の人々がそこには大勢いた筈である。幼名フト王（「太」「孚弟」）は三尾氏の人々から「蝶よ花よ」のいつくしみを受けて成長した。「親族部无《うがらどもな》き国」（『上宮記』逸文）など、三国真人氏の、ためにする舞文弄筆であろう。

「別業」は耕地を指すことが多いがそれだけに限らない。この場合、一つは琵琶湖を大動脈とする広域物流網の経営拠点である。継体の父ウシ王とフリヒメの兄のツノムシ君とが共同で整備した物流網で、「二上山白石」や「阿蘇ピンク石」の石棺もこのルートに乗って移動してきた。六世紀後半には王権直営（ミヤケ制支配）となる。

もう一つは、鉱石による鉄材（鉧《けら》）の生産と王権中枢への供給拠点である。四九〇年前後に「吉備の山部」（製鉄集団）は王権に接収され、ヤマト王権に「山官《やまのつかさ》」の職務分掌（「山部連」）が創設された。近江には「鉄穴」によって磁鉄鉱の鉱石が採掘できる、花崗岩と石灰岩との「接触交替鉱床」が琵琶湖周辺の山地に広く分布していた。オホホド・ヲホドのホドは「火処」で炉の意味である。

考古学の研究者には、本邦製鉄の始まりを六世紀後半という人が多い。方法の違いとは思うが著しい違和感がある。朝鮮系移住民による生産諸技術の革命的変化は五世紀中葉～後半に集中している。製鉄だけは例外だったなどとなぜ言えるのか。星川皇子の叛を平定して「吉備の山部」を接収し、王権の「山官」（「山部連」）がこれを統轄したのは、『書紀』によると四九〇年前後である。本邦における大規模かつ本格的な鉄生産が雄略朝に溯るのはほぼ確実だと思う。

継体の母系の越前三尾氏が五世紀第4四半期に近江に移ってきたもう一つの理由、広域物流システムの利用について言えば、河内の樟葉、山背の筒城・弟国の継体の宮居などは畿内大族を顧客とする最高品質の鉄材の営業拠点であろう。

未成年の継体は、百済武寧王が即位を期待する次期倭王候補として、五〇三年には大和の忍坂に迎えられていた。（註27）応神五世の子孫など、最も信用した場合でも所詮は継体による自称に過ぎない。「亦の名」による接合の痕跡を残す系譜の史実性は皆無である。

（註1）黛　弘道『律令国家成立史の研究』一九八二
（註2）瀬間正之「推古朝遺文の再検討」『聖徳太子の真実』二〇〇三
（註3）木下礼仁『日本書紀と古代朝鮮』一九九三
（註4）『隋書』は六世紀半ばに日本語は文字をもったとする。
（註5）『懐風藻』序
（註6）『天武紀　下』
（註7）『天武紀』一〇年三月丙戌条ほか
（註8）大山誠一「『上宮記』の成立」（前掲註2書）
（註9）白川　静『字通』一九九六
（註10）北川邦博・佐野光一編『金石異体字典』一九八〇
（註11）水野栗原『千字文異体字類』一九八四
（註12）本居宣長『古事記伝』四十四之巻
（註13）日本思想大系『古事記』一九八二、四六九頁の補注（執筆青木和夫）
（註14）田中　卓『日本国家の成立と諸氏族（著作集2）』一九八六
（註15）大橋信弥『継体天皇と即位の謎』二〇〇七
（註16）『大日本古文書（正倉院編年文書）』1—四三五頁
（註17）前掲註16文献、6—六〇三頁
（註18）中司照世「日本海中部の古墳文化」『新版・古代の日本7』角川書店、一九九三。青木豊昭「越の大首長墳と石棺」『継体大王と越の国』福井新聞社、一九九八。なお、Ⅱ～Ⅳ期は川西宏幸の埴輪編年に基づく。
（註19）『延喜式』神名帳の坂井郡大湊神社か。
（註20）米澤　康『北陸古代の政治と社会』一九八九
（註21）『拾遺和歌集』（一一世紀初頭）
（註22）『日本紀略』弘仁一四年三月一日条・六月四日条
（註23）米澤　康「三尾君氏に関する一考察」一九七八（のち前掲註20に収む）
（註24）濱田耕作・梅原末治『京都帝国大学文学部考古学研究報告第八冊（近江国高島郡水尾村鴨の古墳）』一九二三
（註25）森下章司ほか『琵琶湖周辺の六世紀を探る』一九九五
（註26）旧高月町・湖北町に古保利《こぼり》古墳群を造営した江北伊香郡の族集団の結合体を考えているが別に発表する。
（註27）隅田八幡鏡銘。山尾幸久『古代の日朝関係』一九八九

古代北陸における韓半島文物と移入背景

朴　天秀

一　はじめに

現在、韓半島と北陸を隔離している日本海（東海）は、古代には媒介として両者を結んでいた。北陸における古代の韓半島との関係を象徴するものは、福井県二本松山古墳出土の冠である。

一九七八年、加耶地域の高霊郡池山洞三二号墳から金銅製冠が出土し、二本松山古墳の出土品は加耶後期の中心国である大加耶の冠を模倣して製作されたことが明らかになった。その後、陝川郡玉田古墳群の調査によって西塚古墳、天神山七号墳、向山一号墳の金製垂飾付耳飾などが大加耶産であることが判明し、とくに福井県において大加耶の文物が集中することが明らかになった。

筆者は、さらに大加耶の文物が福井県のみではなく、日本海（東海）に沿って石川県、富山県に分布していることと、また北陸に繋がる長野県、群馬県、栃木県などに分布していることに注目したい。

ここでは、五世紀代の東日本における大加耶文物の中には、畿内を経由せず北陸を通して移入してきたものが存在することを明らかにし、松岡古墳群を中心とする北陸の古代の韓日交渉における役割について議論したい。

二　古代北陸における大加耶産文物

（一）福井県

西塚古墳　全長六七メートルの前方後円墳で、北部九州系の横穴式石室を埋葬主体部とする。金製垂飾付耳飾、金銅製の竜文帯金具、剣菱形杏葉、胡籙、銀鈴、銅鈴などが出土した。金製垂飾付耳飾は宝珠式で、大加耶様式の耳飾に系譜が求められる。竜文の銙板をもち、鈴を垂下した帯金具は小倉コレクションにその類例が存在する。銙板の縁金に斜線の刻みなどが施されている特徴から、獣面文の帯金具と共に大加耶にその系譜が求められる。鈴を垂下した竜文帯金具は、f字形鏡板轡と多角形鉄鉾など大加耶文物と共に熊本県江田船山古墳、和歌山県大谷古墳、埼玉県稲荷山古墳などで出土することから、大加耶の特徴的な装身具と考えられる。剣菱形杏葉は、f字形と内湾楕円形の鏡板轡と共に大加耶にその系譜が求められる。

向山一号墳　全長四八・六メートルの前方後円墳で、後円部に位置する北部九州系の横穴式石室から金製垂飾付耳飾が、前方部における武器の埋納施設から鉄鉾などが出土した。

金製垂飾付耳飾は、兵庫鎖と中空飾を組み合わせた宝珠式で、大加耶様式の耳飾に系譜が求められる。また、鉄鉾も袋部断面が多角形であり、池山洞四四号墳出土品など大加耶にその系譜が求められる。

十善の森古墳　全長六七メートルの前方後円墳で、埋葬主体部は後円部に北部九州系、前方部には畿内系の横穴式石室が造営された。後円部の石室から金銅製の冠、帯金具、鈴付鏡板轡、鈴付剣菱形杏葉、双葉剣菱形杏葉、トンボ玉などが出土した。

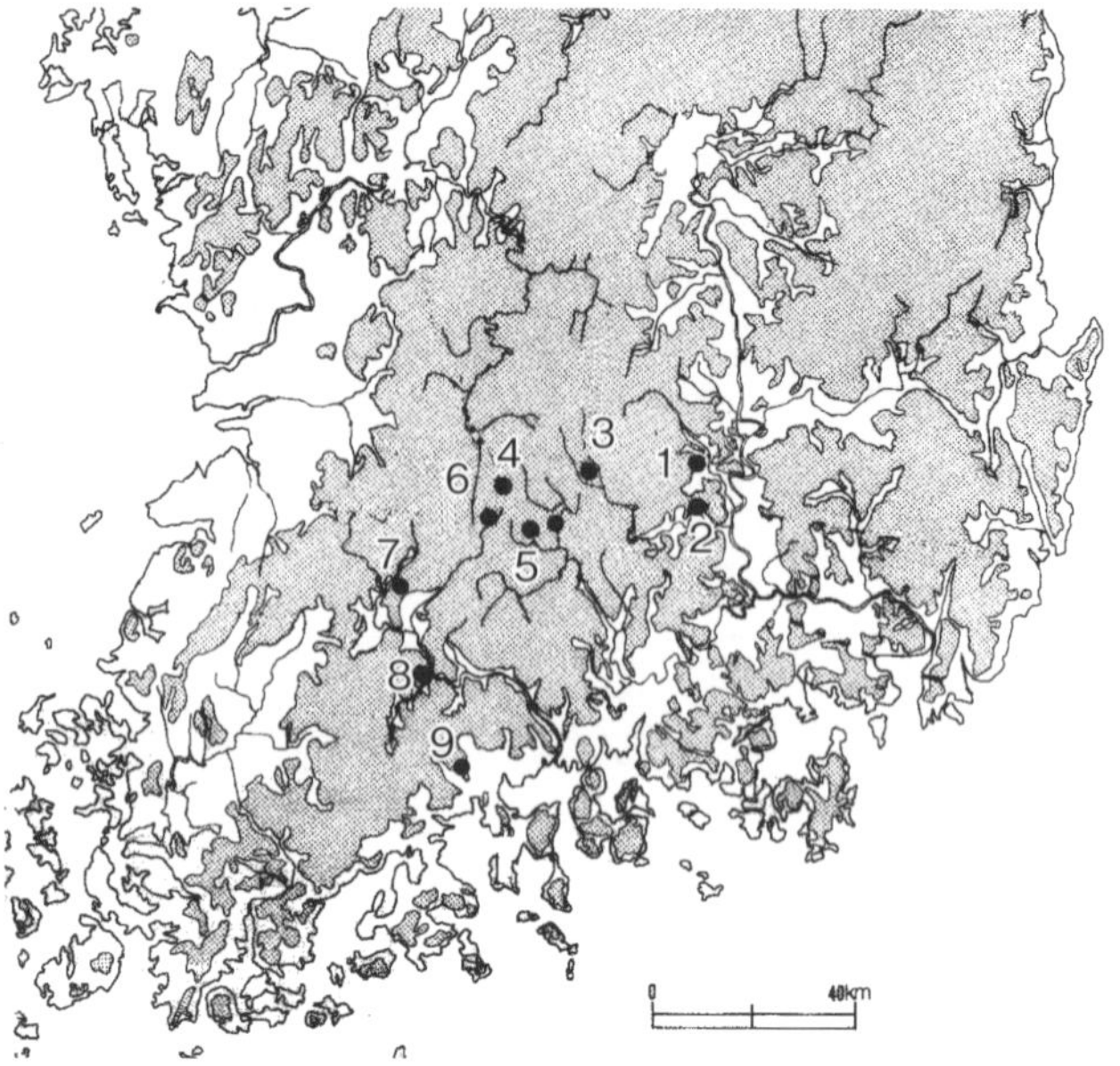

図1　5世紀後半垂飾付耳飾の分布からみた大加耶領域
1：高霊郡池山洞 40 号墓　2：陜川郡玉田 91 号墓　3：居昌郡出土品　4：咸陽郡白川里 1 号墳
5：山清郡坪村里 209 号墓　6：南原市月山里M 5 号墳　7：長水郡鳳棲里古墳群
8：谷城郡芳松里古墳群　9：順天市雲坪里 M2 号墳

双竜を描いた鈴付鏡板轡は、下部が内湾した楕円形であり、三星美術館所蔵品などに類例がある。また、両耳が付いた鈴が、高霊郡池山洞四四号墳出土の鞍金具にみられることから、大加耶にその系

1

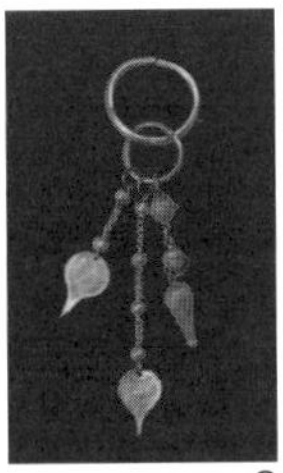

2

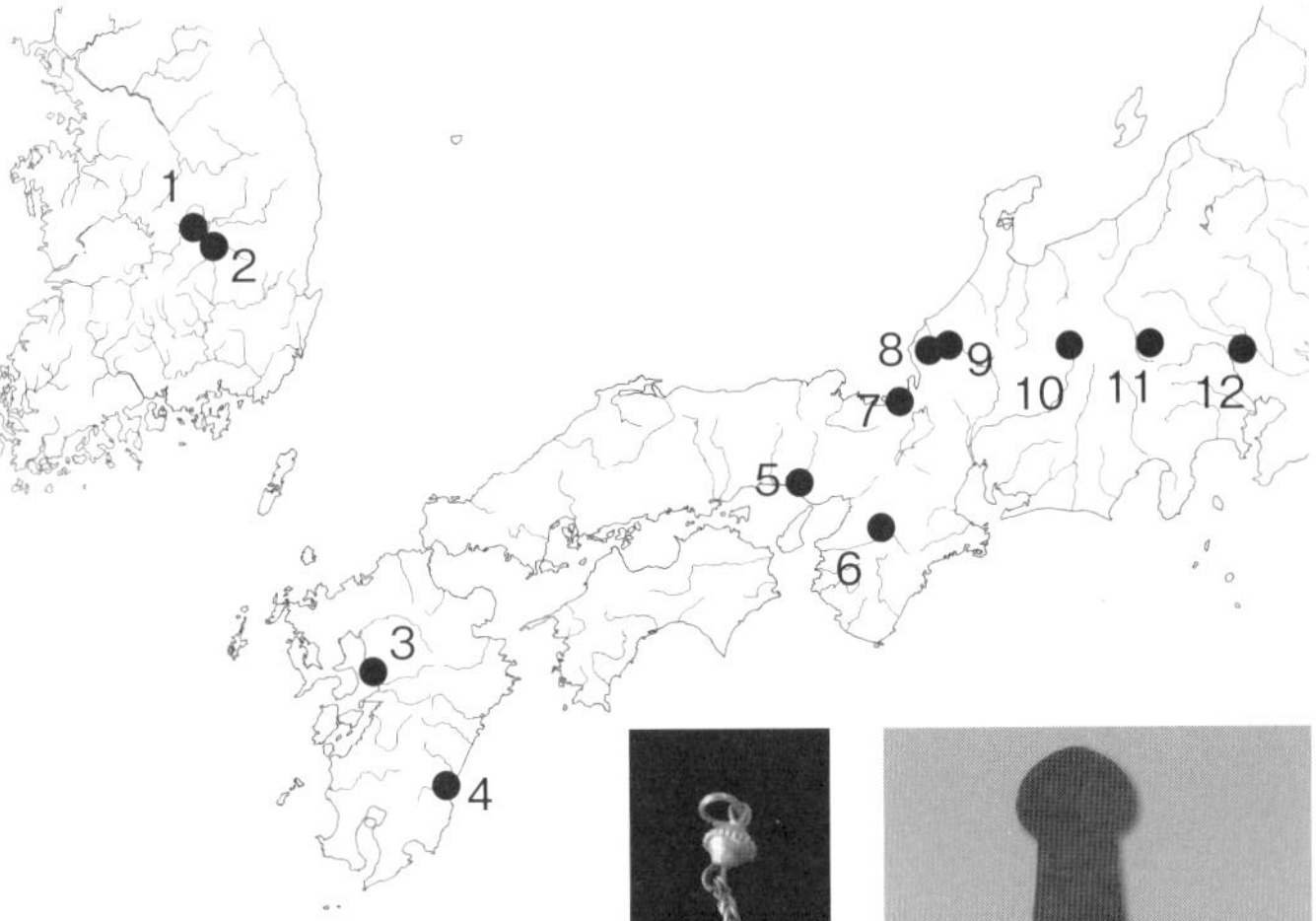

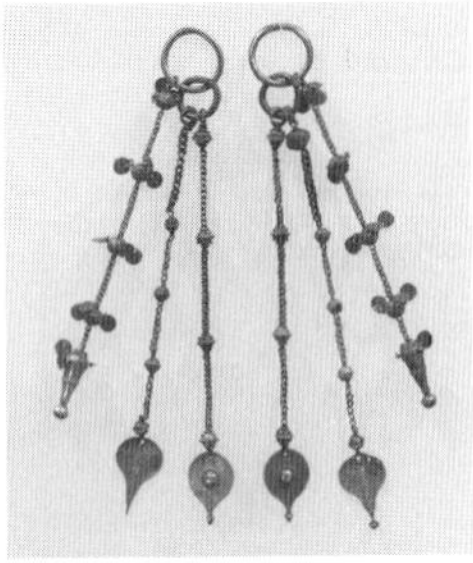

3（東京国立博物館所蔵
Image:TNM Image Archives）

4（宮崎市教育委員会所蔵）

5（加古川市
教育委員会所蔵）

6
（奈良県立橿原考古学研究所附属博物館所蔵）

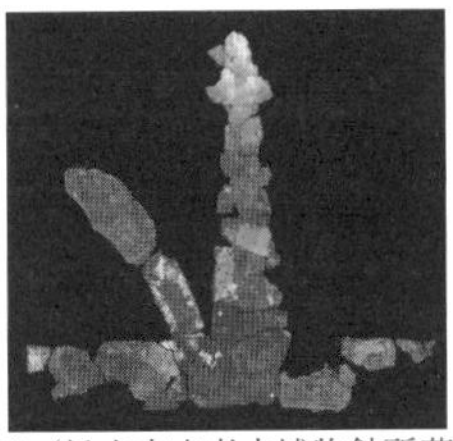

10（松本市立考古博物館所蔵）

11（高崎市教育委員会所蔵）

12（小山市立博物館所蔵）

図2　5世紀後半日本列島における大加耶装身具

1：高霊郡池山洞 32 号墳　2：陜川郡玉田 28 号墳
3：熊本県江田船山古墳　4：宮崎県下北方 5 号横穴墓
5：兵庫県カンス塚古墳　6：奈良県新沢 109 号墳
7：福井県向山 1 号墳（口絵）　8：福井県天神山 7 号墳（口絵）
9：福井県二本松山古墳（口絵）　10：長野県桜ヶ丘古墳
11：群馬県剣崎長瀞西 10 号墳　12：栃木県桑 57 号墳

譜が求められる。

鈴付剣菱形杏葉も、池山洞四四号墳出土品ときわめて類似するものである。また、双葉剣菱形杏葉はこれまで日本列島産と考えられていたが、固城郡松鶴洞一-A一号石槨墓から出土した点や、馬具の様式から大加耶にその系譜が求められる。

帯金具は獣面文で装飾しており、陜川郡玉田M三号墳と池山洞旧三九号墳の出土例から、大加耶にその系譜が求められる。

従来冠帽と考えられてきた金銅製品は、飾履であることが判明している。その系譜は明らかではないが、透彫文とガラス玉で装飾することなどが群馬県下芝谷ツ古墳出土品と類似する。頸飾のなかで班点文ガラス玉は、慶州市九八号の北墳などの出土例から新羅産である。

二本松山古墳　全長八九メートルの前方後円墳である。後円部に二つの石棺があり、二号の船形石棺から、二点の冠が出土した。一つは鍍銀青銅製で、U字形の立飾りの上に三本の宝珠形の飾りがあるものである。ほかの一つは金銅製冠で、上方に指状の切り込みによる飾りがあり、幅広い冠帯の中央に大型の逆宝珠形の飾りが付くものである。この二点の冠の原形は、その形態から高霊郡池山洞三二号墳出土の金銅製冠に求められてきた。

鳥越山古墳　全長五三・七メートルの前方後円墳で、後円部に船形石棺と北部九州系横口式石室の二つの埋葬主体部が造営されている。後円部の墳頂から、鉄製馬具と初期須恵器などが出土した。鉄製f字形鏡板付轡は、その型式の中で最も古式であり、内湾楕円形の鏡板轡と剣菱形杏葉共に大加耶にその系譜が求められる。須恵器の中で器台は、杯身下段に三角鋸歯文と列点文を施しており、類例が高霊郡池山洞古墳群の出土品にみられるので、大加耶様式の土器を模倣したものと考えられる。

天神山七号墳　直径五二メートルの円墳で、二つの木棺を埋葬主体部としており、第一主体部から金製垂飾付耳飾、胡籙、鉄鏃などが出土した。金製垂飾付耳飾は、兵庫鎖と中空飾を組み合わせた三翼式であり、陜川郡玉田二八号墳出土品など大加耶様式の耳飾に系譜が求められる。

(二)　石川県

吸坂丸山古墳群　五号墳は直径一五メートルの円墳で、割竹形木棺か船形木棺と考えられる埋葬主体部から、金製細環、帯金具、鉄鏃が出土した。金製細環は、向山一号墳、西塚古墳、天神山七号墳と同じく、陜川郡玉田二八号墳における大加耶様式の耳飾に系譜が求められるものである。また、鉄鏃は袋部断面が八角形で、大加耶にその系譜が求められる。

二子塚狐山古墳　推定全長五五・八メートルの前方後円墳で、後円部の組合式石棺から帯金具と銅鈴が出土した。帯金具は新羅系で、銅鈴は大加耶産あるいは百済産の可能性が考えられる。

和田山二号墳　直径二一メートルの円墳で、割竹形木棺からf字形鏡板轡と剣菱形杏葉、鉄鏃が出土した。鉄鏃は袋部断面が六角形であり、大加耶系鉄鏃と考えられる。

和田山五号墳　全長五三・四メートルの前方後円墳で、後円部の東西方向に並列した二つ割竹形木棺から鉄鋌、鉄製農工具、鉄鏃が出土した。南側のA槨からは広鋒の新羅系鉄鏃が、北側のB槨からは袋部断面が六角形の大加耶系鉄鏃が出土した。

矢田遺跡　七尾湾を望む沖積平野に営まれた、弥生から平安時代にかけての集落遺跡である。古墳時代におけるH群須恵器の中に、加耶様式の瓦質土器がみられ注目される。この土器は小加耶様式と考えられているが、(註1)列点文と口縁部の形態からは、むしろ大加耶様式と判断される。また、伴っている格子目文の打捺土器が、大加耶の煮沸用の土器にみられるのも参考になる。これらの土器は、大加耶から移住した一世代の人によって製作されたものである。

(三)　富山県

朝日長山古墳　全長四三メートルの前方後円墳で、後円部の主軸に並行する方向の石室から金銅製の冠帽、胡籙、剣菱形杏葉と鉄鏃が出土した。金銅製の冠帽は、陜川郡潘溪堤ヵA号墳出土品に系譜が求められるものである。(註2)胡籙は帯輪形と山形で、陜川郡玉田M三号墳などの出土例から、同じく大加耶にその系譜が求められる。剣菱形杏葉は日本列島二次導入期の馬具で、f字形と内湾楕円形の鏡板轡と共に、大加耶にその系譜が求められる馬具である。

福居古墳　富山市の福居古墳出土の土器として、県史に掲載されている資料である。この長頸壺は、六世紀中葉の大加耶様式と把握されてきた。(註3)ところが、大加耶様式であるのは認められるが、この土器は高霊郡池山洞四四号墳と四五号墳間に位置づけられるので、五世紀末か六世紀初頭とその時期を考えたい。岐阜県古川町の高野古墳と、上町久中における二点の大加耶様式の土器は、福居古墳の出土例から富山湾を経由して入ってきた可能性が高い。

三　古代北陸における大加耶産文物からみた韓日交渉

これまで検討してきたように五世紀後半における北陸では、大加耶産物の移入が日本列島のなかで畿内と九州に匹敵するほど卓越するのが特徴である。さらに、北陸と繋がる東日本における大加耶産文物の移入が顕著であることが注目される。すなわち、長野県新井原一二号墳の殉葬馬に伴う馬具は陜川郡玉田M三号墳の段階の大加耶産であり、長野県宮垣外遺跡六四号土坑の馬が伴うf字形鏡板付轡と剣菱形杏葉、環形雲珠も典型的な大加耶産馬具の組み合わせである。長野県畦地一号墳では大加耶系の垂飾付耳飾が出土した。千葉県大作三一号墳出土の馬に伴う内湾楕円形鏡板轡も、前者と同じく大加耶系の馬具である。また、群馬県の剣崎長瀞西遺跡では、積石塚と住居から造り付け竈が検出され、一三号土坑には馬が殉葬されており、その馬には加耶系の轡が伴っている。周辺の一〇号墳から垂飾付耳飾と軟質土器が出土したが、垂飾付耳飾は大加耶産で、軟質土器も隅丸底の器形などから大加耶系と推定される。

このように、東日本の馬匹生産の拠点地域には、新井原一二号墳、宮垣外遺跡、大作三一号墳などでf字形鏡板付轡と剣菱形杏葉、環形雲珠の馬具がセットで伴っていることから、大加耶地域の馬飼集団が移住した可能性が極めて高い。剣崎長瀞西一〇号墳の被葬者も、大加耶産の垂飾付耳飾と軟質土器の系譜から大加耶地域からの移住民であろう。

これら、五世紀後半代の東日本における移入文物の特徴は、その系譜が大加耶に求められ、長野県から関東地域にかけて分布していることである。とくに、大加耶を中心とする韓半島産の文物が福井県のみではなく、石川県、富山県にかけて交通路に沿って分布し、また中部地域の山岳回廊を通して東日本にまで広がることが注目される。すなわち、長野県桜ヶ丘古墳出土の冠は、額帯から直接に三本の突起が分かれていて、半円形の立飾りがない点で二本松山の冠と異なるが、前方のみを飾るという点では共通している。なお、桜ヶ丘古墳の冠は、辺縁に波状点線文を施文している点や、中央の突起にオウムの嘴状の飾りを持っている点で、池山洞三二号墳の冠との関わりをもつ。(註4)また、大加耶系冠は、関東地域の栃木県桑五七号墳から出土している。額帯から直接中央に大形の立飾りを中心に、両側面に小形の立飾りを立て前方だけを装飾していることから同じく大加耶系である。

したがって、大加耶系冠が、福井県二本松山古墳→富山県朝日長山古墳→長野県桜ヶ丘古墳→栃木県桑五七号墳と、北陸、中部、関東にかけて分布圏を形成していることが認められる。また、桑五七号墳では銅鈴が出土しているが、この銅鈴は海南郡造山古墳出土品と福井県西塚古墳、石川県二子塚狐山古墳、長野県落東古墳と共に同工の可能性が高いものである。(註5)両者は相互に密接な関係で分布しており、大加耶系の垂飾付耳飾の分布圏とも一致することが注目される。すなわち、垂飾付耳飾は福井県の西塚古墳、向山一号墳→天神山七号墳→石川県吸坂丸山五号墳→長野県畦地一号墳→群馬県剣崎長瀞西遺跡で分布するからである。北陸出土の耳飾は時期と型式

が異なることから、この地域の集団が恒常的な交渉によって主体的に入手したと把握される。(註6)

これらの金銅製品は畿内が分布の中心ではなく、畿内から東日本への交通路上に分布していないことから、畿内を経由せず北陸を通じて搬入した可能性が高い。これと関連して群馬県下芝谷ツ古墳の飾履が、福井県十善の森古墳出土品と非常に類似する型式であることも注目される。

天神山七号墳が位置する福井市東部では、この古墳と並行する時期の集落である和田防町遺跡から韓式系土器が出土しており、移住民の存在が考えられている。(註7)移住民は石川県矢田遺跡の大加耶様式の蓋と格子目打捺文の土器の出土例からも想定される。和田防町の格子目打捺文の土器は、矢田遺跡と同じく大加耶系の可能性が高く、隣接した天神山七号墳の大加耶産の垂飾付耳飾の系譜と矛盾しない。したがって、東日本への移住民には瀬戸内海を通らず、このような経路で入ったものもいるであろう。

北陸の中で、若狭地域と福井平野に移入文物が集中することから、両地域が窓口の役割をしていたと想定される。ところが、前者に移入文物が集中する傾向が高いが、鳥越山古墳と天神山七号墳から前者より一段階先行する五世紀中葉に鉄製f字形鏡板付轡と垂飾付耳飾が出現することから、福井平野の方がより中心的な役割を果たしていたと考えられる。また福井平野の二本松山古墳の冠は、製作手法から搬入品ではなく、在地で製作した可能性が高いものであり、同じく鳥越山古墳では大加耶様式の土器を模倣したと考えられる須恵器が存在する。このことは松岡古墳群の首長らが韓半島からの文物の輸入のみではなく、移住民を受け入れ、金銅製品を生産し、その流通を掌握していたことを示唆する。

ところが五世紀末には、十善の森古墳の副葬品が示すように、若狭湾の方が中心的な役割を果たしていたと考えられる。このことはほぼ同じ時期の若狭湾に隣接し、類似な副葬品をもつ滋賀県鴨稲荷山古墳が出現することからも窺える。

四　古代北陸における大加耶文物の移入の歴史的な背景

これまで述べてきたように、古墳時代の前期における北陸の韓半島系移入文物は、それほど目立つ存在ではなかったが、中期からこの地方に移入された大加耶の文物の質と量は、日本列島の中で卓越する存在である。

大加耶は、高霊を拠点に成長し、五世紀後半には黄江水系、南江上流域、蟾津江水系、南海岸、錦江上流域にわたる広域圏を形成し、加耶史上、画期的な発展を見せた。

大加耶はその領域の広さのみではなく、ほかの三国に匹敵するほどの独自の文化を形成していたことが明らかになった。すなわち、大加耶の金銅製竜鳳文環頭大刀、金冠を含む金銅冠、金製垂飾付耳飾、金銅製帯金具、金銅製馬具は百済、新羅とは異なる独自の様式であり、またそれを政治的な威信財として使っていた。筆者が現在確認した大加耶の金工品は、発掘品と各地の所蔵品を含めて、竜鳳文環頭大刀は五〇点（国内出土品一三、日本出土品五、国内所蔵品一一、国外所蔵品二一）、垂飾付耳飾は二二九点（国内出土品七四、日本出土品三八、国内所蔵品四八、国外所蔵品六九）に達する。ほぼ一世紀間に製作されたこの質と量の金工品は、大加耶の政治的な発展を雄弁にもの語る。大加耶の発展は、鉄生産とともに金鉱の開発と金工品の生産と流通がその発展の背景として考えられる。

もうひとつの大加耶の発展背景は、いわゆる任那四県の確保である。大加耶は五世紀中葉における南江上流域に進出した後、南原盆地に南下し、求礼を経て蟾津江河口の交易港である河東を確保するとともに、南海岸の中央に位置し、長く突出し半島の軍事的な要衝である麗水地域を占有したと考えられる。麗水は南海岸の中央に位置する長く突出した半島状の地形を形成し、その前面に島が横方向に開かれ、波風を阻んでくれる防波堤としての役割を果たしており、栄山江河口と洛東江河口との間の水深が一番深い天恵の良港である。そのうえ、朝鮮時代に水軍節度使が設置されて左水営と、三道水軍統制営が布陣したことからもわかるように、軍事的な要衝であった。

五世紀後半からこれらの地域における大加耶の文物が集中することから、いわゆる任那四県の位置、すなわち百済との国境に近い大加耶の領域が従来主張されてきた栄山江流域ではなく、蟾津江河口域一帯の南海岸であることが明らかになった。最近、任那四県の一つの地域である順天市の雲坪里古墳群では、大加耶産の金製の垂飾付耳飾が三点出土し注目される。その理由は任那四県が大加耶の領域であることのみではなく、日本列島に移入された大加耶産の金工品の船載地として考えられるためである。

四世紀まで移入した金官加耶産文物と、五世紀前半まで移入された新羅産文物にかわり、それらと比較して優勢ではなかった大加耶産文物が五世紀後半になって日本列島に突如流入する背景は、大加耶が南海の制海権を掌握することで、とくに百済と倭の交通だけではなく、倭の中国交通にも一定の影響力を行使することができるようになったためであろう。これは大加耶である加羅が、『宋書』倭国伝（四五一年）に突如登場する時期と一致する。

『日本書紀』継体六年（五一二年）に百済による任那四県の占領と、継体二三年（五二九年）に百済の聖明王が倭系百済官僚をとおして加羅の多沙津すなわち大加耶の港である河東地域を根強く求めていたことは、大加耶の発展が南海岸の制海権の掌握を背景としていたことをもの語る。

大加耶と北陸との交渉の背景と関連して、五世紀後半代における『日本書紀』雄略八年、任那王が若狭の豪族と比定されている膳臣斑鳩などを送って、高句麗を攻撃させたという記録は興味深い。ここでいう任那王は大加耶王であり、攻撃の相手は高句麗である。また、五世紀後半代における『三国史記』慈悲麻立干記の新羅に倭人の来襲記事が集中するが、これは倭の独自の軍事行動ではなく、雄略八年と同じく大加耶の戦略による可能性が考えられる。このことは、大加耶が高句麗と新羅の軍事的な進出に対抗するために、北陸の軍事力を活用し、この地方の豪族集団は、その見返りとして大加耶の文物を入手していたと推定される。これには渡来系文物が出土した鳥越山古墳、西塚古墳、向山一号墳、十善の森古墳の埋葬主体部が北部九州系の横穴式石室であることから、すでに指摘されているように北部九州の豪族との交渉がその背景にあった。北陸の豪族集団は、その見返りとして入手していた大加耶の文物を東日本に送る仲介の役割を果たして、その勢力を伸ばしていたと推測される。

ところで、百済が栄山江流域と加耶地域に本格的に進出する六世紀前半代になると、従来の加耶系文物の波が弱くなり、百済系文物が本格的に日本列島に渡来することが注目される。たとえば、熊本県江田船山古墳の副葬品は、その前半期の帯金具、耳飾、馬具、鉄鉾は大加耶系であり、その後半期の冠、耳飾、飾履などは百済系である。武寧王陵の木棺は、日本列島産の高野槙であり、この時期に加耶と倭の交易関係に何らかの変動が起こったと考えられる。すなわち、五〇〇年代を前後に渡来系の文物の船載地が大加耶から百済に転換し、百済が対倭交易の主導権を握ることになる。六世紀前葉の日本列島に、地理的に近い加耶地域の文物のかわりに、百済地域の文物が突如流入する背景はこれまで説明できなかった。筆者は百済による大加耶の交易拠点である任那四県、己汶、帯沙の奪取と、彼らがこれまで独自に克服できなかった加耶との相対的な交通の不利を、遠洋航海者である有明海沿岸と玄海灘沿岸のような北部九州出身の豪族勢力、すなわち栄山江流域の前方後円墳の被葬者を媒介に克服したと判断する。また、五世紀後葉から六世紀前葉における九州勢力の興起の背景もこれまで説明できなかったが、栄山江流域における前方後円墳の被葬者を仲介にした北部九州勢力が、百済の先進文物の受け入れの窓口になったことに起因することと考えられる。北部九州の豪族勢力が百済王権から選択されたのは、地理的な位置のみではなく、以前から彼らが保有していた、とくに北陸をふくめた日本列島内における関係網が背景にあったと想定される。

さて、この時期に若狭地域の大首長墓が、脇袋古墳群から移動して天徳寺古墳群に移動することが注目される。前者の脇袋古墳群では、大加耶の文物が副葬されていた西塚古墳が造営されていたが、後者の天徳寺古墳群の十善の森古墳では、江田船山古墳と同じく大加耶文物に加えて、新たに金銅製の飾履などの百済文物が出現するからである。また、この時期に福井平野でも大首長墓が松岡古墳群から移動して横山古墳群に移動する。[註8]すなわち、前者の松岡古墳群には、大加耶の文物が副葬された二本松山古墳が造営されていたが、後者の横山古墳群には石屋形石棺を埋葬主体部とする椀貸山古墳が出現するのである。若狭・越前における大首長墓の系譜の変動時期が一致し、またその変動の理由が符合することが興味深い。

さらに注目されるのは、琵琶湖西岸に位置する全長六〇メートルの前方後円墳である鴨稲荷山古墳出土品のなかに、大加耶と百済の文物が含まれていることである。すなわち、この古墳出土品のなかで金銅製の双竜文環頭大刀は、環頭内装飾の別鋳、環頭部の鉄地金張、柄縁金具の双竜文などの特徴から大加耶産と判断される。金製の垂飾付耳飾は連結金具に百済的な要素がみられるが、兵庫鎖と三翼式の垂飾などの特徴から大加耶産と考えられる。一方、金銅製の冠は、二山式で百済地域の益山笠店里一号墳出土冠の系譜をひくものであり、[註9]また、飾履も同じ系譜のものと考えられている。

これは、以前北陸と交渉していた大加耶に依存してきた勢力の衰退に伴い、新たに百済との窓口をもつ勢力が台頭する様子を示し、継体朝の出現と密接な関わりをもつ。継体一族は近江に本拠地を置き、琵琶湖の湖上交通と敦賀を支配することによって広域の交易ルートを掌握して富を蓄積し、それを母体とした継体は交易を媒介とし、近畿北部から越前、尾張へかけての豪族の連合を背景に、前代の河内王朝を打倒して王位を簒奪したといわれている。継体朝の出現には、北陸が保有していた韓半島との交易をふくめた交渉がその背景にあると考えられる。その後、北陸を経由して東日本に移入する文物が少なくなるが、このことは新しい王権を誕生させた北陸の韓日交渉における役割が、その王権によって牽制され、終焉を迎えたことを示す。

五　おわりに

これまで五世紀後半における北陸の大加耶文物をとおして、その地域が韓半島と東日本を仲介する役割を果たしていたことを明確にした。

これからは古墳時代の前期から後期にかけて山陰、、但馬、丹後地方との比較をとおした韓半島と日本列島の交流史のあらたな解明が期待される。

（註1）定森秀夫「陶質土器からみた東日本と朝鮮」『青丘学術論集』一五、財団法人韓国文化振興財団、一九九九
（註2）毛利光俊彦「日本古代の冠」『文化財論叢』奈良文化財研究所、一九九五
（註3）前掲註1に同じ
（註4）白崎昭一郎「二本松山古墳の年代について」『福井考古学会会誌』福井考古学会、一九九二
（註5）岩崎卓也「銅鈴」『小山市史―資料編原始古代―』小山市、一九八一
中司照世「Ⅳ古墳時代」『図説発掘が語る日本史3―東海北陸―』新人物往来社、一九八六
（註6）高田貫太「垂飾付耳飾をめぐる地域間交渉」『古文化談叢』四一、九州古文化研究会、一九九八
（註7）中司照世「日本海中部の古墳文化」『新版古代の日本7―中部―』角川書店、一九九三
（註8）前掲註7に同じ
（註9）前掲註2に同じ

参考文献

（韓国語文）
高田貫太『日本列島5、6世紀韓半島系遺物로본韓日交渉』大邱、慶北大学校文学博士学位論文、二〇〇五
朴天秀『古代韓日交渉史』ソウル、社会評論、二〇〇七
朴天秀『日本列島속의　大伽耶文化』大邱、高霊郡・慶北大学校、二〇〇九
朴天秀『日本속의 古代韓国文化』ソウル、真仁真、二〇一一
朴天秀『日本속 古代韓国文化―近畿地方―』ソウル、東北亜歴史財団、二〇一二
（日本語文）
入江文敏「若狭・越所在の首長墓出土の半島系遺物」『古墳時代の加耶と倭―継体大王時代の日韓交流―』松岡越の国伝説実行委員会、二〇〇一
早乙女雅博「今来の技術と工藝―政治的な装身具―」『古代史復元7―古墳時代の工藝』講談社、一九九〇
朴天秀「日本列島出土における6世紀代の栄山江流域の土器が提起する諸問題」『待兼山考古学論集―都出比呂志先生退任記念―』大阪大学考古学研究室、二〇〇五
朴天秀『加耶と倭』講談社、二〇〇七
福井県立若狭歴史民俗資料館『躍動する若狭の王者たち―前方後円墳の時代―』福井県立若狭歴史民俗資料館、一九九一
まつおか古代実行委員会『発掘された北陸の古墳報告会資料集』まつおか古代実行委員会、一九九七

編著者略歴

入江《いりえ》　文敏《ふみとし》

福井県立若狭高等学校
1954年生まれ。関西大学文学部史学科卒業。博士（文学）。
主な著書・論文に、『若狭・越古墳時代の研究』2011（学生社）、「若狭・越地域における古墳時代の実相」『古墳時代の実像』2008（吉川弘文館）などがある。

伊藤《いとう》　雅文《まさふみ》

公益財団法人 石川県埋蔵文化財センター
1959年生まれ。関西大学大学院文学研究科修了。博士（文学）。
主な著書・論文に、『古墳時代の王権と地域社会』2008（学生社）、「北陸」『古墳時代の考古学2』2012（同成社）などがある。

執筆者紹介（執筆順）

髙橋《たかはし》　浩二《こうじ》
富山大学准教授

北林《きたばやし》　雅康《まさやす》
七尾市教育委員会

安中《やすなか》　哲徳《てつのり》
（公財）石川県埋蔵文化財センター

西島《にしじま》　伸彦《のぶひこ》
小浜市教育委員会

菅原《すがはら》　雄一《ゆういち》
能美市教育委員会

田邊《たなべ》　朋宏《ともひろ》
福井市文化財保護センター

野垣《のがき》　好史《よしふみ》
富山市教育委員会
埋蔵文化財センター

和田《わだ》　萃《あつむ》
京都教育大学名誉教授
奈良県立橿原考古学研究所
特別指導研究員

戸根比呂子《とねひろこ》
加賀市教育委員会

合田《ごうだ》　幸美《よしみ》
（公財）大阪府文化財センター

浅野《あさの》　良治《よしはる》
永平寺町教育委員会

山尾《やまお》　幸久《ゆきひさ》
立命館大学名誉教授

樫田《かしだ》　誠《まこと》
小松市埋蔵文化財センター

宮崎《みやざき》　認《みとむ》
福井県教育庁
埋蔵文化財調査センター

林《はやし》　大智《だいち》
宮城県教育庁
文化財保護課
（石川県教育委員会より派遣）

朴《パク》　天秀《チョンスー》
慶北大学校教授

小黒《おぐろ》　智久《ともひさ》
富山市教育委員会
埋蔵文化財センター

永江《ながえ》　寿夫《ひさお》
若狭町歴史文化課

季刊考古学・別冊19
若狭《わかさ》と越《こし》の古墳時代《こふんじだい》

定　価　二、六〇〇円＋税
発　行　二〇一三年五月二五日
編　者　入江文敏・伊藤雅文
発行者　宮田哲男
印　刷　株式会社ティーケー出版印刷
製　本　協栄製本株式会社
発行所　株式会社雄山閣
〒102−0071東京都千代田区富士見二−六−九
電話　〇三−三二六二−三二三一
振替　〇〇一三〇−五−一六八五
URL　http://www.yuzankaku.co.jp
e-mail　info@yuzankaku.co.jp

ISBN 978-4-639-02255-8 C0321

N.D.C.205　175p　26cm